司法解释适用指引丛书
— 14 —

民事案件立案司法解释适用指引

司法实务版

人民法院出版社 编

人民法院出版社

图书在版编目（CIP）数据

民事案件立案司法解释适用指引 / 人民法院出版社编. -- 北京 : 人民法院出版社, 2024. 12. -- ISBN 978-7-5109-4374-4

Ⅰ. D925.05

中国国家版本馆CIP数据核字第2024RY3241号

民事案件立案司法解释适用指引

人民法院出版社　编

策划编辑　姜　峤
责任编辑　尹立霞
执行编辑　叶　白
出版发行　人民法院出版社
地　　址　北京市东城区东交民巷 27 号（100745）
电　　话　（010）67550635（责任编辑）　67550558（发行部查询）
　　　　　　65223677（读者服务部）
客服 QQ　2092078039
网　　址　http：//www.courtbook.com.cn
E－mail　courtpress@sohu.com
印　　刷　三河市国英印务有限公司
经　　销　新华书店

开　　本　787 毫米 ×1092 毫米　1/16
字　　数　341 千字
印　　张　21.5
版　　次　2024 年 12 月第 1 版　2024 年 12 月第 1 次印刷
书　　号　ISBN 978-7-5109-4374-4
定　　价　75.00 元

编写说明

为准确理解和适用司法解释，助力人民法院统一法律适用，更好地满足法律工作者办案与查询的需求，我们编写了本套丛书。本丛书的每本以某一类别或某一司法解释为主题，汇集与该司法解释相关的最高人民法院司法政策精要、司法解释、司法观点、人民法院案例库案例、法答网精选答问以及相关的法律、法规、规章、司法文件等内容，兼具检索与研习功能，能够让广大法律实务工作者全面、快捷、方便地查找到该类案件办理所需的全部材料。

本丛书立足审判，涵盖婚姻家庭、劳动争议、公司企业、诉讼证据、民事诉讼、刑事诉讼、贪污贿赂渎职案件等27个法律专业领域，品类丰富齐全，为立案、调解、仲裁、诉讼、执行等工作提供权威指导，更好地服务司法审判、公众学法、学者科研、律师办案。本书为其中的《立案司法解释适用指引》。

本丛书各栏目具体编写情况如下：

【司法政策精要】该栏目摘编自最高人民法院公布的各种审判指导意见、会议纪要，最高人民法院院长对审判工作有重要指导意义的讲话，最高人民法院分管副院长在全国性审判工作会议上的讲话等。文中序号为原文序号，未作删改。

【司法解释】该栏目收录最新公布的司法解释，并在司法解释后附“导读及适用要点”，摘编自最高人民法院专家法官对该司法解释的权威解读，为该司法解释的准确适用提供参考、借鉴。

【司法观点】该栏目针对当前审判实务中难点、疑点、热点以及前沿问题，全面系统地总结和梳理了最高人民法院类案审判实践中的裁判理念和法律适用问题，帮助读者全面快速了解最高人民法院对审判实践中重点、难点问题的立场、观点，准确把握审判实践的具体方法、办案依据和裁判尺度。

【人民法院案例库案例】该栏目收录了人民法院案例库中的相关指导性案例及参考案例，精选裁判要点及裁判要旨，为司法实务提供了权威、规范、全面的案例指引。本书收录的人民法院案例库案例截至2024年12月。

【法答网精选答问】最高人民法院发布的精选答问具有释法说理、普法宣传等多方面的功能效用，一个精选问答可以解决一类法律问题，指导一批争议案例，是“附理由书的批复”。

【相关规定】该栏目精选现行有效相关法律、法规、司法解释、规章等内容，版本权威、内容实用，方便读者对照查询。

值得一提的是，本丛书为首次将最高人民法院裁判观点、人民法院案例库案例、法答网精选答问进行融合出版的图书。2023年，最高人民法院推动建立面向全社会的人民法院案例库、贯通四级法院的法答网。“一网一库”上线运行以来，充分发挥审判监督指导作用，促进统一裁判标准，有效提升广大法官的审判能力，助力司法审判提质增效，取得积极成效。本丛书进一步深化库网融合，促进统一法律适用的功能效用，为法律实务工作者提供覆盖全面、与时俱进的“活教材”。

本丛书内容简洁明了，查询方便快捷，在编排上力求全面、新颖、务实，但疏漏之处在所难免，欢迎广大读者提出批评和改进意见，以便为读者提供更好的法律服务。

人民法院出版社

二〇二四年十二月

目　录

第一部分　司法解释

第二部分　司法观点

二、受 理

三、管 辖

四、送 达

第三部分　最高人民法院指导性案例及人民法院案例库案例

一、受　理

二、管　辖

第四部分 法答网精选问答

第五部分 相关规定

二、立　案

三、受　理

第一部分　司法解释

一、立　案

最高人民法院
关于人民法院登记立案若干问题的规定

法释〔2015〕8号

（2015年4月13日最高人民法院审判委员会第1647次会议通过
2015年4月15日最高人民法院公告公布　自2015年5月1日起施行）

为保护公民、法人和其他组织依法行使诉权，实现人民法院依法、及时受理案件，根据《中华人民共和国民事诉讼法》《中华人民共和国行政诉讼法》《中华人民共和国刑事诉讼法》等法律规定，制定本规定。

第一条　人民法院对依法应该受理的一审民事起诉、行政起诉和刑事自诉，实行立案登记制。

第二条　对起诉、自诉，人民法院应当一律接收诉状，出具书面凭证并注明收到日期。

对符合法律规定的起诉、自诉，人民法院应当当场予以登记立案。

对不符合法律规定的起诉、自诉，人民法院应当予以释明。

第三条　人民法院应当提供诉状样本，为当事人书写诉状提供示范和指引。

当事人书写诉状确有困难的，可以口头提出，由人民法院记入笔录。符合法律规定的，予以登记立案。

第四条 民事起诉状应当记明以下事项：

（一）原告的姓名、性别、年龄、民族、职业、工作单位、住所、联系方式，法人或者其他组织的名称、住所和法定代表人或者主要负责人的姓名、职务、联系方式；

（二）被告的姓名、性别、工作单位、住所等信息，法人或者其他组织的名称、住所等信息；

（三）诉讼请求和所根据的事实与理由；

（四）证据和证据来源；

（五）有证人的，载明证人姓名和住所。

行政起诉状参照民事起诉状书写。

第五条 刑事自诉状应当记明以下事项：

（一）自诉人或者代为告诉人、被告人的姓名、性别、年龄、民族、文化程度、职业、工作单位、住址、联系方式；

（二）被告人实施犯罪的时间、地点、手段、情节和危害后果等；

（三）具体的诉讼请求；

（四）致送的人民法院和具状时间；

（五）证据的名称、来源等；

（六）有证人的，载明证人的姓名、住所、联系方式等。

第六条 当事人提出起诉、自诉的，应当提交以下材料：

（一）起诉人、自诉人是自然人的，提交身份证明复印件；起诉人、自诉人是法人或者其他组织的，提交营业执照或者组织机构代码证复印件、法定代表人或者主要负责人身份证明书；法人或者其他组织不能提供组织机构代码的，应当提供组织机构被注销的情况说明；

（二）委托起诉或者代为告诉的，应当提交授权委托书、代理人身份证明、代为告诉人身份证明等相关材料；

（三）具体明确的足以使被告或者被告人与他人相区别的姓名或者名称、住所等信息；

（四）起诉状原本和与被告或者被告人及其他当事人人数相符的副本；

（五）与诉请相关的证据或者证明材料。

第七条 当事人提交的诉状和材料不符合要求的，人民法院应当一次性书面告知在指定期限内补正。

当事人在指定期限内补正的，人民法院决定是否立案的期间，自收到补正材料之日起计算。

当事人在指定期限内没有补正的，退回诉状并记录在册；坚持起诉、自诉的，裁定或者决定不予受理、不予立案。

经补正仍不符合要求的，裁定或者决定不予受理、不予立案。

第八条　对当事人提出的起诉、自诉，人民法院当场不能判定是否符合法律规定的，应当作出以下处理：

（一）对民事、行政起诉，应当在收到起诉状之日起七日内决定是否立案；

（二）对刑事自诉，应当在收到自诉状次日起十五日内决定是否立案；

（三）对第三人撤销之诉，应当在收到起诉状之日起三十日内决定是否立案；

（四）对执行异议之诉，应当在收到起诉状之日起十五日内决定是否立案。

人民法院在法定期间内不能判定起诉、自诉是否符合法律规定的，应当先行立案。

第九条　人民法院对起诉、自诉不予受理或者不予立案的，应当出具书面裁定或者决定，并载明理由。

第十条　人民法院对下列起诉、自诉不予登记立案：

（一）违法起诉或者不符合法律规定的；

（二）涉及危害国家主权和领土完整的；

（三）危害国家安全的；

（四）破坏国家统一和民族团结的；

（五）破坏国家宗教政策的；

（六）所诉事项不属于人民法院主管的。

第十一条　登记立案后，当事人未在法定期限内交纳诉讼费的，按撤诉处理，但符合法律规定的缓、减、免交诉讼费条件的除外。

第十二条　登记立案后，人民法院立案庭应当及时将案件移送审判庭审理。

第十三条　对立案工作中存在的不接收诉状、接收诉状后不出具书面凭证，不一次性告知当事人补正诉状内容，以及有案不立、拖延立案、干扰立案、既不立案又不作出裁定或者决定等违法违纪情形，当事人可以向受诉人民法院或者上级人民法院投诉。

人民法院应当在受理投诉之日起十五日内，查明事实，并将情况反馈当事人。发现违法违纪行为的，依法依纪追究相关人员责任；构成犯罪的，依法追究刑事责任。

第十四条　为方便当事人行使诉权，人民法院提供网上立案、预约立案、巡回立案等诉讼服务。

第十五条　人民法院推动多元化纠纷解决机制建设，尊重当事人选择人民调解、行政调解、行业调解、仲裁等多种方式维护权益，化解纠纷。

第十六条　人民法院依法维护登记立案秩序，推进诉讼诚信建设。对干扰立案秩序、虚假诉讼的，根据民事诉讼法、行政诉讼法有关规定予以罚款、拘留；构成犯罪的，依法追究刑事责任。

第十七条　本规定的"起诉"，是指当事人提起民事、行政诉讼；"自诉"，是指当事人提起刑事自诉。

第十八条　强制执行和国家赔偿申请登记立案工作，按照本规定执行。

上诉、申请再审、刑事申诉、执行复议和国家赔偿申诉案件立案工作，不适用本规定。

第十九条　人民法庭登记立案工作，按照本规定执行。

第二十条　本规定自2015年5月1日起施行。以前有关立案的规定与本规定不一致的，按照本规定执行。

【导读及适用要点】

一、关于起诉、自诉提交的诉状和材料要求

1997年4月21日，最高人民法院以法发〔1997〕7号，发布了《最高人民法院关于人民法院立案工作的暂行规定》，明确告知了起诉、自诉需要提交

的材料和诉状的要求，既方便了当事人行使诉权，也有利于人民法院开展立案工作。近年来，我国三大诉讼法及司法解释进行了较大幅度的修改，法发〔1997〕7号文件的相关内容已经无法适应司法实践需要。故《最高人民法院关于登记立案若干问题的规定》(法释〔2015〕8号，以下简称《登记立案规定》)在全面梳理诉讼法及司法解释的基础上，明确了民事、行政起诉和刑事自诉诉状的书写要求，以及提出起诉、自诉的应当提交材料的形式要求，便于当事人一目了然行使诉权。

（一）提交诉状的要求

民事起诉状应当记明以下事项：原告的姓名、性别、年龄、民族、职业、工作单位、住所、联系方式，法人或者其他组织的名称、住所和法定代表人或者主要负责人的姓名、职务、联系方式；被告的姓名、性别、工作单位、住所等信息，法人或者其他组织的名称、住所等信息；诉讼请求和所根据的事实与理由；证据和证据来源；有证人的，载明证人姓名和住所。行政起诉状参照民事起诉状书写。

刑事自诉状应当记明以下事项：自诉人或者代为告诉人、被告人的姓名、性别、年龄、民族、文化程度、职业、工作单位、住址、联系方式；被告人实施犯罪的时间、地点、手段、情节和危害后果等；具体的诉讼请求；致送的人民法院和具状时间；证据的名称、来源等；有证人的，载明证人的姓名、住所、联系方式等。

需要强调的是，在登记立案过程中，人民法院鼓励当事人在诉状中提供被告或者被告人完整信息，但是要改变以往要求必须提供被告或者被告人身份证才能立案的做法。如当事人起诉、自诉能提供被告或被告人姓名、性别、住所等基础信息，但不能提供被告或者被告人身份证号以及联系方式等完整信息的，可以予以登记立案。此类情形起诉、自诉立案后，只能采用邮寄送达、直接送达的方式发送诉状副本，不适用留置送达、公告送达。一旦邮寄送达、直接送达被告或者被告人的，进入审理程序；不能送达的，裁定驳回起诉或者决定不予受理。当然，如果当事人起诉、自诉能提供包括被告身份证号在内的信息，但不能提供联系方式或者联系不上的，可以适用公告送达。

（二）提交材料的要求

当事人提出起诉、自诉的，应当提交以下材料：起诉人、自诉人是自然人的，提交身份证明复印件；起诉人、自诉人是法人或者其他组织的，提交营业执照或者组织机构代码证复印件、法定代表人或者主要负责人身份证明书；法人或者其他组织不能提供组织机构代码的，应当提供组织机构被注销的情况说明；委托起诉或者代为告诉的，应当提交授权委托书、代理人身份证明、代为告诉人身份证明等相关材料；具体明确的足以使被告或者被告人与他人相区别的姓名或者名称、住所等信息；起诉状原本和与被告或者被告人及其他当事人人数相符的副本；与诉请相关的证据或者证明材料。

这里需要说明两个问题：一是法人或者其他组织，不服行政机关注销组织机构的行政行为，提起行政诉讼时不能提供组织机构代码的，应当提供组织机构被注销的情况说明；二是对于涉外的起诉，还应当提供驻外使领馆的证明，因此在规定提供与诉请相关证据之外，还规定了或者提供证明材料的要求。

二、关于登记立案的程序

有案不立、有诉不理、拖延立案，是人民群众反映突出的“立案难”问题，是人民法院案件受理制度改革的重点。为规范登记立案程序，切实保护当事人诉权，《登记立案规定》明确了以下要求：

一是对起诉、自诉，做到一律接收诉状，出具书面凭证并注明收到日期。但是，为防止敌对势力和别有用心之人，利用立案登记制恶意炒作，作为攻击我国司法制度的平台，对于涉及意识形态方面等的违法起诉或者不符合法律规定条件的，危害国家主权和领土完整的，危害国家安全的，破坏国家统一和民族团结的，破坏国家宗教政策的，不属于登记立案范围，一律不予接受诉状、不登记、不立案。同时，各级法院要切实担负起政治责任，充分发挥登记立案的前沿和关口作用，既要进行法律释明，记录在册，及时报告，又要依靠党委政法委领导，积极应对，妥善处置。

二是对接受诉状后，符合法律规定的起诉、自诉，当场予以登记立案。对不符合法律规定的起诉、自诉，应当予以释明。当事人坚持起诉的，人民法院应当书面裁定或者决定不予受理、不予立案，并载明理由。

三是对当场不能判定是否符合法律规定的，区别以下情形处理：（1）民事、行政起诉，应当在收到起诉状之日起七日内决定是否立案；（2）刑事自诉，应当在收到自诉状次日起十五日内决定是否立案；（3）第三人撤销之诉，应当在收到起诉状之日起三十日内决定是否立案；（4）执行异议之诉，应当在收到起诉状之日起十五日内决定是否立案。同时，对在法律规定期限内仍不能决定的，经过分管院长的审批后，可以先行立案。

四是对当事人提交的诉状和材料不符合要求的，要求人民法院应当一次性书面告知在指定期限内补正。当事人在指定期限内补正的，人民法院决定是否立案的期间，自收到补正材料之日起计算。当事人在指定期限内没有补正的，退回诉状并记录在册；当事人提交补正材料后无法联系的，邮寄退回。当事人坚持起诉、自诉的，人民法院应当裁定或者决定不予受理、不予立案。这里的“一次性告知”应该是对法院而言，一次性全面告知当事人登记立案所需要的材料，不能有所欠缺。但不能只是机械地理解为，只是告知当事人一次就不再告知了，如果当事人下次材料没有补齐的话，还应再次告知。

五是对于当事人提起的民事、行政起诉，不管有没有当场交诉讼费，都应该给立案。登记立案后，除了缓、减、免情况外，未交纳诉讼费的，应按撤诉处理。要改变现在一些法院在实践操作中，让当事人先交费再立案的做法，不能当场交了费就给立，没交费就不给立。

六是对起诉、自诉登记立案后，立案庭应当及时将案件移送有关审判庭审理，从而加快案件流转，规范审判管理。在《登记立案规定》起草过程中，有一种意见认为，为防止案件在立案庭滞留，应当按照《最高人民法院关于人民法院立案工作的暂行规定》(法发〔1997〕7号)，明确立案庭在登记立案后二日内，将案件移送至审判庭审理。但是，司法实践中，立案庭立案到移送审判庭审理的过程中存在着许多环节，如诉讼费交纳、通知书送达、保全的问题，有些法院由立案庭承担，有些法院由审判庭承担。如果《登记立案规定》统一要求立案庭登记立案后二日内移送，就会改变现在的工作格局。此外，实行立案登记制改革后，立案庭与审判庭的工作衔接如何确定，需要进行深入调研，因此，《登记立案规定》最后只是要求立案庭在登记立案后及时将案件移送审判庭。

三、关于强化立案服务

能否搞好诉讼服务，对于立案登记制改革十分重要，人民法院推行立案登记制改革的出发点和落脚点，就是为当事人行使诉权提供方便。当前，全国法院正在大力推进诉讼服务大厅、诉讼服务网、12368 热线“三位一体”的诉讼服务中心建设。推行立案登记制改革后，案件会增多，但服务不能打折扣，应当不断提高服务水平，满足群众多元司法需求。全国法院应当把立案登记制改革和诉讼服务中心建设紧密结合起来，认认真真地、实实在在地提高立案工作的诉讼服务水平。

为此，《登记立案规定》提出了以下要求：一是人民法院应当提供诉状样本，为当事人书写诉状提供示范和指引；二是对当事人书写诉状有困难的，可以口头提出，由人民法院记入笔录；三是提供网上立案、预约立案、巡回立案等诉讼服务，为当事人行使诉权提供便利；四是强化司法公开，依托信息化建设平台，以微信、微博、短信、电子邮件等方式，告知当事人案件流转信息。加大法律援助、司法救助力度，让经济确有困难的当事人打得起官司。

另外，还要加大相关方面的宣传力度，提高 12368 服务热线等各方面的服务水平，让人民群众在立案改革中充分体会到司法的人文关怀。

四、关于惩治虚假诉讼、恶意诉讼和无理缠诉

近年来，虚假诉讼、恶意诉讼、违法缠诉现象频发，侵害了他人权益，干扰了法院秩序，削弱了司法权威，长此以往，将不利于法治中国和平安中国建设。党的十八届四中全会指出，要加大对虚假诉讼、恶意诉讼、无理缠诉行为的惩治力度。因此，《登记立案规定》明确对干扰立案秩序、虚假诉讼的，根据《民事诉讼法》《行政诉讼法》有关规定予以罚款、拘留；构成犯罪的，依法追究刑事责任。这为人民法院依法维护登记立案秩序提供了依据。需要指出的是，推进诉讼诚信建设，加大惩治违法力度，既需要完善法律明确标准，也需要加强调研摸清情况。考虑到四五改革纲要已将此项工作作为重大司法改革课题，待取得相关成果后可以出台具体而全面的规范性文件，因此《登记立案规定》并未对依法制裁虚假诉讼、干扰立案执行等违法行为作具体详细的规定。

需要指出的是，由于经济、文化、民族和地域等方面的差别，各地法院在推行立案登记制改革中，必然会遇到一些已知和未知的新情况、新问题。

各地法院要增强调研的主动性和前瞻性，既要从大局着眼，科学研判立案登记制改革对人民法院整体工作产生的影响，又要从微观入手，全面评估诸如征地拆迁补偿等民事、行政案件进入诉讼程序后的审判执行难度，有针对性地研究解决相关问题，从而有效解决矛盾纠纷，促进社会和谐稳定。

（撰稿人：姜启波）

二、管 辖

最高人民法院
关于涉外民商事案件管辖若干问题的规定

法释〔2022〕18号

（2022年8月16日最高人民法院审判委员会第1872次会议通过
2022年11月14日最高人民法院公告公布 自2023年1月1日起施行）

为依法保护中外当事人合法权益，便利当事人诉讼，进一步提升涉外民商事审判质效，根据《中华人民共和国民事诉讼法》的规定，结合审判实践，制定本规定。

第一条 基层人民法院管辖第一审涉外民商事案件，法律、司法解释另有规定的除外。

第二条 中级人民法院管辖下列第一审涉外民商事案件：

（一）争议标的额大的涉外民商事案件。

北京、天津、上海、江苏、浙江、福建、山东、广东、重庆辖区中级人民法院，管辖诉讼标的额人民币4000万元以上（包含本数）的涉外民商事案件；

河北、山西、内蒙古、辽宁、吉林、黑龙江、安徽、江西、河南、湖北、湖南、广西、海南、四川、贵州、云南、西藏、陕西、甘肃、青海、宁夏、新疆辖区中级人民法院，解放军各战区、总直属军事法院，新疆维吾尔自治区高级人民法院生产建设兵团分院所辖各中级人民法院，管辖诉讼标的额人民币 2000 万元以上（包含本数）的涉外民商事案件。

（二）案情复杂或者一方当事人人数众多的涉外民商事案件。

（三）其他在本辖区有重大影响的涉外民商事案件。

法律、司法解释对中级人民法院管辖第一审涉外民商事案件另有规定的，依照相关规定办理。

第三条 高级人民法院管辖诉讼标的额人民币 50 亿元以上（包含本数）或者其他在本辖区有重大影响的第一审涉外民商事案件。

第四条 高级人民法院根据本辖区的实际情况，认为确有必要的，经报最高人民法院批准，可以指定一个或数个基层人民法院、中级人民法院分别对本规定第一条、第二条规定的第一审涉外民商事案件实行跨区域集中管辖。

依据前款规定实行跨区域集中管辖的，高级人民法院应及时向社会公布该基层人民法院、中级人民法院相应的管辖区域。

第五条 涉外民商事案件由专门的审判庭或合议庭审理。

第六条 涉外海事海商纠纷案件、涉外知识产权纠纷案件、涉外生态环境损害赔偿纠纷案件以及涉外环境民事公益诉讼案件，不适用本规定。

第七条 涉及香港、澳门特别行政区和台湾地区的民商事案件参照适用本规定。

第八条 本规定自 2023 年 1 月 1 日起施行。本规定施行后受理的案件适用本规定。

第九条 本院以前发布的司法解释与本规定不一致的，以本规定为准。

【导读及适用要点】

一、明确了基层人民法院管辖第一审涉外民商事案件的相关规则

关于基层人民法院管辖第一审涉外民商事案件的规则，主要体现在《最高人民法院关于涉外民商事案件管辖若干问题的规定》（以下简称《涉外民商

事案件管辖规定》）第一条。《民事诉讼法》第十八条规定，基层人民法院管辖第一审民事案件。《民事诉讼法》第十九条第一项、第二项规定，中级人民法院管辖第一审重大涉外案件和在本辖区有重大影响的案件，因此，非重大的第一审涉外民商事案件原则上均应由基层人民法院管辖。法释〔2002〕5号文制定之初较好地解决了我国"入世"时涉外审判力量不足的掣肘，但存在和《民事诉讼法》规定相冲突的问题。因此，《涉外民商事案件管辖规定》第一条以《民事诉讼法》第十八条和第十九条为依据，明确第一审涉外民商事案件原则上由基层人民法院管辖。此规定符合《民事诉讼法》的原意，符合社会经济发展的实际，也顺应四级法院审级职能定位改革的要求。应注意的是，如果法律、司法解释对第一审涉外民商事案件管辖权另有规定的，则适用特别规定。例如，最高人民法院公布的《最高人民法院关于设立国际商事法庭若干问题的规定》对最高人民法院国际商事法庭受理第一审涉外商事案件有专门的规定，该类案件的管辖则应依据该规定。

二、明确了中级人民法院管辖第一审涉外民商事案件的相关规则

《涉外民商事案件管辖规定》第二条将第一审涉外民商事案件管辖权下放至所有中级人民法院，同时明确中级人民法院管辖第一审涉外民商事案件的级别管辖标准。《民事诉讼法》第十九条第一项规定重大涉外案件由中级人民法院管辖，最高人民法院公布的《最高人民法院关于适用〈中华人民共和国民事诉讼法〉的解释》（以下简称《民事诉讼法解释》）第一条进一步明确，重大涉外案件是指争议标的额大、案情复杂，或者一方当事人人数众多等具有重大影响的案件。《涉外民商事案件管辖规定》第二条第一款第二项和第三项与《民事诉讼法解释》第一条的规定保持一致，第二条第一款第一项则从标的额角度界定了"争议标的额大"的标准。《涉外民商事案件管辖规定》第二条第二款是但书条款，即现行法律和司法解释规定其他相关案件应由中级人民法院管辖的，则依照规定由中级人民法院管辖，主要是指《民事诉讼法》、最高人民法院公布的《最高人民法院关于审理仲裁司法审查案件若干问题的规定》等规定的由中级人民法院管辖的申请承认和执行外国法院判决案件、仲裁司法审查案件以及其他依法应由中级人民法院管辖的案件等情形。

《涉外民商事案件管辖规定》根据不同区域确定不同标的额的管辖标准，

主要考虑是各地外向型经济发展存在巨大差异，中级人民法院涉外民商事案件收案数量相应存在明显差异的实际情况。如果标的额采取“一刀切”模式，标的额过低可能会出现部分中级人民法院一审涉外民商事案件数量过多；过高则可能导致部分中级人民法院一审涉外民商事案件数量过少。基于均衡中级、基层人民法院涉外案件工作量、保障涉外案件裁判尺度统一、提升中西部法官涉外审判水平等多方面考虑，我们经广泛调研，多方听取意见，采取了分区域梯度划分标的额管辖标准的模式，第一档为人民币 4000 万元以上（包含本数），第二档为人民币 2000 万元以上（包含本数），加大第一审涉外民商事案件下沉力度，构建统一、稳定、可预期的涉外民商事案件管辖规则。

三、明确了高级人民法院管辖第一审涉外民商事案件的相关规则

《涉外民商事案件管辖规定》第三条规定：“高级人民法院管辖诉讼标的额人民币 50 亿元以上（包含本数）或者其他在本辖区有重大影响的第一审涉外民商事案件。”该规定的主要依据在于两个方面：

第一，关于“重大影响”管辖标准的把握。根据《民事诉讼法》第十九条第一项和第二十条的规定，中级人民法院管辖重大第一审涉外民事案件，高级人民法院管辖在本辖区有重大影响的第一审民事案件。因此，根据《民事诉讼法》的现行规定，在高级人民法院辖区有重大影响的第一审涉外民商事案件，应由高级人民法院管辖。实践中应注意的是，重大涉外案件应以中级人民法院管辖为原则，一般应由中级人民法院管辖，只有在高级人民法院辖区内乃至全国范围内影响极为重大的第一审涉外民商事案件，方应由高级人民法院管辖。

第二，关于诉讼标的额标准的把握。应注意到，2019 年 4 月，最高人民法院发布《最高人民法院关于调整高级人民法院和中级人民法院管辖第一审民事案件标准的通知》（法发〔2019〕14 号，以下简称《第一审民事案件标准通知》），根据《第一审民事案件标准通知》第二条、第三条的规定，高级人民法院管辖诉讼标的额 50 亿元（人民币）以上（包含本数）或者其他在本辖区有重大影响的第一审民事案件。海事海商案件、涉外民事案件的级别管辖标准按照《第一审民事案件标准通知》执行。由于《第一审民事案件标准通知》第二条已经对高级人民法院管辖第一审民事案件的标准予以确定，《第一

审民事案件标准通知》第三条明确该标准适用于涉外民事案件。为保证规则的稳定和涉外管辖规则体系的统一，《涉外民商事案件管辖规定》沿用了《通知》第二条和第三条的内容，作出了现行规定。

四、明确了必要情况下基层人民法院、中级人民法院对第一审涉外民商事案件实行跨区域集中管辖的相关规则

《涉外民商事案件管辖规定》第四条规定："高级人民法院根据本辖区的实际情况，认为确有必要的，经报最高人民法院批准，可以指定一个或数个基层人民法院、中级人民法院分别对本规定第一条、第二条规定的第一审涉外民商事案件实行跨区域集中管辖。依据前款规定实行跨区域集中管辖的，高级人民法院应及时向社会公布该基层人民法院、中级人民法院相应的管辖区域。"理解这一规定，应把握如下要点：

首先，必须明确的是，《涉外民商事案件管辖规定》前三条与第四条是一般规定与特殊规定、原则规定与例外规定的关系。下沉第一审涉外民商事案件的管辖是《涉外民商事案件管辖规定》确立的一个基本原则，第四条的内容并不能动摇这一原则。

其次，因不同地区的实际情况不一，涉外案件数量分布、涉外审判力量配备不均衡，允许高级人民法院根据实际情况、因地制宜，其认为确有必要并层报最高人民法院批准，可以在部分基层人民法院、少数中级人民法院仍然实施第一审涉外民商事案件跨区域集中管辖机制。

再次，关于基层人民法院实行跨区域集中管辖的特别规定。第一审涉外民商事案件管辖下沉后，在便利中外当事人、优化涉外审判资源配置的同时，可能产生案件质量参差不齐影响涉外司法公信力、涉外审判人案配比矛盾突出等问题。从前期深圳、珠海等地将区域内第一审涉外民商事案件集中到涉外审判力量较强的一家基层人民法院审理的情况看，已经取得了较好效果。为此，《涉外民商事案件管辖规定》第四条第一款允许各高级人民法院报经最高人民法院批准，可以指定中级人民法院辖区内一个或数个基层人民法院管辖第一审涉外民商事案件。但需要强调的是，原则上每个中级人民法院辖区内应至少确定一个基层人民法院管辖涉外民商事案件，以免造成中外当事人诉讼不便。

最后，关于中级人民法院集中管辖第一审涉外民商事案件的规定。鉴于北京、天津、上海、重庆四个直辖市辖区内的各中级人民法院基本上集中在一个城市，故《涉外民商事案件管辖规定》第四条第一款允许直辖市的高级人民法院报经最高人民法院批准，可以指定辖区内特定的一个或数个中级人民法院集中管辖第一审涉外民商事案件。

五、与开放型经济关系密切的特定民商事案件归口办理的问题

实践中，对于最高人民法院印发的《最高人民法院关于明确第一审涉外民商事案件级别管辖标准以及归口办理有关问题的通知》(法〔2017〕359号)在《涉外民商事案件管辖规定》施行后是否予以废止存有疑问。《涉外民商事案件管辖规定》第九条规定："本院以前发布的司法解释与本规定不一致的，以本规定为准。"该条也适用于《涉外民商事案件管辖规定》出台前发布的规范性文件。由于《涉外民商事案件管辖规定》对四级法院第一审涉外民商事案件级别管辖标准作出了明确规定，取代了《最高人民法院关于明确第一审涉外民商事案件级别管辖标准以及归口办理有关问题的通知》第一条的规定，故该通知第一条的规定不再适用。但该通知第二条规定的与开放型经济关系密切的十类特定民商事案件由涉外审判庭或专门合议庭归口办理的内容，并未被《涉外民商事案件管辖规定》所涵盖，因而仍然是有效的。这十类案件包括：(一)当事人一方或者双方是外国人、无国籍人、外国企业或者组织，或者当事人一方或者双方的经常居所地在中华人民共和国领域外的民商事案件；(二)产生、变更或者消灭民事关系的法律事实发生在中华人民共和国领域外，或者标的物在中华人民共和国领域外的民商事案件；(三)外商投资企业设立、出资、确认股东资格、分配利润、合并、分立、解散等与该企业有关的民商事案件；(四)一方当事人为外商独资企业的民商事案件；(五)信用证、保函纠纷案件，包括申请止付保全案件；(六)对第一项至第五项案件的管辖权异议裁定提起上诉的案件；(七)对第一项至第五项案件的生效裁判申请再审的案件，但当事人依法向原审人民法院申请再审的除外；(八)跨境破产协助案件；(九)民商事司法协助案件；(十)《最高人民法院关于仲裁司法审查案件归口办理有关问题的通知》确定的仲裁司法审查案件。

此外，实践中对于涉外民商事案件归口办理与管辖的关系问题，存在着

一定的混淆认识。对此，应当注意两者是不同层面的问题。归口办理仅涉及同一法院内设审判部门之间对办理案件的分工，即法院受理案件后由哪个民事审判庭办理，其并不涉及管辖事宜。管辖是诉讼制度的组成部分，是不同层级、不同地域法院之间对受理第一审民商事案件的分工。归口办理所涉及的十类案件的管辖应当根据《民事诉讼法》《仲裁法》等法律以及《涉外民商事案件管辖规定》等司法解释予以确定。综上，由于《涉外民商事案件管辖规定》仅涉及第一审涉外民商事案件的管辖规则，并不涉及归口办理的问题，因此法〔2017〕359号文第二条仍然有效，该条规定范围内的案件仍应由涉外审判庭或专门合议庭归口办理。同时，根据该条第二款的规定，如该条规定范围内的案件属于涉外婚姻家庭纠纷、继承纠纷、劳动争议、人事争议、环境污染侵权纠纷及环境公益诉讼的，则不适用归口办理。

六、此前已经报批过的具有涉外管辖权的中级人民法院和基层人民法院，《涉外民商事案件管辖规定》生效后如何处理

《涉外民商事案件管辖规定》的出台完全改变了此前的涉外集中管辖制度，形成了中级、基层人民法院均有权依据《民事诉讼法》等法律及司法解释的规定审理第一审涉外民商事案件的常态化管辖机制，但根据《涉外民商事案件管辖规定》第四条的规定，高级人民法院认为确有必要并经最高人民法院批准，可以指定少数中级、基层人民法院实施涉外集中管辖机制，即以涉外管辖权下沉为原则、集中管辖为例外。这是理解如何处理前期报批问题和后续可能的报批问题的重要出发点。

其一，尚未取得涉外管辖权的中级人民法院和基层人民法院在《涉外民商事案件管辖规定》生效后，自动获得了对涉外民商事案件的管辖权。

其二，此前涉外集中管辖制度实施过程中，最高人民法院依据法释〔2002〕5号文对高级人民法院要求授予中级、基层人民法院涉外民商事案件管辖权的请示作出的批复，因法释〔2002〕5号文被废止而相应废止，不需再另行撤销。

其三，《涉外民商事案件管辖规定》第四条涉及的层报制度是在放开涉外管辖权背景下，将跨区域集中管辖作为例外情形，由高级人民法院根据实际情况、因地制宜决定是否呈报最高人民法院批准。因此，如果高级人民法院

拟在部分基层人民法院和中级人民法院仍实行跨区域集中管辖，应当重新履行报批手续。

其四，最高人民法院前期已陆续批准在苏州、北京、成都、厦门、长春、泉州、无锡、南宁等地中级人民法院设立国际商事法庭，集中管辖第一审涉外民商事案件。鉴于国际商事法庭的特殊性，为维护管辖规则的稳定和统一，其可以继续实行集中管辖机制，无须再履行向最高人民法院报批的手续。

（撰稿人：沈红雨　郭载宇）

最高人民法院
关于审理民事级别管辖异议案件若干问题的规定

（2009年7月20日最高人民法院审判委员会第1471次会议通过
根据2020年12月23日最高人民法院审判委员会第1823次会议通过的
《最高人民法院关于修改〈最高人民法院关于人民法院民事调解工作
若干问题的规定〉等十九件民事诉讼类司法解释的决定》修正）

为正确审理民事级别管辖异议案件，依法维护诉讼秩序和当事人的合法权益，根据《中华人民共和国民事诉讼法》的规定，结合审判实践，制定本规定。

第一条　被告在提交答辩状期间提出管辖权异议，认为受诉人民法院违反级别管辖规定，案件应当由上级人民法院或者下级人民法院管辖的，受诉人民法院应当审查，并在受理异议之日起十五日内作出裁定：

（一）异议不成立的，裁定驳回；

（二）异议成立的，裁定移送有管辖权的人民法院。

第二条　在管辖权异议裁定作出前，原告申请撤回起诉，受诉人民法院作出准予撤回起诉裁定的，对管辖权异议不再审查，并在裁定书中一并写明。

第三条　提交答辩状期间届满后，原告增加诉讼请求金额致使案件标的额超过受诉人民法院级别管辖标准，被告提出管辖权异议，请求由上级人民法院管辖的，人民法院应当按照本规定第一条审查并作出裁定。

第四条　对于应由上级人民法院管辖的第一审民事案件，下级人民法院不得报请上级人民法院交其审理。

第五条　被告以受诉人民法院同时违反级别管辖和地域管辖规定为由提出管辖权异议的，受诉人民法院应当一并作出裁定。

第六条　当事人未依法提出管辖权异议，但受诉人民法院发现其没有级别管辖权的，应当将案件移送有管辖权的人民法院审理。

第七条　对人民法院就级别管辖异议作出的裁定，当事人不服提起上诉的，第二审人民法院应当依法审理并作出裁定。

第八条　对于将案件移送上级人民法院管辖的裁定，当事人未提出上诉，但受移送的上级人民法院认为确有错误的，可以依职权裁定撤销。

第九条　经最高人民法院批准的第一审民事案件级别管辖标准的规定，应当作为审理民事级别管辖异议案件的依据。

第十条　本规定施行前颁布的有关司法解释与本规定不一致的，以本规定为准。

【导读及适用要点】

一、审理民事级别管辖异议案件的模式选择

《最高人民法院关于审理民事级别管辖异议案件若干问题的规定》（以下简称《审理民事级别管辖异议案件的规定》）起草过程中面临的首要问题，就是要建立何种模式的级别管辖异议裁判机制，是继续沿用现行的行政化处理方式，还是走与处理地域管辖权异议相同的附带诉讼模式？在管辖权异议的裁判机制上，各国（地区）主要有两种模式：一是附带诉讼模式。管辖权异议被视为本诉的附带诉讼，作为诉来对待，运用民事诉讼程序方式解决。这种模式的优势在于当事人能够充分参与程序，但弊端是容易被当事人滥用，造成诉讼拖延。二是中间判决模式。对被告提出的管辖权抗辩，如认为抗辩不成立的，则作出中间判决或者在终局判决中予以说明，对中间判决不允许单

独上诉。如认为抗辩成立的，依原告申请或者依职权裁定移送管辖，不能移送管辖的则作出驳回诉讼的终局判决。这种模式为多数国家和地区采用。长期以来，我国司法实践中对管辖权异议的处理采取厚此薄彼的做法：一方面，对地域管辖权异议给予充分救济，允许上诉，采取附带诉讼模式；另一方面，将级别管辖仅视为法院内部分工问题，采取行政化模式处理，虽然程序简便、快捷，但是当事人程序参与较少，对当事人权利保障不力。

为贯彻落实第七次全国民事审判工作会议提出的级别管辖权异议裁判机制改革目标，《审理民事级别管辖异议案件的规定》摒弃以往的行政化处理模式，采取与地域管辖异议相同的诉讼化模式。根据《审理民事级别管辖异议案件的规定》第一条，被告在提交答辩状期间提出管辖权异议，认为受诉人民法院违反级别管辖规定，案件应当由上级人民法院或者下级人民法院管辖的，受诉人民法院应当审查，并在受理异议之日起十五日内作出裁定。这种诉讼化模式的优势明显。

一是有利于为当事人级别管辖异议权提供程序保障。级别管辖的确定不仅是法院内部的事情，也关系到当事人的程序利益。尤其是在目前地方保护和部门保护一定程度客观存在的情况下，仅仅采取内部通报、批评、追究责任等方式，当事人被动接受这种反射性利益，这对当事人程序利益的保护是远远不够的。山西省晋中市两级法院的实证经验表明，由于采取裁定方式处理并允许上诉，程序变得透明、公开了，由此产生的申诉和信访少了，上下级法院之间的级别管辖秩序也相应地规范了。

二是有利于上级法院及时、有效地行使监督权，维护级别管辖秩序。目前上级法院对下级法院级别管辖秩序的监督，基本上是滞后乏力的，级别管辖标准被突破的现象屡见不鲜。一方面，因不作出书面裁定，当事人不能上诉，上级法院对于下级法院违反级别管辖规定的行为难以及时发现；另一方面，即使通过信访渠道发现，上级法院也无法定程序要求下级法院改正。若采用诉讼方式处理级别管辖异议，上级法院就可以通过二审程序行使级别管辖监督权。

三是有利于顺应《民事诉讼法》对管辖提出的新要求。2007 年《民事诉讼法》第一百七十九条[①]明确将“违反法律规定，管辖错误”作为再审事由，体现了立法机关对管辖问题的高度重视。人民法院也应当顺势而为，彻底改变以往那种级别管辖纯属法院系统内部上下级分工问题，发生错误无足轻重的观点，认识到正确确定案件级别管辖是涉及当事人程序利益、影响生效判决稳定性的重要问题，必须认真对待。

二、《审理民事级别管辖异议案件的规定》第一条与《民事诉讼法》第三十八条[②]的关系

对于《民事诉讼法》第三十八条是否适用于级别管辖异议，争议较大。《审理民事级别管辖异议案件的规定》第一条明确级别管辖异议不成立的，裁定驳回，异议成立的，裁定移送有管辖权的人民法院，从而与《民事诉讼法》第三十八条保持一致，明确了处理级别管辖异议的法律依据。

实践中，级别管辖异议有两种情况，一种是受诉法院审查认为应由下级法院管辖，另一种是受诉法院审查认为应由上级法院管辖，这两种情形都应当依法作出裁定，不能再像以往那样以通知方式作出。但对于后一种情形该如何处理，是应当裁定将案件移送上级人民法院管辖，还是应当裁定驳回起诉并告知当事人向有管辖权的法院起诉，在起草、论证和审议过程中争论最大。主张应当裁定将案件移送上级人民法院的意见认为，裁定移送管辖是把案件从无管辖权的法院移送到有管辖权的法院，既包括平级法院之间的移送，也包括上下级法院之间的移送。《民事诉讼法》第三十八条规定移送管辖的立法目的是方便当事人诉讼，避免法院之间相互推诿案件，没有将管辖权异议限制在地域管辖异议，也应当适用于级别管辖异议。移送裁定是面对当事人的，不是针对受移送法院的，管辖问题是法律规定的，对于依法应由上级法院管辖的案件，下级法院裁定将案件移送上级法院，不存在下级指挥上级的问题。主张应当裁定驳回起诉的意见认为，下级法院只能裁判自己是否有管辖权，无权裁判上级法院的管辖权问题，其裁定将案件移送到上级法院管辖，观念上让人无法接受。

---

① 对应《民事诉讼法》(2023年修正)第二百一十一条。
② 对应《民事诉讼法》(2023年修正)第一百三十条。

经过反复调研论证，征求专家、法官和律师意见，并与全国人大法工委多次沟通，《审理民事级别管辖异议案件的规定》最终采纳了第一种意见。主要考虑：一是《民事诉讼法》第三十八条没有明确排除适用于级别管辖。从文义解释角度理解，应当适用于地域和级别管辖。全国人大法工委持这一观点，认为《民事诉讼法》第三十八条应当适用于级别管辖异议。在征求专家意见过程中，参与起草《民事诉讼法》的专家介绍，当时起草《民事诉讼法》时，由于实践中级别管辖问题并不突出，所以没有过多考虑第三十八条是否包括级别管辖，但专家一致认为，应当对该条作开放性的解释，以适应司法实践的需要。二是不同级别法院之间的裁定移送，有各国（地区）的民事诉讼立法和实践的基础。例如，德国的初级法院与州法院之间的相互移送。再如，《日本民事诉讼法》规定的裁量移送、双方当事人同意情形下的必要的移送、反诉管辖的移送，均为简易法院向地方法院的下移上类型的移送。而德国的初级法院与州法院之间、日本的简易法院与地方法院之间的关系，相当于我国基层法院与中级法院之间的关系。在我国台湾地区，一审法院与二审法院之间，二审法院与三审法院之间，甚至在再审案件的专属管辖方面，都存在不同级别法院之间的相互移送。三是为避免产生下级法院错误地作出移送上级法院的裁定而上级法院受其拘束无法纠正的情形，《审理民事级别管辖异议案件的规定》第九条规定，对于将案件移送上级人民法院管辖的裁定，当事人未提出上诉，但受移送的上级人民法院认为确有错误的，可以依职权裁定撤销。实践操作中，当事人提出上诉的，该上级法院自可依法审查并作出处理；当事人未提出上诉，而受移送的上级人民法院认为该裁定确有错误的，根据案件具体情况，既可以依职权撤销裁定，从而避免受错误裁定的拘束，也可以不撤销该裁定而由该上级人民法院自行审理，以使案件尽快进入实体审理，避免在管辖问题上拖延诉讼。

三、级别管辖异议案件审理程序的具体问题

1. 在管辖权异议裁定作出前，原告申请撤回起诉的处理程序

《审理民事级别管辖异议案件的规定》第二条规定，在管辖权异议裁定作出前，原告申请撤回起诉，受诉人民法院作出准予撤回起诉裁定的，对管辖权异议不再审查，并在裁定书中一并写明。受诉法院无管辖权的，原则上应

裁定将案件移送到有管辖权的法院审理。但实践中案件移送存在许多问题，例如，有的法院只移送案件，拖延甚至不移送诉讼费；有的法院为摆脱难缠案件的审理，将有管辖权的案件移送到其他法院；法院之间移送案卷，少则一二月，多则半年一年，严重拖延。如果被移送法院亦认为其无管辖权，还需报请上级法院指定管辖，时间将更长。并且，原告有可能不愿到受移送法院继续诉讼。为避免产生这些问题，在实际操作中，人民法院在作出移送管辖的裁定前，可以询问当事人是否申请撤诉。原告撤诉的，人民法院应尊重其意愿。主诉撤回后，管辖权异议即没有必要继续审理。

2. 答辩期间届满后，原告增加诉讼请求金额，被告提出管辖权异议的处理程序

《民事诉讼法》规定，被告提出管辖权异议的期限为提交答辩状期间，同时规定原告有权增加诉讼请求。审判实践中，有的原告就恶意地于管辖异议期满后才增加诉讼请求，致使案件标的金额超过受诉法院级别管辖标准。《最高人民法院关于案件级别管辖几个问题的批复》第二条规定："当事人在诉讼中增加诉讼请求从而加大诉讼标的金额，致使诉讼标的金额超过受讼法院级别管辖权限的，一般不再变动。但是当事人故意规避有关级别管辖等规定的除外。"由于何谓"故意规避"难以判断，实践中对随意增加诉讼标的额致使超过受诉法院级别管辖标准的行为几乎放任不管，既破坏了级别管辖的秩序，也损害了对方当事人的管辖利益。为保持原告、被告之间在管辖争点上攻击防御的动态平衡，防止原告利用答辩期即为异议期，规避管辖异议制度，《审理民事级别管辖异议案件的规定》第三条规定，提交答辩状期间届满后，原告增加诉讼请求金额致使案件标的额超过受诉人民法院级别管辖标准，被告提出管辖权异议，请求由上级人民法院管辖的，人民法院应当按照《审理民事级别管辖异议案件的规定》第一条审查并作出裁定。即允许被告在特定情形下，可在答辩期届满后提出管辖权异议。该条争议的主要问题，一是是否需要设定原告规避级别管辖规定的恶意条件。对此，《审理民事级别管辖异议案件的规定》从提高操作性、规范原告行为的角度，未予设定其他条件，只要增加诉讼请求金额后超出了受诉法院级别管辖标准，被告即可提出管辖权异议。二是是否需要给被告提出此类管辖权异议限制时间。对此，由于目前并无法律和司法解释规定原告增加诉讼请求后要重新给予被告答辩期间，而

原告增加诉讼请求应当在庭审结束前提出，被告提出级别管辖权异议的时间与此对应即可，即在庭审结束前，只要原告增加诉讼请求致使案件标的额超过受诉人民法院级别管辖标准，被告即可依据此条提出管辖权异议。

3. 被告同时提出级别管辖异议和地域管辖异议的处理程序

被告以受诉人民法院同时违反级别管辖和地域管辖为由分别提出管辖权异议的，应当理解为一个管辖权异议下的两个不同理由，不是两个管辖权异议，受诉人民法院应当作为一个管辖权异议处理，以避免出现一个异议成立而另一个异议不成立时的裁判相互抵触的情况。实践中，由于各地级别管辖标准不同，应当先审查地域管辖异议理由是否成立。成立的，应当按照《民事诉讼法》第三十八条的规定处理，此时无须审查级别管辖理由；不成立的，再审查级别管辖理由是否成立。

4. 级别管辖异议上诉案件的审理程序

《审理民事级别管辖异议案件的规定》第八条明确了当事人对于级别管辖异议裁定的上诉权。改革级别管辖异议裁判机制的关键，不仅在于以裁定取代告知、通知，更重要的是赋予当事人上诉权，使上级法院得以通过第二审程序予以监督。

5. 受诉法院发现其没有级别管辖权应依职权移送的问题

《审理民事级别管辖异议案件的规定》第七条明确了当事人未依法提出管辖权异议情况下，受诉人民法院发现其没有级别管辖权的，应当将案件移送有管辖权的人民法院审理。规定此条的主要理由是，管辖权属于诉讼要件之一，是作出实体判决的前提条件。因此，不论当事人是否提出管辖权异议，法院都应当依职权审查。逾期提出的管辖权异议，尽管不是一个有诉讼法效力的异议，但由于管辖权问题是法院必须审查的事项，法院也应当对此慎重考虑。但是应当明确的是，如果当事人未提出异议，法院也未发现其无管辖权，在此基础上作出实体裁判的，除违反专属管辖外，一般不能认为构成程序严重违法并以此作为上诉或者再审的法定理由，其正当性根据在于诉讼行为瑕疵的补正理论，即欠缺任意管辖权问题，已经由于作出生效判决而得到补正。

与此相关仍然有待研究的问题：一是依职权的移送，是用裁定书的形式，还是通知书的形式。从法理上讲，移送管辖的行为，是法院就程序性问题作出的裁定行为，应当采用裁定书的形式，但我国现行的实践中多采用通知书的形式。二是依职权移送时的原告利益保护问题。德国、法国、日本、我国台湾地区的移送管辖，一般是受诉法院在发现无管辖权时，应原告的请求或者依照职权，裁定将案件移送到有管辖权的法院。移送管辖的目的，是节省原告重新起诉的费用和时间，及避免原告诉讼时效期间利益的丧失。从我国《民事诉讼法》及审判实践看，并无应原告的请求移送管辖的程序设计，容易产生移送管辖违背原告意愿和利益的问题。从调研情况看，原告选择法院和法官打官司的情况比较突出，原告不到受移送法院继续诉讼的情况比较常见。有鉴于此，在依职权移送前，最好征求原告的意见：原告不愿意继续诉讼的，可以撤诉；愿意继续诉讼的，可以征求原告意见，将案件移送到原告选择的有管辖权的法院。

四、规范上下级法院之间管辖权转移的问题

管辖权的转移，无论是“下移上”还是“上交下”，都是对适用级别管辖规定的变更，应当慎用。特别是《民事诉讼法》关于下调性转移的规定，实践中易被滥用，必须对管辖权的下调性转移予以限制已成为共识。《审理民事级别管辖异议案件的规定》曾设计了管辖权下调性转移应当征得当事人同意的条件，由于争议太大，最终未被采纳。《审理民事级别管辖异议案件的规定》第四条要求法院作出下调性管辖权的转移时，要作出裁定。争议的主要问题是，当事人不服此类裁定的，应当采取上诉还是复议方式予以救济。对此，多数意见认为该类裁定可以从广义上理解为对于管辖权所作的裁定，当事人不服的，可直接向上一级法院提出上诉，从而通过二审审理强化上级法院对于本辖区级别管辖秩序的监督力度。有同志担心此条可能导致上级法院无法将群体性纠纷等特殊案件交由下级法院审理，对此我们研究认为，《最高人民法院关于调整高级人民法院和中级人民法院管辖第一审民商事案件标准的通知》第三条已经明确规定，婚姻、继承、家庭、物业服务、人身损害赔偿、交通事故、劳动争议等案件，以及群体性纠纷案件，一般由基层人民法院管辖。因此，群体性纠纷等特殊案件本应由基层法院管辖，一般不存在上级法院还需交下级法院审理的问题。

在审判实践中，一些法院明知其对某一案件无级别管辖权，但出于诉讼

费收益、地方保护或者其他考虑，在受理前或者受理后报请上级法院交由其审理。这种做法严重扰乱了管辖秩序，裁判的公正性难以令人信服，由此引发的申诉、信访不在少数，严重损害了人民法院的公信力，确有必要加以限制。针对这种做法，《审理民事级别管辖异议案件的规定》第五条作出了禁止性规定。依照《民事诉讼法》的规定，下级法院报请上级法院指令管辖的做法，只有第三十九条第二款规定的一种情形，即将本院有管辖权的案件报请由上级法院管辖。第三十九条第一款后半段的规定，应当是上级法院主动决定而不是根据下级法院的报请作出决定的结果。因此，下级法院主动报请上级法院将案件交其审理的做法，是没有法律依据的。基于程序法定的一般原理，欠缺法律依据的诉讼行为通常即为不合法。

五、审理级别管辖异议案件的依据《审理民事级别管辖异议案件的规定》第十条明确规定，经最高人民法院批准的第一审民事案件级别管辖标准的规定，应当作为审理民事级别管辖异议案件的依据。在调研和起草过程中，一些同志认为，高级法院所作的级别管辖规定，既非法律又非司法解释，在裁定书中不宜作为处理级别管辖异议案件的依据。但这里强调的是，高级民法院作出的级别管辖规定是经过最高人民法院批准，并统一发布后施行的，人民法院和当事人都应当严格遵守，可以在裁判理由部分予以引用。再者，如果不明确将其作为裁判的依据，则裁判文书的理由部分不能让当事人理解和信服。需要说明的是，未经最高人民法院批准，各级人民法院自行作出的级别管辖标准，不能作为处理级别管辖异议的裁判依据。

六、有待研究、解决的其他问题在《审理民事级别管辖异议案件的规定》的起草、论证和送审过程中，还存在着与级别管辖有关的一些问题。例如，以分案起诉方式规避级别管辖问题。在合同纠纷案件中，有的以主合同项下的多个分合同为基础分别起诉，有的以多个补充合同为基础分别起诉，在借款案件中，有的将一笔借款拆开提起多个诉讼，或者将本金和利息分别起诉。对此类问题的规制，德国法规定，如果将应当属于州法院管辖的请求权，分解为多个部分请求到初级法院诉讼的，初级法院应将这些部分诉讼以不合法为由予以驳回，如果原告申请移送到州法院，则应合并移送。《审理民事级别管辖异议案件的规定》曾试图对于以分案起诉的方式规避级别管辖的情形予以规范，但在讨论时，意见分歧很大。多数同志认为虽然确有必要予以规范，但是如何界定分案起诉非常困难，还可能产生新的问题，暂不规定为宜。

被告以外的当事人能否提出管辖权异议问题，也有争议。由于依职权移送管辖、指定管辖或管辖权转移等原因，造成本案的审理法院不是原告起诉的法院的，原告应否享有管辖异议权的问题存在争议。第三人有无管辖异议权问题，也有争议。鉴于《最高人民法院关于第三人能否对管辖提出异议的批复》作了否定性规定，这个批复的精神应当坚持。

受诉法院基于无地域管辖权移送管辖后，受移送法院认为其无级别管辖权，可否将案件再移送到有级别管辖权法院？再行移送原则上不被允许是各国（地区）民事诉讼立法的通例。在大陆法系一些国家（地区），移送裁定的拘束力仅限于移送所依据的确定理由。如果移送管辖裁定是基于无地域管辖权作出的，则受移送法院仍可裁定再行移送。我国《民事诉讼法》似乎只允许受移送法院报请上级法院指定管辖。因此，《审理民事级别管辖异议案件的规定》如何与再行移送管辖相互衔接，有待进一步研究。

（撰稿人：刘学文　姜启波　王胜全　刘小飞）

三、送　达

最高人民法院
关于涉外民事或商事案件司法文书送达问题若干规定

法释〔2006〕5号

（2006年7月17日最高人民法院审判委员会第1394次会议通过
根据2020年12月23日最高人民法院审判委员会第1823次
会议通过的《最高人民法院关于修改〈最高人民法院
关于人民法院民事调解工作若干问题的规定〉等
十九件民事诉讼类司法解释的决定》修正）

为规范涉外民事或商事案件司法文书送达，根据《中华人民共和国民事诉讼法》（以下简称民事诉讼法）的规定，结合审判实践，制定本规定。

第一条　人民法院审理涉外民事或商事案件时，向在中华人民共和国领域内没有住所的受送达人送达司法文书，适用本规定。

第二条　本规定所称司法文书，是指起诉状副本、上诉状副本、反诉状副本、答辩状副本、传票、判决书、调解书、裁定书、支付令、决定书、通知书、证明书、送达回证以及其他司法文书。

第三条　作为受送达人的自然人或者企业、其他组织的法定代表人、主要负责人在中华人民共和国领域内的，人民法院可以向该自然人或者法定代表人、主要负责人送达。

第四条　除受送达人在授权委托书中明确表明其诉讼代理人无权代为接收有关司法文书外，其委托的诉讼代理人为民事诉讼法第二百六十七条[①]第

① 对应《民事诉讼法》（2023年修正）第二百八十三条。

（四）项规定的有权代其接受送达的诉讼代理人，人民法院可以向该诉讼代理人送达。

第五条　人民法院向受送达人送达司法文书，可以送达给其在中华人民共和国领域内设立的代表机构。

受送达人在中华人民共和国领域内有分支机构或者业务代办人的，经该受送达人授权，人民法院可以向其分支机构或者业务代办人送达。

第六条　人民法院向在中华人民共和国领域内没有住所的受送达人送达司法文书时，若该受送达人所在国与中华人民共和国签订有司法协助协定，可以依照司法协助协定规定的方式送达；若该受送达人所在国是《关于向国外送达民事或商事司法文书和司法外文书公约》的成员国，可以依照该公约规定的方式送达。

依照受送达人所在国与中华人民共和国缔结或者共同参加的国际条约中规定的方式送达的，根据《最高人民法院关于依据国际公约和双边司法协助条约办理民商事案件司法文书送达和调查取证司法协助请求的规定》办理。

第七条　按照司法协助协定、《关于向国外送达民事或商事司法文书和司法外文书公约》或者外交途径送达司法文书，自我国有关机关将司法文书转递受送达人所在国有关机关之日起满六个月，如果未能收到送达与否的证明文件，且根据各种情况不足以认定已经送达的，视为不能用该种方式送达。

第八条　受送达人所在国允许邮寄送达的，人民法院可以邮寄送达。

邮寄送达时应附有送达回证。受送达人未在送达回证上签收但在邮件回执上签收的，视为送达，签收日期为送达日期。

自邮寄之日起满三个月，如果未能收到送达与否的证明文件，且根据各种情况不足以认定已经送达的，视为不能用邮寄方式送达。

第九条　人民法院依照民事诉讼法第二百六十七条第（八）项规定的公告方式送达时，公告内容应在国内外公开发行的报刊上刊登。

第十条　除本规定上述送达方式外，人民法院可以通过传真、电子邮件等能够确认收悉的其他适当方式向受送达人送达。

第十一条　除公告送达方式外，人民法院可以同时采取多种方式向受送达人进行送达，但应根据最先实现送达的方式确定送达日期。

第十二条　人民法院向受送达人在中华人民共和国领域内的法定代表人、

主要负责人、诉讼代理人、代表机构以及有权接受送达的分支机构、业务代办人送达司法文书，可以适用留置送达的方式。

第十三条 受送达人未对人民法院送达的司法文书履行签收手续，但存在以下情形之一的，视为送达：

（一）受送达人书面向人民法院提及了所送达司法文书的内容；

（二）受送达人已经按照所送达司法文书的内容履行；

（三）其他可以视为已经送达的情形。

第十四条 人民法院送达司法文书，根据有关规定需要通过上级人民法院转递的，应附申请转递函。

上级人民法院收到下级人民法院申请转递的司法文书，应在七个工作日内予以转递。

上级人民法院认为下级人民法院申请转递的司法文书不符合有关规定需要补正的，应在七个工作日内退回申请转递的人民法院。

第十五条 人民法院送达司法文书，根据有关规定需要提供翻译件的，应由受理案件的人民法院委托中华人民共和国领域内的翻译机构进行翻译。

翻译件不加盖人民法院印章，但应由翻译机构或翻译人员签名或盖章证明译文与原文一致。

第十六条 本规定自公布之日起施行。

【导读及适用要点】

最高人民法院法释〔2006〕5号《最高人民法院关于涉外民事和商事案件司法文书送达问题若干规定》（以下简称《涉外民事和商事案件司法文书送达的规定》）已经最高人民法院审判委员会第1394次会议讨论通过，并于2006年8月22日起施行。

一、关于《涉外民事和商事案件司法文书送达的规定》的适用范围

涉外民事或商事案件司法文书的送达，广义上包括两种情形：一种情形是我国人民法院受理的案件，需要向域外的当事人送达；另一种情形是外国

法院受理的案件，需要通过司法协助程序，委托我国法院代为送达。《涉外民事和商事案件司法文书送达的规定》第一条强调《涉外民事和商事案件司法文书送达的规定》适用于人民法院受理的涉外民事或商事案件需向在我国领域内没有住所的受送达人送达司法文书的情况。对于境外机构通过司法协助程序委托我国相关机构送达司法文书的情形，《涉外民事和商事案件司法文书送达的规定》暂不涉及。《涉外民事和商事案件司法文书送达的规定》适用的案件范围包括人民法院审理的涉外民事或商事案件，即既包括了传统的涉外民事案件，例如，涉外的婚姻家庭、劳动争议、不当得利、无因管理等案件，也包括了当事人在经济贸易活动中发生的涉外合同、侵权等商事纠纷案件。另外，考虑到“司法文书”这一概念从外延上比“诉讼文书”更为广泛，且我国加入的 1965 年《关于向国外送达民事或商事司法文书和司法外文书公约》(以下简称《海牙送达公约》) 以及我国与许多国家签订的双边司法协助协定中，均使用了司法文书的概念，故《涉外民事和商事案件司法文书送达的规定》中亦使用了司法文书的概念。

二、向在我国领域内出现的受送达人直接送达问题

《民事诉讼法》第二百四十七条[①]对在我国领域内没有住所的受送达人规定了七种送达方式，但对于在我国领域内没有住所的受送达人在我国领域内出现时可否向其直接送达，以前的法律和司法解释没有明确规定。现《涉外民事和商事案件司法文书送达的规定》第三条对该问题予以了明确，即作为受送达人的外国自然人或者企业、其他组织的法定代表人、主要负责人在我国领域内出现时，人民法院可以向其直接送达。该条规定进一步丰富了涉外民事或商事案件司法文书的送达方式。

三、向受送达人的诉讼代理人、代表机构、分支机构、业务代办人送达问题

《民事诉讼法》第二百四十七条第四项规定，人民法院对在中华人民共和国领域内没有住所的当事人，可以“向受送达人委托的有权代其接受送达的

① 对应《民事诉讼法》(2023 年修正) 第二百五十八条。

诉讼代理人送达”。《涉外民事和商事案件司法文书送达的规定》第四条结合审判实践，对于何为“有权接受送达的诉讼代理人”进行了明确，即“除受送达人在授权委托书中明确表明其诉讼代理人无权代为接收有关司法文书外，其委托的诉讼代理人为《民事诉讼法》第二百四十七条第（四）项规定的有权代其接受送达的诉讼代理人，人民法院可以向该诉讼代理人送达”。从调研的情况看，在一些案件审理过程中，有的受送达人为了拖延诉讼，其诉讼代理人以授权委托书中未明确授权其可以接受有关司法文书的送达为由，拒绝接受人民法院送达的相关司法文书。现在《涉外民事和商事案件司法文书送达的规定》针对该问题作出相关规定，可以防止受送达人以此理由拖延诉讼，从而保证诉讼程序的顺利进行。

《涉外民事和商事案件司法文书送达的规定》第五条遵循《民事诉讼法》第二百四十七条第五项的规定，明确受送达人在我国领域内设立有代表机构的，人民法院向受送达人送达司法文书，可以送达给其代表机构。而对于受送达人的分支机构和业务代办人，《涉外民事和商事案件司法文书送达的规定》强调经过受送达人的授权，人民法院才可以向其分支机构和业务代办人送达。这是特别需要注意的地方，即向受送达人的代表机构送达不需要受送达人的授权，只要是受送达人的代表机构，人民法院即可以向其直接送达，而如果是受送达人的分支机构或者业务代办人，则必须经过其授权，人民法院才可以向其送达相关司法文书。从最高人民法院对涉外案件司法文书送达问题调研的情况看，一些人民法院在向我国领域内没有住所的受送达人的分支机构和业务代办人送达时，存在着在受送达人没有授权的情况下即送达给了其分支机构或者业务代办人的情况，而《民事诉讼法》第二百四十七条第五项规定的是向受送达人在我国领域内“有权接受送达的分支机构、业务代办人送达”。我们研究认为，“有权接受送达”应该理解为经过受送达人的授权，如果未经受送达人的授权即向其分支机构或者业务代办人送达，显然与《民事诉讼法》的规定相悖。当然我们也注意到《海事诉讼特别程序法》第八十条第一款第二项谈到向受送达人的分支机构和业务代办人送达时，是规定可以“向受送达人在中华人民共和国领域内设立的代表机构、分支机构或者业务代办人送达”，即没有像《民事诉讼法》那样强调是向“有权接受送达”的分支机构和业务代办人送达。根据特别法优先适用的原则，人民法院在审理海事诉讼案件时，可以按照《海事诉讼特别程序法》的相关规定办理，在送达司法文书的时候可以直接送达给受送达人的分支机构和业务代办人，但是审理不属于海事诉讼案件的其他民事或商事纠纷案件的时候，仍然应该按照《民事诉讼法》的相关规定执行。

四、适用公约、司法协助协定方式送达

《涉外民事和商事案件司法文书送达的规定》第六条对适用1965年《海牙送达公约》以及适用双边司法协助协定规定的方式送达作出了规定。从目前情况看，我国与很多《海牙送达公约》的成员国亦都签订了双边的司法协助协定。为此，《涉外民事和商事案件司法文书送达的规定》第六条还强调，如果受送达人所在国既与我国签订有司法协助协定，其所在国又是《海牙送达公约》的成员国，则根据特别优于一般的原则，相关司法文书的送达应当依照司法协助协定的规定办理。这也与《最高人民法院、外交部、司法部关于执行〈关于向国外送达民事或商事司法文书和司法外文书公约〉有关程序的通知》第七条的规定相协调一致。

五、如何认定不能适用公约、协定、外交途径以及邮寄方式送达

从对涉外民事或商事案件司法文书送达问题进行调研的情况看，司法实践中通过公约、司法协助协定规定的方式或者通过外交途径送达，送达的情况往往难以把握，长时间得不到送达结果。由于相关部门之间工作协调得不是很通畅，通过何种渠道查询缺乏明确规定，因此有时候对送达结果也难以查询，从而使得司法文书送达问题长时间处于一种不确定的状态，影响了人民法院审理案件的效率。《涉外民事和商事案件司法文书送达的规定》第七条结合审判实践，对于如何认定不能通过公约、协定规定的方式或者外交途径送达作出了明确规定，即自我国有关机关将司法文书转递受送达人所在国有关机关之日起满六个月，如果未能收到送达与否的证明文件，且根据各种情况不足以认定已经送达的，视为不能用该种方式送达。这样可以使得人民法院在一个相对确定的时间内对能否适用该种方式送达作出判断，以便于在这种方式不能送达的情况下人民法院及时采取其他的送达方式，避免案件因为送达问题长时间搁置而处于久拖不决的状态。同时，考虑到采用邮寄方式向

域外受送达人送达司法文书同样存在长时间没有结果的情况，《涉外民事和商事案件司法文书送达的规定》在第八条中对于如何认定不能通过邮寄方式送达亦作出了规定，即自邮寄之日起满六个月，如无法得到送达与否的证明文件，且根据其他情况也不足以认定已经送达的，视为不能适用邮寄方式送达。

六、适用其他适当方式送达

《涉外民事和商事案件司法文书送达的规定》第十条借鉴《海事诉讼特别程序法》的内容，规定除《涉外民事和商事案件司法文书送达的规定》上述送达方式外，人民法院可以通过传真、电子邮件等能够确认收悉的其他适当方式向受送达人送达。

在我国，随着互联网技术的高速发展，人民法院已具备通过国际互联网等方式送达民事诉讼文书的条件。当然，该条规定的适用必须慎重，应该严格把握两点：一是必须是“适当”的送达方式，该送达方式不能违反受送达人所在国的禁止性规定。否则，判决是不可能得到其所在国的承认和执行的，而且如果采取的送达方式是受送达人所在国明确禁止的，还有可能涉及侵犯他国司法主权的问题。二是如果适用其他方式送达，必须确认受送达人已经收悉，如通过电子邮件方式送达，当事人应明确向人民法院予以回复。

七、同时采取多种方式送达

为了提高司法文书送达的效率，《涉外民事和商事案件司法文书送达的规定》第十一条规定除公告送达方式外，可以同时采取多种方式进行送达，如在采取邮寄送达方式送达的同时，可以一并按照公约规定的方式送达，但应该根据最先实现送达的方式确定送达日期。这里特别需要注意的一点，由于《民事诉讼法》第二百四十七条第七项明确规定：“不能用上述方式送达的，公告送达。”因此，同时采取多种送达方式，是指公告方式以外的送达方式，只有在不能用其他方式送达的时候，才能公告送达，公告送达方式不能与其他方式一并进行。

八、留置送达方式的适用

对受送达人来说，签收诉讼文书不仅是其应该履行的诉讼义务，亦是其享有的诉讼权利。司法实践中，我们常常见到的是受送达人拒绝签收法律文书的现象，这既不利于法院送达职能的行使，也不利于当事人权利的保障，因为当事人只有收到诉讼文书并获悉诉讼文书的内容，才能确定自己如何行使诉讼权利和承担诉讼义务，为此法律特别规定了留置送达。《涉外民事和商事案件司法文书送达的规定》第十二条规定，人民法院向受送达人在我国领域内的法定代表人、主要负责人、诉讼代理人、代表机构以及有权接受送达的分支机构、业务代办人送达司法文书，可以适用留置送达的方式。因为《民事诉讼法》第二百三十七条[①]明确规定："在中华人民共和国领域内进行涉外民事诉讼，适用本编规定。本编没有规定的，适用本法其他有关规定。"而涉外编中并未对留置送达问题作出规定，更未明确禁止留置送达，故在涉外民事或商事诉讼程序中可以适用《民事诉讼法》其他有关规定，即可以适用留置送达的有关规定。另外，最高人民法院法释〔2002〕15号《最高人民法院关于向外国公司送达司法文书能否向其驻华代表机构送达并适用留置送达问题的批复》[②]已经明确可以向外国公司驻华代表机构适用留置送达。对于该问题有一点需要注意，即在对受送达人在我国领域内的代表机构和有权接受的分支机构适用留置送达时，应该是向这些机构有权签收相关司法文书的人员送达时，其拒绝接受，人民法院才能适用留置送达，而不能是到了这些机构，没有找到相关的签收人员，把司法文书留下就算送达了，这种理解是不正确的。根据《最高人民法院关于适用〈中华人民共和国民事诉讼法〉若干问题的意见》第八十一条的规定，上述机构的代表人、主要负责人或者办公室、收发室、值班室等负责收件的人员，可以认定为有权签收的人员。

九、在受送达人未履行签收手续时如何认定已经送达

《涉外民事和商事案件司法文书送达的规定》第十三条结合审判实践，在受送达人未履行签收手续的情况下，对如何认定已经合法送达进行了规定。该条主要规定了两种具体的情形：一是受送达人书面向人民法院提及了所送

---

① 对应《民事诉讼法》（2023年修正）第二百四十八条。

② 《最高人民法院关于向外国公司送达司法文书能否向其驻华代表机构送达并适用留置送达问题的报复》（法释〔2002〕15号）根据《最高人民法院关于废止部分司法解释及相关规范性文件的决定》（法释〔2020〕16号）的规定已废止，自2021年1月1日起不再适用。

达司法文书的内容；二是受送达人已经按照所送达司法文书的内容履行。例如，人民法院向受送达人送达了开庭传票，受送达人虽然未履行签收手续，但其通过书面形式向人民法院提出了延期开庭的申请；或者人民法院向作为被告的受送达人送达了应诉通知书、起诉状副本等，受送达人没有履行签收手续，但其按照应诉通知书的内容，向人民法院提交了答辩状以及相关证据材料等。如果存在上述情形，显然可以认定受送达人已经收到了送达的相关司法文书，知晓了司法文书的内容。该条第三项是一项兜底性的规定，主要是考虑到司法实践中具体情况比较复杂，司法解释中难以完全概括，人民法院可以根据该项规定，在具体案件中具体把握。

（撰稿人：任雪峰）

十、关于重点修改条文的修改说明和理解与适用

《涉外民事和商事案件司法文书送达的规定》第六条第二款原规定：“受送达人所在国与中华人民共和国签订有司法协助协定，且为《关于向国外送达民事或商事司法文书和司法外文书公约》成员国的，人民法院依照司法协助协定的规定办理。”该款规定实际上确立了双边司法协助条约优先于《海牙送达公约》适用的规则。

2013 年 4 月 7 日，最高人民法院发布《关于依据国际公约和双边司法协助条约办理民商事案件司法文书送达和调查取证司法协助请求的规定》（法释〔2013〕11 号），专门就适用有关国际公约和双边司法协助条约进行送达问题作出规定，并确立了人民法院应当根据便捷、高效的原则确定依据海牙送达公约或者双边民事司法协助条约，对外提出民商事案件司法文书送达请求。同日，最高人民法院发布的《关于依据国际公约和双边司法协助条约办理民商事案件司法文书送达和调查取证司法协助请求的规定实施细则（试行）》第四条明确规定：“有权依据海牙送达公约、海牙取证公约直接对外发出司法协助请求的高级人民法院，应当根据便捷、高效的原则，优先依据海牙送达公约和海牙取证公约提出、转递本辖区各级人民法院提出的民商事案件司法文书送达和调查取证请求。”据此，该规定及细则实质上改变了《涉外民事和商事案件司法文书送达的规定》第六条第二款所确立的双边司法协助条约优先

于《海牙送达公约》适用的规则。

在司法解释清理过程中，在具体请求的途径上，根据《海牙送达公约》对外提出请求更为便捷、高效；在内容上，《海牙送达公约》似比有关双边条约更为详细，且该公约第二十条明确不影响双边条约特殊规定的适用。故对《涉外民事和商事案件司法文书送达的规定》第六条第二款作出修改。

综合考虑上述情况，我们认为，《涉外民事和商事案件司法文书送达的规定》系从整体上规范涉外案件的送达问题，就其中公约途径的送达问题，最高人民法院在《涉外民事和商事案件司法文书送达的规定》生效后已专门制定司法解释予以规范，故就海牙公约和双边司法协助条约之间的适用顺序问题，应按照最高人民法院发布的法释〔2013〕11号司法解释及其细则办理。故修改后的第六条第二款就此问题仅作指引性规定。另，《关于依据国际公约和双边司法协助条约办理民商事案件司法文书送达和调查取证司法协助请求的规定》在本次涉《民法典》司法解释修改中，亦有部分条款修改。

［载最高人民法院民法典贯彻实施工作领导小组办公室编著：《最高人民法院实施民法典清理司法解释修改条文（111件）理解与适用》，人民法院出版社2022年版］

最高人民法院
关于依据国际公约和双边司法协助条约办理民商事案件司法文书送达和调查取证司法协助请求的规定

（2013年1月21日最高人民法院审判委员会第1568次会议通过
根据2020年12月23日最高人民法院审判委员会第1823次
会议通过的《最高人民法院关于修改〈最高人民法院
关于人民法院民事调解工作若干问题的规定〉等
十九件民事诉讼类司法解释的决定》修正）

为正确适用有关国际公约和双边司法协助条约，依法办理民商事案件司法文书送达和调查取证请求，根据《中华人民共和国民事诉讼法》《关于向国外送达民事或商事司法文书和司法外文书的公约》（海牙送达公约）、《关于从国外调取民事或商事证据的公约》（海牙取证公约）和双边民事司法协助条约的规定，结合我国的司法实践，制定本规定。

第一条 人民法院应当根据便捷、高效的原则确定依据海牙送达公约、海牙取证公约，或者双边民事司法协助条约，对外提出民商事案件司法文书送达和调查取证请求。

第二条 人民法院协助外国办理民商事案件司法文书送达和调查取证请求，适用对等原则。

第三条 人民法院协助外国办理民商事案件司法文书送达和调查取证请求，应当进行审查。外国提出的司法协助请求，具有海牙送达公约、海牙取证公约或双边民事司法协助条约规定的拒绝提供协助的情形的，人民法院应当拒绝提供协助。

第四条 人民法院协助外国办理民商事案件司法文书送达和调查取证请求，应当按照民事诉讼法和相关司法解释规定的方式办理。

请求方要求按照请求书中列明的特殊方式办理的，如果该方式与我国法律不相抵触，且在实践中不存在无法办理或者办理困难的情形，应当按照该特殊方式办理。

第五条　人民法院委托外国送达民商事案件司法文书和进行民商事案件调查取证，需要提供译文的，应当委托中华人民共和国领域内的翻译机构进行翻译。

翻译件不加盖人民法院印章，但应由翻译机构或翻译人员签名或盖章证明译文与原文一致。

第六条　最高人民法院统一管理全国各级人民法院的国际司法协助工作。高级人民法院应当确定一个部门统一管理本辖区各级人民法院的国际司法协助工作并指定专人负责。中级人民法院、基层人民法院和有权受理涉外案件的专门法院，应当指定专人管理国际司法协助工作；有条件的，可以同时确定一个部门管理国际司法协助工作。

第七条　人民法院应当建立独立的国际司法协助登记制度。

第八条　人民法院应当建立国际司法协助档案制度。办理民商事案件司法文书送达的送达回证、送达证明在各个转递环节应当以适当方式保存。办理民商事案件调查取证的材料应当作为档案保存。

第九条　经最高人民法院授权的高级人民法院，可以依据海牙送达公约、海牙取证公约直接对外发出本辖区各级人民法院提出的民商事案件司法文书送达和调查取证请求。

第十条　通过外交途径办理民商事案件司法文书送达和调查取证，不适用本规定。

第十一条　最高人民法院国际司法协助统一管理部门根据本规定制定实施细则。

第十二条　最高人民法院以前所作的司法解释及规范性文件，凡与本规定不一致的，按本规定办理。

【导读及适用要点】

一、制定《最高人民法院关于依据国际公约和双边司法协助条约办理民商事案件司法文书送达和调查取证司法协助请求的规定》的法律依据和目的

《最高人民法院关于依据国际公约和双边司法协助条约办理民商事案件司法文书送达和调查取证司法协助请求的规定》的序言部分说明了制定该规定的三个根据，即：第一，国内法律根据，主要是《民事诉讼法》第二百七十六[①]条至二百七十九条[②]的规定。第二，国际条约根据，主要是《关于向国外送达民事或商事司法文书和司法外文书公约》（以下简称《海牙送达公约》）、《关于从国外调取民事或商事证据的公约》（以下简称《海牙取证公约》）和包含有民商事司法文书送达和调查取证内容的双边司法协助条约。第三，事实根据，立足于我国的实际情况，结合我国法院开展民商事司法协助工作的实践。

二、根据便捷、高效的原则确定向外国提出司法协助请求的途径

《最高人民法院关于依据国际公约和双边司法协助条约办理民商事案件司法文书送达和调查取证司法协助请求的规定》第一条规定，人民法院应当根据便捷、高效原则确定依据海牙送达公约、海牙取证公约、双边民事司法协助条约，对外提出民商事案件司法文书送达和调查取证请求。这一条制定的背景是，目前与我国签订含有民事司法协助内容的双边司法协助条约的国家中，很多国家都加入了《海牙送达公约》《海牙取证公约》。[③] 这样就产生了我

---

① 对应《民事诉讼法》（2023 年修正）第二百九十三条。

② 对应《民事诉讼法》（2023 年修正）第二百九十六条。

③ 《海牙送达公约》和《海牙取证公约》的生效机制不同。根据《海牙送达公约》第二十八条第二款的规定，如果加入书交存前已批准该公约的国家在荷兰外交部将这一加入行为通知该国之日后六个月期间内并未通知荷兰外交部表示异议，则本公约对该加入国生效。根据《海牙取证公约》第三十九条第四款的规定，加入行为只在加入国和已声明接受该国加入的公约缔约国之间的关系方面发生效力。

国法院向这些国家提出民商事案件司法文书送达和调查取证请求时，究竟是按照《海牙送达公约》《海牙取证公约》办理，还是按照双边司法协助条约办理的问题。

2006年《最高人民法院关于涉外民事或商事案件司法文书送达问题若干规定》(法释〔2006〕5号)第六条第二款规定，受送达人所在国与中华人民共和国签订有司法协助协定，且为《海牙送达公约》成员国的，人民法院依照司法协助协定的规定办理。这一规定实际上确立了双边司法协助条约优先于《海牙送达公约》适用的顺序。

上述规定在执行中产生了一些问题，主要表现在：第一，目前《海牙送达公约》成员国中与我国签订双边司法协助条约的国家越来越多，大部分国家都主张国际公约与双边条约具有同等效力。第二，从2003年起，最高人民法院指定五个高级法院可以依据《海牙送达公约》和《海牙取证公约》直接对外发出司法协助请求，目的是简化程序，提高效率。如果坚持双边条约优先适用，必将削弱简化程序、提高效率的作用。第三，坚持双边条约优先实践中对我国当事人有不便之处。

考虑到以上因素，特别是条约优于公约适用并非各国均适用的准则，《最高人民法院关于依据国际公约和双边司法协助条约办理民商事案件司法文书送达和调查取证司法协助请求的规定》第一条作出了与前述司法解释不同的规定。本条的具体适用，体现在《最高人民法院关于依据国际公约和双边司法协助条约办理民商事案件司法文书送达和调查取证司法协助请求的规定实施细则（试行）》第三条、第四条的规定中。主要的考虑是由最高人民法院和经最高人民法院授权的高级人民法院直接向外国中央机关发出司法协助请求，并直接接收外国中央机关转回的办理结果，减少了中间环节，有利于提高效率。

三、对等原则

国际司法协助中的对等原则，是由平等互利、互惠原则衍生而来的，其基本含义是，各国应当在同等的范围、程度上开展司法协助，如果一国对他国的国际司法协助请求附加不合理的限制，他国有权采取相应的限制。《最高人民法院关于依据国际公约和双边司法协助条约办理民商事案件司法文书送达和调查取证司法协助请求的规定》第二条规定了对等原则。《最高人民法院关于依据国际公约和双边司法协助条约办理民商事案件司法文书送达和调查取证司法协助请求的规定实施细则（试行）》第六条关于“被请求国不接受双边民事司法协助条约中规定的第三方文字译文的，所送达的各项文书应当附有被请求国官方文字的译文”的规定、第二十九条关于“被请求国不接受双边民事司法协助条约中规定的第三方文字译文的，请求书及其附件应当附有被请求国官方文字的译文”的规定以及第十二条、第三十五条的规定，是关于对等原则适用的具体规定。

对等原则的适用，由最高人民法院统一把握，地方各级人民法院不应自行判断和决定是否应当适用对等原则。

四、我国法院协助外国法院送达民商事案件司法文书和进行民商事案件调查取证的方式

《最高人民法院关于依据国际公约和双边司法协助条约办理民商事案件司法文书送达和调查取证司法协助请求的规定》第四条确立了办理外国法院委托我国法院送达民商事案件司法文书和进行民商事案件调查取证请求时，以按照我国法律规定的方式办理为原则，以按照请求国所要求的特殊方式办理为例外的原则。

根据国家主权原则，被请求国向请求国提供司法协助，一般应当适用被请求国法律规定的方式和程序。但是，由于各国法律制度的不同，请求国可能会要求被请求国按照请求国法律规定的方式和程序提供协助，以便提供协助的结果能够为请求国法庭所接受和采纳。所谓特殊方式，就是指请求国法律所规定的、不同于被请求国法律所规定的方式和程序。

外国法院委托我国法院送达民商事案件司法文书和进行民商事案件调查取证请求，如果在司法文书送达请求书和调查取证请求书中没有对执行请求的方式和程序提出具体要求，或者请求书中要求的方式和程序与我国《民事诉讼法》规定的方式和程序一致，应当按照我国《民事诉讼法》规定的方式和程序办理。但是，需要注意的是，《民事诉讼法》中的某些规定并不当然适用于国际民事司法协助，如公告送达。原因在于，根据《民事诉讼法》的规定，受送达人下落不明，或者用其他方式无法送达的情况下，才可以采取公

告送达的方式。《海牙送达公约》第一条第二款规定，在文书的受送达人地址不明的情况下，本公约不予适用。受送达人地址不明本身就属于受送达人下落不明，《海牙送达公约》第一条第二款的规定就已经排除了我国《民事诉讼法》中公告送达方式的适用。

如果外国法院委托我国法院送达民商事案件司法文书和进行民商事案件调查取证的请求书对执行请求的方式和程序提出了与我国《民事诉讼法》的规定不同的要求，为了便于外国法院正在进行的诉讼，原则上可以按照请求方所要求的方式和程序办理。但是，外国法院所要求的方式和程序与我国法律的规定相抵触、在实践中无法办理或者办理困难的除外。

外国法院所要求的方式是否与我国法律相抵触，是否在实践中无法办理或者办理困难，属于人民法院国际司法协助统一管理部门和司法协助专办员的审查范围。

五、各级人民法院均应当对外国提出的司法协助请求进行审查

如前所述，与外国法院开展国际民事司法协助是人民法院的专属职能，对于来自外国的国际民事司法协助请求进行实质审查是人民法院的职责。根据《最高人民法院关于依据国际公约和双边司法协助条约办理民商事案件司法文书送达和调查取证司法协助请求的规定》第四条的规定，最高人民法院和经手办理外国司法协助请求的地方各级人民法院对于该请求均负有审查责任，目的是通过广泛而严格的审查机制确保国家的主权和安全不受损害。在审查机制上，地方各级人民法院在办理具体司法协助请求时，如果认为提供协助可能损害国家主权、安全，或者存在着双边司法协助条约中规定的拒绝提供协助的情形的，均有权提出拒绝提供协助的意见和建议，并通过高级人民法院报告最高人民法院。地方各级人民法院不能因为上级法院已经审查过而疏于审查。

人民法院对外国提出的司法协助请求的审查，分为形式审查和实质审查两个方面。形式审查的主要内容是，请求国与我国之间是否适用《海牙送达公约》《海牙取证公约》和双边司法协助条约、所送达的文书和请求的调查取证是否属于民商事的性质、实际送达的文书与请求书中列明的文书是否一致、是否附有《海牙送达公约》《海牙取证公约》和双边司法协助条约所要求的译

文等等。实质审查的主要内容是，外国提出的司法协助请求是否具有《海牙送达公约》《海牙取证公约》或双边民事司法协助条约规定的拒绝提供协助的情形。人民法院对外国提出的司法协助请求审查的具体内容，规定在《最高人民法院关于依据国际公约和双边司法协助条约办理民商事案件司法文书送达和调查取证司法协助请求的规定实施细则（试行）》第十一条和第三十四条之中。

根据《民事诉讼法》第二百六十条[①]的规定，中华人民共和国缔结或者参加的国际条约同本法有不同规定的，适用该国际条约的规定，但中华人民共和国声明保留的条款除外。《海牙送达公约》《海牙取证公约》和双边司法协助条约中规定的拒绝提供协助的理由，与《民事诉讼法》第二百七十六条第二款的规定不尽一致，即使使用的部分术语相同，该术语的含义也不完全相同。因此，人民法院对外国提出的司法协助请求的实质审查，应当按照《海牙送达公约》《海牙取证公约》和双边司法协助条约的规定进行。

需要说明的是：第一，实质审查应当结合外国提出司法协助请求的法律依据进行。即外国依据《海牙送达公约》《海牙取证公约》提出的司法协助请求，应当根据《海牙送达公约》第十二条、《海牙取证公约》第十三条的规定进行审查；外国依据双边司法协助条约提出的司法协助请求，应当根据双边司法协助条约规定的拒绝提供协助的理由进行审查。不能以具有双边司法协助条约规定的拒绝提供协助的情形，而拒绝外国依据《海牙送达公约》《海牙取证公约》提出的司法协助请求；反之亦然。第二，《海牙送达公约》第十三条没有将社会公共利益、公共政策等规定为拒绝提供协助的理由。对此，海牙国际私法会议特委会解释为：比起公共政策，公约起草者更偏爱主权和安全的措辞。在他们看来，主权的概念与国际公共政策相同，排除了根据国内公共政策而作出的保留。

六、司法文书和调查取证请求材料的翻译问题

《最高人民法院关于依据国际公约和双边司法协助条约办理民商事案件司法文书送达和调查取证司法协助请求的规定》第五条对我国法院委托外国送

---

① 对应《民事诉讼法》（2023 年修正）第二百七十一条。

达民商事案件司法文书和进行民商事案件调查取证材料的翻译问题作出了规定。根据《海牙送达公约》《海牙取证公约》和双边司法协助条约的规定，我国法院委托外国送达民商事案件司法文书和进行民商事案件调查取证材料应当翻译为被请求国官方文字的译文，或者《海牙取证公约》和双边司法协助条约规定的第三方文字的译文。有的国家在不同的行政区域，针对受送达人、证人的具体情况，提出了不同语种译文的要求。外国委托我国法院提供司法协助，同样适用《海牙送达公约》《海牙取证公约》和双边司法协助条约中关于文字的规定。

提供译文的目的有三个方面：第一，使被请求国中央机关及主管机关正确理解所送达的文书和调查取证请求的内容，准确提供协助。第二，便于被请求国中央机关及主管机关准确判断是否存在着《海牙送达公约》《海牙取证公约》和双边司法协助条约规定的可以拒绝提供协助的情形。第三，保障受送达人和证人的诉讼权利。因此，是否提供译文、提供何种译文，取决于《海牙送达公约》《海牙取证公约》、双边司法协助条约的规定和被请求国的具体要求。受送达人、证人能够听懂、读懂司法文书和调查取证材料的内容，不构成不提供译文的理由。

《最高人民法院关于依据国际公约和双边司法协助条约办理民商事案件司法文书送达和调查取证司法协助请求的规定》要求委托我国领域内的翻译机构进行翻译的主要考虑是：第一，延续以往司法解释和规范性文件的规定。第二，我国现有的翻译机构基本上能够满足各种语种的翻译需求，只不过是存在地区差异。这种地区差异可以通过跨地区协调的方式解决。第三，我国翻译机构翻译不了的小语种，外国的翻译机构由于中文知识和中国法律知识有限，也难以翻译。对这种情况将来可以考虑特殊情况特殊处理。第四，从外国委托我国协助送达的司法文书译文质量看，很多无法读懂的中译文是由外国的翻译机构及其翻译人员翻译的。第五，第五条中的翻译是将中文翻译为外文，首要要求是准确理解中文文字的字面含义和在中国法律框架中的含义，中国的翻译机构在这方面显然具有优势。第六，提供翻译服务是民事行为。翻译错误给委托人造成损失的，应当承担相应的民事责任。诉讼发生在我国国内，当事人大多在我国国内，委托我国的翻译机构更便于协商和解决翻译纠纷。第七，在出现翻译纠纷的情况下，一般而言翻译机构承担民事责任的能力要强于翻译人员个人。第八，翻译机构的职能之一就是管理翻译人员、审核翻译质量，委托翻译机构进行翻译更有利于保证译文的准确性。

译文应当是准确无误的译文。证明译文准确无误的责任应当由翻译机构承担。因此，翻译机构应当出具翻译证明，证明的内容是确认译文与原文一致。翻译证明应当有翻译机构的印章和翻译人的签名。翻译证明应当包括中文翻译证明和与所翻译的具体文件所使用的语种译文一致的译文。翻译机构的企业法人营业执照和组织机构代码证无法证明译文与原文一致，因此，委托外国协助送达民商事案件司法文书和调查取证时，无须提供这些文件。

司法文书和调查取证材料的译文是由翻译机构翻译的，翻译机构应当确保译文的准确性，并承担因翻译错误而产生的民事责任。人民法院不是翻译主体，不对译文的准确性负责。因此，译文不得加盖人民法院的院章和其他各种印章。

七、人民法院国际司法协助工作的管理机制

《最高人民法院关于依据国际公约和双边司法协助条约办理民商事案件司法文书送达和调查取证司法协助请求的规定》第六条确立了人民法院统一管理和专人负责相结合的国际司法协助工作的管理机制。

人民法院对国际司法协助工作进行统一管理并专人负责，有利于全面了解和掌握本辖区内国际司法协助工作的情况，及时发现工作中存在的问题；有利于对所辖区国际司法协助工作的日常管理、指导和监督；有利于系统地总结经验，不断提高国际司法协助工作的水平；有利于国际司法协助工作的制度化、规范化，保证国际司法协助工作落到实处；有利于保证上下级法院之间办理国际司法协助工作渠道的畅通；有利于明确职责，推动国际司法协助工作的开拓发展。早在 1996 年，最高人民法院在厦门召开的全国法院司法协助座谈会上就明确要求各高级人民法院要明确一个机构，归口管理涉外案件的国际司法协助工作。到目前为止，绝大多数高级法院实现了对本辖区各级人民法院国际司法协助工作的统一管理，部分高级法院还在中、基层法院建立了统一管理机制和司法协助专办员制度。实践表明，统一管理机制健全的高级法院在国际司法协助工作的制度建设、调研能力、业务培训、工作质量和工作效率方面，都走在全国法院的前列。

根据第六条规定，除无权受理涉外案件的专门法院外，地方各级人民法院均应当指定国际司法协助专办员，高级人民法院还应当指定一个部门统一管理本辖区各级人民法院的国际司法协助工作。有条件的中级人民法院和基层人民法院也应当指定一个部门统一管理本院的国际司法协助工作。

需要说明的是，各级人民法院的国际司法协助统一管理部门和司法协助专办员，一般并不直接执行具体的司法协助请求。即国际司法协助统一管理部门和司法协助专办员并不负责向受送达人送达司法文书和进行调查取证。司法文书送达和调查取证的具体执行，应当由各级人民法院中负责相关案件司法文书送达和调查取证的部门负责。国际司法协助统一管理部门和司法协助专办员的职能应当定位于管理，其具体职能规定在《最高人民法院关于依据国际公约和双边司法协助条约办理民商事案件司法文书送达和调查取证司法协助请求的规定实施细则（试行）》第五条中，即负责国际司法协助请求的审查、转递、督办和登记、统计、指导、调研等与管理职能相关的工作。

八、国际司法协助工作制度建设

《最高人民法院关于依据国际公约和双边司法协助条约办理民商事案件司法文书送达和调查取证司法协助请求的规定》第七条和第八条规定了人民法院国际司法协助登记制度和档案制度两项制度。

自2008年起，最高人民法院在全国各高级人民法院层面上统一了国际司法协助请求的登记格式和登记内容，在统一登记制度的基础上统一了统计标准。通过统一的统计标准，为公正、准确地评价各高级法院司法协助工作的质量与效率、及时发现问题和解决问题创造了条件。根据《最高人民法院关于依据国际公约和双边司法协助条约办理民商事案件司法文书送达和调查取证司法协助请求的规定》第七条的规定，各级人民法院提出国际司法协助请求，或接受委托办理国际司法协助请求时，要将有关情况详细登记在案，做到有案可查。所谓独立的国际司法协助登记制度，是指应当将国际司法协助请求与涉港澳台的区际司法互助请求分开登记，以保证数据的准确性和便于查询。

由于国际司法协助请求的转递环节多，实践中出现过在转递环节中丢失的情况。为避免丢失后造成无法弥补的后果，《最高人民法院关于依据国际公约和双边司法协助条约办理民商事案件司法文书送达和调查取证司法协助请求的规定》第八条规定了国际司法协助请求的档案制度。人民法院国际司法协助登记制度和档案制度的具体要求，规定在《最高人民法院关于依据国际公约和双边司法协助条约办理民商事案件司法文书送达和调查取证司法协助请求的规定实施细则（试行）》第四十五条中。

九、简化人民法院国际司法协助工作程序，提高办理民商事司法文书送达和调查取证国际司法协助请求的工作效率

根据《海牙送达公约》和《海牙取证公约》的规定，中央机关（我国指定司法部为中央机关）的职责是接收外国司法机关的请求书，并将其转交给执行请求的主管机关（最高人民法院），上述公约没有规定中央机关有向外国转递国内法院提出的司法协助请求的职能。1992年最高人民法院会同外交部、司法部共同制定的《关于执行海牙送达公约的实施办法》规定，依《海牙送达公约》途径办理国内法院请求国外协助送达民商事司法文书的请求，由司法部最终转递被请求国的中央机关的做法，虽然反映了当时的实际情况，在实践中的操作也较为顺畅，但这并不是《海牙送达公约》的要求。我国加入《海牙取证公约》后，司法部相关部门认为，司法部不应承担转递我国法院依据《海牙取证公约》向外国提出的调查取证请求。因此，我国法院依据《海牙取证公约》向外国提出的调查取证请求一直由最高人民法院直接对外转递。我们认为，在不违反《海牙送达公约》和《海牙取证公约》规定的情况下，适当减少环节，有利于提高效率。据此，2003年最高人民法院指定北京市、上海市、广东省、浙江省和江苏省高级人民法院试点依据《海牙送达公约》和《海牙取证公约》直接向外国中央机关提出和转递本辖区各级人民法院提出的司法协助请求。从上述五省市国际司法协助简化程序试点工作的成效看，明显地缩短了送达周期，提高了效率。同时由于试点的开展，五省市高级人民法院加强了国际司法协助工作的主动性、规范性，提高了管理水平。

《最高人民法院关于依据国际公约和双边司法协助条约办理民商事案件司法文书送达和调查取证司法协助请求的规定》第九条总结了人民法院简化国际司法协助工作程序的成功经验，为在条件成熟后，逐步过渡到由各高级人民法院直接对外提出和转递司法协助请求打下了基础。

十、《最高人民法院关于依据国际公约和双边司法协助条约办理民商事案件司法文书送达和调查取证司法协助请求的规定》的适用范围

根据《最高人民法院关于依据国际公约和双边司法协助条约办理民商事案件司法文书送达和调查取证司法协助请求的规定》第十条的规定，本司法解释仅适用于我国法院与外国法院或其他机构根据我国缔结或者参加的国际条约相互请求代为送达民商事司法文书和进行民商事案件调查取证，不适用于我国法院与未与我国建立相关国际条约关系的国家的法院或其他机构按照互惠原则相互请求代为送达民商事司法文书和进行民商事案件调查取证。委托没有与我国签订双边民事司法协助条约，也未加入《海牙送达公约》《海牙取证公约》的国家送达民商事案件司法文书和调查取证，通过外交途径进行。由于不同国家有不同的形式要件和实质要件要求，目前尚难以制定统一的规范性文件。

《最高人民法院关于依据国际公约和双边司法协助条约办理民商事案件司法文书送达和调查取证司法协助请求的规定》是人民法院历史上首个关于国际民事司法协助工作的司法解释，《最高人民法院关于依据国际公约和双边司法协助条约办理民商事案件司法文书送达和调查取证司法协助请求的规定》及其《最高人民法院关于依据国际公约和双边司法协助条约办理民商事案件司法文书送达和调查取证司法协助请求的规定实施细则（试行）》的施行，将进一步提高各级人民法院国际民事司法协助工作的规范化建设和管理水平，更好地满足涉外民商事审判工作的需要。

（撰稿人：曾朝晖）

十一、关于2020年重点修改条文的理解与适用

第五条修改取消对翻译证明的硬性要求，并将同时具备翻译机构印章和翻译人签名改为在译文上由翻译机构盖章或翻译人签字证明与原文一致。

考虑到我国《民事诉讼法》及其司法解释、我国缔结或者参加的关于民商事司法协助的国际条约中均没有对译文证明方式的硬性要求，实践中除个别国家（目前仅有澳大利亚）要求附单独的翻译证明外，大部分国家没有此

类要求，只需采取在译文上由翻译机构盖章或者翻译人签字中的一种方式证明与原文一致即可，且《最高人民法院关于涉外民事或商事案件司法文书送达问题若干规定》第十五条第二款也作此规定。为更加符合实践的做法，便利当事人诉讼，提高民商事司法协助案件的办理效率，同时保持司法解释之间的一致性，现作出以上修改。

［载最高人民法院民法典贯彻实施工作领导小组办公室编著：《最高人民法院实施民法典清理司法解释修改条文（111件）理解与适用》，人民法院出版社2022年版］

最高人民法院
关于涉港澳民商事案件司法文书送达问题若干规定

法释〔2009〕2号

（2009年2月16日最高人民法院审判委员会第1463次会议通过
2009年3月9日最高人民法院公告公布　自2009年3月16日起施行）

为规范涉及香港特别行政区、澳门特别行政区民商事案件司法文书送达，根据《中华人民共和国民事诉讼法》的规定，结合审判实践，制定本规定。

第一条　人民法院审理涉及香港特别行政区、澳门特别行政区的民商事案件时，向住所地在香港特别行政区、澳门特别行政区的受送达人送达司法文书，适用本规定。

第二条　本规定所称司法文书，是指起诉状副本、上诉状副本、反诉状副本、答辩状副本、传票、判决书、调解书、裁定书、支付令、决定书、通知书、证明书、送达回证等与诉讼相关的文书。

第三条　作为受送达人的自然人或者企业、其他组织的法定代表人、主要负责人在内地的，人民法院可以直接向该自然人或者法定代表人、主要负责人送达。

第四条　除受送达人在授权委托书中明确表明其诉讼代理人无权代为接

收有关司法文书外，其委托的诉讼代理人为有权代其接受送达的诉讼代理人，人民法院可以向该诉讼代理人送达。

第五条　受送达人在内地设立有代表机构的，人民法院可以直接向该代表机构送达。

受送达人在内地设立有分支机构或者业务代办人并授权其接受送达的，人民法院可以直接向该分支机构或者业务代办人送达。

第六条　人民法院向在内地没有住所的受送达人送达司法文书，可以按照《最高人民法院关于内地与香港特别行政区法院相互委托送达民商事司法文书的安排》或者《最高人民法院关于内地与澳门特别行政区法院就民商事案件相互委托送达司法文书和调取证据的安排》送达。

按照前款规定方式送达的，自内地的高级人民法院或者最高人民法院将有关司法文书递送香港特别行政区高等法院或者澳门特别行政区终审法院之日起满三个月，如果未能收到送达与否的证明文件且不存在本规定第十二条规定情形的，视为不能适用上述安排中规定的方式送达。

第七条　人民法院向受送达人送达司法文书，可以邮寄送达。

邮寄送达时应附有送达回证。受送达人未在送达回证上签收但在邮件回执上签收的，视为送达，签收日期为送达日期。

自邮寄之日起满三个月，虽未收到送达与否的证明文件，但存在本规定第十二条规定情形的，期间届满之日视为送达。

自邮寄之日起满三个月，如果未能收到送达与否的证明文件，且不存在本规定第十二条规定情形的，视为未送达。

第八条　人民法院可以通过传真、电子邮件等能够确认收悉的其他适当方式向受送达人送达。

第九条　人民法院不能依照本规定上述方式送达的，可以公告送达。公告内容应当在内地和受送达人住所地公开发行的报刊上刊登，自公告之日起满三个月即视为送达。

第十条　除公告送达方式外，人民法院可以同时采取多种法定方式向受送达人送达。

采取多种方式送达的，应当根据最先实现送达的方式确定送达日期。

第十一条　人民法院向在内地的受送达人或者受送达人的法定代表人、

主要负责人、诉讼代理人、代表机构以及有权接受送达的分支机构、业务代办人送达司法文书，可以适用留置送达的方式。

第十二条 受送达人未对人民法院送达的司法文书履行签收手续，但存在以下情形之一的，视为送达：

（一）受送达人向人民法院提及了所送达司法文书的内容；

（二）受送达人已经按照所送达司法文书的内容履行；

（三）其他可以确认已经送达的情形。

第十三条 下级人民法院送达司法文书，根据有关规定需要通过上级人民法院转递的，应当附申请转递函。

上级人民法院收到下级人民法院申请转递的司法文书，应当在七个工作日内予以转递。

上级人民法院认为下级人民法院申请转递的司法文书不符合有关规定需要补正的，应当在七个工作日内退回申请转递的人民法院。

【导读及适用要点】

《最高人民法院关于涉港澳民商事案件司法文书送达问题若干规定》（法释〔2009〕2号，以下简称《涉港澳民商事案件司法文书送达规定》）经最高人民法院审判委员会第1463次会议讨论通过，于2009年3月9日公布，自2009年3月16日起施行。

一、关于《涉港澳民商事案件司法文书送达规定》的适用范围

涉港澳民商事案件司法文书的送达广义上包括两种情形，一种情形是内地人民法院受理的案件，需要向港澳地区的当事人送达；另一种情形是港澳地区法院受理的案件，需要通过司法协助程序，委托内地人民法院代为送达。《涉港澳民商事案件司法文书送达规定》第一条强调《涉港澳民商事案件司法文书送达规定》适用于人民法院审理的涉港澳民商事案件需向住所地在港澳地区的受送达人送达司法文书的情况。对于港澳地区相关机构通过司法协助程序委托内地相关机构送达司法文书的情形，《涉港澳民商事案件司法文书送

达规定》暂不涉及。《涉港澳民商事案件司法文书送达规定》适用的案件范围包括人民法院审理的涉港澳民商事案件，既包括传统的涉港澳民事案件，如涉港澳的婚姻家庭、劳动争议、不当得利、无因管理等案件，也包括了当事人在经济贸易活动中发生的涉港澳合同、侵权等商事纠纷案件。另外，考虑到司法文书这一概念从外延上比诉讼文书更为宽泛，且内地与香港特区和澳门特区分别签署的《最高人民法院关于内地与香港特别行政区法院相互委托送达民商事司法文书的安排》(以下简称《与香港送达安排》）和《最高人民法院关于内地与澳门特别行政区法院就民商事案件相互委托送达司法文书和调取证据的安排》①（以下简称《与澳门送达安排》）均使用了司法文书的概念，故《涉港澳民商事案件司法文书送达规定》中亦使用了司法文书的概念。

二、向在内地出现的港澳地区的受送达人直接送达的问题

由于对涉港澳民商事案件司法文书送达方面长期以来缺乏明确系统的规定，人民法院在审理涉港澳民商事案件时，在司法文书的送达以及其他一些程序方面，法律适用上均参照适用涉外案件的有关规定，因此《民事诉讼法》第二百四十五条②关于对涉外案件送达方面的规定一直在人民法院审理的涉港澳民商事案件中参照适用。该条规定了七种送达方式，但对于在内地没有住所的港澳地区的受送达人在内地出现时可否向其直接送达，没有明确规定。《涉港澳民商事案件司法文书送达规定》第三条对该问题予以了明确，即作为受送达人的港澳地区的自然人或者企业、其他组织的法定代表人、主要负责人在内地的，人民法院可以向其直接送达。该条规定进一步丰富了涉港澳民商事案件司法文书的送达方式。随着内地与港澳地区经济交往的加深，港澳地区的企业与内地企业开展合资、合作经营，或者在内地设立独资企业，港澳地区的相关人员也经常来往内地，因此，明确规定此种送达方式，也是有效解决司法文书送达难的一个有效途径。

---

① 《最高人民法院关于内地与澳门特别行政区法院就民商事案件相互委托送达司法文书和调取证据的安排》根据《最高人民法院关于修改〈关于内地与澳门特别行政区法院就民商事案件相互委托送达司法文书和调取证据的安排〉的决定》(法释〔2020〕1号）的规定已修正。

② 对应《民事诉讼法》(2023年修正）第二百八十三条。

三、向受送达人的诉讼代理人、代表机构、分支机构、业务代办人送达的问题

《民事诉讼法》第二百四十五条第四项规定人民法院对在中华人民共和国领域内没有住所的当事人，可以向受送达人委托的有权代其接受送达的诉讼代理人送达。《涉港澳民商事案件司法文书送达规定》第四条结合审判实践，对于何为有权接受送达的诉讼代理人进行了明确，即除受送达人在授权委托书中明确表明其诉讼代理人无权代为接收有关司法文书外，其委托的诉讼代理人为有权代其接受送达的诉讼代理人，人民法院可以向该诉讼代理人送达。从调研的情况看，在一些案件的审理过程中，有的案件当事人为了拖延诉讼，在人民法院向其诉讼代理人送达司法文书时，其诉讼代理人以授权委托书中未明确授权其可以接受有关司法文书的送达为由，拒绝接受人民法院送达的相关司法文书。现在《涉港澳民商事案件司法文书送达规定》针对该问题作出明确规定，可以防止受送达人以此理由拖延诉讼，从而保证诉讼程序的顺利进行。

《涉港澳民商事案件司法文书送达规定》第五条参照《民事诉讼法》第二百四十五条第五项的规定，明确受送达人在我国内地设立有代表机构的，人民法院向受送达人送达司法文书，可以送达其在内地的代表机构。而对于受送达人在内地的分支机构和业务代办人，《涉港澳民商事案件司法文书送达规定》强调受送达人授权其分支机构或者业务代办人可以接受送达，人民法院才可以向该分支机构和业务代办人送达。这是特别需要注意的地方，即向受送达人的代表机构送达不需要受送达人的授权，只要是受送达人的代表机构，人民法院即可以向其直接送达，而如果是受送达人的分支机构或者业务代办人，则必须经过其授权，人民法院才可以向其送达相关司法文书。从调研的情况看，一些人民法院在向港澳地区的当事人在我国内地设立的分支机构或者业务代办人送达时，存在着在受送达人没有授权的情况下即向其分支机构或者业务代办人送达的情况，而《民事诉讼法》第二百四十五条第五项规定的是向受送达人在我国领域内有权接受送达的分支机构、业务代办人送达。参照上述规定，我们认为，有权接受送达应该理解为经过受送达人的授权，如果未经受送达人的授权即向其分支机构或者业务代办人送达，显然与

《民事诉讼法》的规定是相悖的。

四、适用两个安排规定方式送达的问题

《涉港澳民商事案件司法文书送达规定》第六条强调了对于最高人民法院分别与香港特区代表及澳门特区代表签订的《与香港送达安排》和《与澳门送达安排》的适用。上述两个《安排》是香港、澳门回归后，根据《香港特别行政区基本法》和《澳门特别行政区基本法》的规定，最高人民法院与香港特区代表和澳门特区代表经过协商分别签署的，并由最高人民法院于1998年12月和2001年8月以司法解释的形式发布。根据上述两个《安排》的规定，内地法院和香港法院、内地法院和澳门法院可以相互委托送达民商事司法文书，委托送达司法文书均须通过各高级人民法院和香港特别行政区高等法院、澳门特别行政区终审法院进行。送达司法文书应当依照受委托方所在地法律规定的程序进行。两个《安排》是区际司法协助的一个典范，在人民法院受理的涉港澳民商事案件中，两个《安排》在人民法院送达司法文书方面发挥了积极的作用。

从调研的情况看，由于两个《安排》规定双方委托送达司法文书时，内地需通过高级人民法院和最高人民法院进行，因此内地的基层人民法院和中级人民法院审理涉港澳民商事案件，需要适用两个《安排》规定的方式委托港澳地区法院送达司法文书时，必须通过上级人民法院进行转递。司法实践中存在着由于转递环节出现问题，下级人民法院长时间得不到送达结果，送达的情况往往难以把握。从而使得司法文书的送达长时间处于不确定的状态，影响了人民法院审理案件的效率。《涉港澳民商事案件司法文书送达规定》第六条结合审判实践，对于如何认定不能通过两个《安排》规定的方式送达作出了明确规定，即自内地的高级人民法院或者最高人民法院将有关司法文书递送香港特别行政区高等法院或者澳门特别行政区终审法院之日起满三个月，如果未能收到送达与否的证明文件且不存在《涉港澳民商事案件司法文书送达规定》第十二条规定情形的，视为不能适用上述安排中规定的方式送达。这样可以使得人民法院在一个相对确定的时间内对能否适用该种方式送达作出判断，以便于在这种方式不能送达的情况下人民法院及时采取其他的送达方式，避免案件因为送达问题长时间搁置而处于久拖不决的状态。这里将判

断是否可以适用安排送达的期限确定为三个月，主要是考虑到两个《安排》中均规定了受委托方接到关于送达司法文书的委托后，应当在二个月内完成，这样算上转递等时间，三个月应该是判断是否可以适用该种方式送达的一个较为合理的时间。

同时，考虑到采用邮寄方式向港澳地区受送达人送达司法文书同样存在长时间没有结果的情况，《涉港澳民商事案件司法文书送达规定》在第七条中对于如何认定不能通过邮寄方式送达亦作出了规定，即自邮寄之日起满三个月，如果未能收到送达与否的证明文件，且不存在《涉港澳民商事案件司法文书送达规定》第十二条规定情形的，视为未送达，理由同上。

《涉港澳民商事案件司法文书送达规定》第八条借鉴《海事诉讼特别程序法》的相关内容，规定人民法院可以通过传真、电子邮件等能够确认收悉的其他适当方式向受送达人送达，即将传真、电子邮件等方式也确定为法定的送达方式。随着电子计算机技术和国际互联网业务迅速发展，现代通信方式已不局限于传统的邮件，通过电子邮件和传真传送信息日趋普遍，这使法院已具备通过国际互联网送达民事诉讼文书的物质条件。在国外，许多国家的法律已经认可通过传真、电子邮件等方式送达。在我国，随着互联网技术的高速发展，人民法院也已具备通过国际互联网等方式送达民事诉讼文书的条件。当然，第八条规定的适用必须慎重，特别是必须确认受送达人已经收悉，如通过电子邮件方式送达，当事人明确向人民法院予以回复，才可以确认受送达人已经收悉，以充分保护相关当事人的诉讼权利。

五、公告送达期限的问题

人民法院受理涉港澳民商事案件，对住所地在港澳地区的当事人进行公告送达的期限问题，一直以来缺乏明确的法律规定，而最高人民法院公布的一些批复、会议纪要等法律文件，规定的内容亦不尽相同，存在矛盾的地方，例如，1987 年 10 月 9 日最高人民法院发布的法〔经〕发〔1987〕28 号《关于审理涉港澳经济纠纷案件若干问题的解答》（以下简称《审理涉港澳案件解答》）第五项规定，对于港澳地区的当事人公告送达，“自公告之日起，满 6 个月，即视为送达。”该规定显然是参照适用《民事诉讼法（试行）》关于审理涉外案件的有关规定。1989 年 6 月 12 日最高人民法院发布的法〔经〕发

〔1989〕12号《全国沿海地区涉外、涉港澳经济审判工作座谈会纪要》(以下简称《第一次会议纪要》)在第三部分第（七）条“公告送达、答辩和上诉期限的问题”中规定:“对于在港澳地区的当事人公告送达的期限可以适用民事诉讼法（试行）第七十五条的规定。”而《民事诉讼法（试行）》第七十五条是关于国内案件公告送达期限的规定，该条规定:“受送达人下落不明，或者用本章规定的其他方式无法送达的，公告送达。自发出公告之日起，经过三个月，即视为送达。”因此，按照《第一次会议纪要》的要求，对于港澳当事人公告送达期限是适用国内案件的有关规定。而最高人民法院2001年8月7日针对上海高院请示进行答复的〔2001〕民四他字第29号复函又表明:“对港澳台当事人在内地诉讼时的公告送达期限和答辩、上诉的期限，应参照我国民事诉讼法涉外篇的有关规定执行。”按照该批复的内容，对于港澳台当事人的公告送达期限适用民事诉讼法涉外编的有关规定，应为六个月。2005年12月26日，最高人民法院发布的《第二次涉外商事海事审判工作座谈会纪要》第三十八条又规定:“通过公告方式向住所地在香港特别行政区、澳门特别行政区、台湾地区的当事人送达司法文书，自公告之日起满60日，即视为送达。”即适用国内案件关于公告送达期限的有关规定。可见，对于涉港澳民商事案件当事人公告送达期限问题，最高人民法院的一些批复、纪要等在内容上存在不尽相同的地方，且严格讲由于上述规定既非法律、亦非司法解释，因此也难以认定哪一项规定更具有法律效力。由于对该问题缺乏明确、有效的规定，因此导致实践中混乱情况的出现，有的人民法院采用涉外案件六个月的期限，有的人民法院采用国内案件六十日的期限。最高人民法院于2008年4月23日公布施行的《最高人民法院关于涉台民事诉讼文书送达的若干规定》(以下简称《涉台送达规定》)第八条规定了涉台案件公告送达的期限为三个月，《涉港澳民商事案件司法文书送达规定》参照了该条的规定，也规定自公告之日起满三个月即视为送达，即确定涉港澳民商事案件公告送达的期限为三个月，这样与涉台案件规定的公告送达期限相一致，也可以突出涉港澳案件既不同于涉外案件，又不同于国内案件的特性。

六、同时采取多种方式送达

为了提高司法文书送达的效率考虑，《涉港澳民商事案件司法文书送达规定》第十条规定除公告送达方式外，可以同时采取多种方式进行送达，如在采取邮寄送达方式送达的同时，可以一并按照两个《安排》规定的方式送达，但考虑到可能存在多种方式均成功送达的情况，为了避免在此种情况下难以确定送达日期，规定还强调应该根据最先实现送达的送达方式确定送达日期。这里特别需要注意的一点，即《民事诉讼法》第二百四十五条第七项明确规定："不能用上述方式送达的，公告送达。"参照上述规定，同时采取的多种送达方式，是指公告方式以外的送达方式，只有在不能用其他方式送达的时候，才能公告送达，公告送达方式不能与其他方式一并进行。

七、留置送达方式的适用

对受送达人来说，签收诉讼文书不仅是其应该履行的诉讼义务，亦是其享有的诉讼权利，但在司法实践中，常常碰到受送达人拒绝签收相关法律文书的情况，这既不利于法院送达职能的行使，也不利于当事人权利的保障，因为作为当事人来讲，其只有收到诉讼文书并获悉诉讼文书的内容，才能确定自己如何行使诉讼权利和承担诉讼义务，为此法律特别规定了留置送达。《涉港澳民商事案件司法文书送达规定》第十一条规定人民法院向受送达人在我国内地的法定代表人、主要负责人、诉讼代理人、代表机构以及有权接受送达的分支机构、业务代办人送达司法文书，可以适用留置送达的方式。对于该问题，实际上最高人民法院在2002年6月22日公布施行的《最高人民法院关于向外国公司送达司法文书能否向其驻华代表机构送达并适用留置送达问题的批复》[①]（法释〔2002〕15号）中已经作出了类似规定，该批复明确可以向外国公司驻华代表机构适用留置送达。参照上述批复及《民事诉讼法》的相关规定，《涉港澳民商事案件司法文书送达规定》作出了该规定。对于该问题需要注意的是，即在对受送达人在我国领域内的代表机构和有权接受的分支机构适用留置送达时，应该是向这些机构有权签收相关司法文书的人员送达时，其拒绝接受，人民法院才能适用留置送达，而不能到了这些机构，在没有找到相关的有权签收的人员的情况下，把司法文书随意留下即算送达

① 《最高人民法院关于向外国公司送达司法文书能否向其驻华代表机构送达并适用留置送达问题的报复》（法释〔2002〕15号）根据《最高人民法院关于废止部分司法解释及相关规范性文件的决定》（法释〔2020〕16号）的规定已废止，自2021年1月1日起不再适用。

了，这种理解是不正确的。根据《最高人民法院关于适用民事诉讼法若干问题的意见》第八十一条的规定，上述机构的代表人、主要负责人或者办公室、收发室、值班室等负责收件的人员，可以认定为有权签收的人员。

八、在受送达人未履行签收手续时如何认定已经送达

《涉港澳民商事案件司法文书送达规定》第十二条结合审判实践，对在受送达人未履行签收手续的情况下，如何认定已经合法送达进行了规定，包括两种具体的情形，一是受送达人向人民法院提及了所送达司法文书的内容；二是受送达人已经按照所送达司法文书的内容履行。例如，人民法院向受送达人送达了开庭传票，受送达人虽然未履行签收手续，但其通过书面形式向人民法院提出了延期开庭的申请；或者人民法院向作为被告的受送达人送达了应诉通知书、起诉状副本等，受送达人没有履行签收手续，但其按照应诉通知书的内容向人民法院提交了答辩状以及相关证据材料等，如果存在上述情形，显然可以认定受送达人已经收到了送达的相关司法文书，知晓了司法文书的内容。第三条第三项是一项兜底性的规定，主要是考虑到司法实践中具体情况比较复杂，司法解释中难以完全概括，人民法院可以根据该项规定，在具体案件中具体把握，但该项的适用必须遵循从严掌握的原则，不能为了及时结案、片面追求结案率而随意扩大该项的适用。

九、其他规定

《涉港澳民商事案件司法文书送达规定》针对司法实践中存在的上下级人民法院转递司法文书等有关问题，亦作出了相关的规定。

（撰稿人：任雪峰）

最高人民法院
关于以法院专递方式邮寄送达民事诉讼文书的若干规定

法释〔2004〕13号

（2004年9月7日最高人民法院审判委员会第1324次会议通过
2004年9月17日最高人民法院公告公布　自2005年1月1日起施行）

为保障和方便双方当事人依法行使诉讼权利，根据《中华人民共和国民事诉讼法》的有关规定，结合民事审判经验和各地的实际情况，制定本规定。

第一条　人民法院直接送达诉讼文书有困难的，可以交由国家邮政机构（以下简称邮政机构）以法院专递方式邮寄送达，但有下列情形之一的除外：

（一）受送达人或者其诉讼代理人、受送达人指定的代收人同意在指定的期间内到人民法院接受送达的；

（二）受送达人下落不明的；

（三）法律规定或者我国缔结或者参加的国际条约中约定有特别送达方式的。

第二条　以法院专递方式邮寄送达民事诉讼文书的，其送达与人民法院送达具有同等法律效力。

第三条　当事人起诉或者答辩时应当向人民法院提供或者确认自己准确的送达地址，并填写送达地址确认书。当事人拒绝提供的，人民法院应当告知其拒不提供送达地址的不利后果，并记入笔录。

第四条　送达地址确认书的内容应当包括送达地址的邮政编码、详细地址以及受送达人的联系电话等内容。

当事人要求对送达地址确认书中的内容保密的，人民法院应当为其保密。

当事人在第一审、第二审和执行终结前变更送达地址的，应当及时以书面方式告知人民法院。

第五条　当事人拒绝提供自己的送达地址，经人民法院告知后仍不提供的，自然人以其户籍登记中的住所地或者经常居住地为送达地址；法人或者其他组织以其工商登记或者其他依法登记、备案中的住所地为送达地址。

第六条　邮政机构按照当事人提供或者确认的送达地址送达的，应当在规定的日期内将回执退回人民法院。

邮政机构按照当事人提供或确认的送达地址在五日内投送三次以上未能送达，通过电话或者其他联系方式又无法告知受送达人的，应当将邮件在规定的日期内退回人民法院，并说明退回的理由。

第七条　受送达人指定代收人的，指定代收人的签收视为受送达人本人签收。

邮政机构在受送达人提供或确认的送达地址未能见到受送达人的，可以将邮件交给与受送达人同住的成年家属代收，但代收人是同一案件中另一方当事人的除外。

第八条　受送达人及其代收人应当在邮件回执上签名、盖章或者捺印。

受送达人及其代收人在签收时应当出示其有效身份证件并在回执上填写该证件的号码；受送达人及其代收人拒绝签收的，由邮政机构的投递员记明情况后将邮件退回人民法院。

第九条　有下列情形之一的，即为送达：

（一）受送达人在邮件回执上签名、盖章或者捺印的；

（二）受送达人是无民事行为能力或者限制民事行为能力的自然人，其法定代理人签收的；

（三）受送达人是法人或者其他组织，其法人的法定代表人、该组织的主要负责人或者办公室、收发室、值班室的工作人员签收的；

（四）受送达人的诉讼代理人签收的；

（五）受送达人指定的代收人签收的；

（六）受送达人的同住成年家属签收的。

第十条　签收人是受送达人本人或者是受送达人的法定代表人、主要负责人、法定代理人、诉讼代理人的，签收人应当当场核对邮件内容。签收人发现邮件内容与回执上的文书名称不一致的，应当当场向邮政机构的投递员提出，由投递员在回执上记明情况后将邮件退回人民法院。

签收人是受送达人办公室、收发室和值班室的工作人员或者是与受送达人同住成年家属，受送达人发现邮件内容与回执上的文书名称不一致的，应当在收到邮件后的三日内将该邮件退回人民法院，并以书面方式说明退回的理由。

第十一条 因受送达人自己提供或者确认的送达地址不准确、拒不提供送达地址、送达地址变更未及时告知人民法院、受送达人本人或者受送达人指定的代收人拒绝签收，导致诉讼文书未能被受送达人实际接收的，文书退回之日视为送达之日。

受送达人能够证明自己在诉讼文书送达的过程中没有过错的，不适用前款规定。

第十二条 本规定自2005年1月1日起实施。

我院以前的司法解释与本规定不一致的，以本规定为准。

【导读及适用要点】

一、法院专递的性质和特征

当前，制约邮寄送达的主要障碍集中表现在以下几个方面：第一，邮政机构的性质和地位无法确立。我们在调研的过程中，邮政机构要求明确自己为人民法院委托的送达人，这样便于提高送达的效率。我国《民事诉讼法》对邮政机构的性质和地位未予明确，这次《最高人民法院关于以法院专递方式邮寄送达民事诉讼文书的若干规定》(以下简称《法院专递邮寄送达文书规定》)只是明确了邮政机构“以法院专递方式邮寄送达民事诉讼文书的，其送达与人民法院送达具有同等法律效力”。第二，缺少当事人对自己邮寄送达地址的确认制度。我们从民事简易程序中率先推出当事人对自己的送达地址的确认制度，受到了基层人民法院的一致肯定，多数法院来信来电要求在普遍程序中尽快推广这一制度。这次《法院专递邮寄送达文书规定》明确了当事人对自己送达地址的确认制度，可以大大提高邮寄送达的质量和效率。第三，因受送达人原因导致送达不能的法律后果不明确。在邮寄送达的实践中，因受送达人故意或重大过失导致送达不能的情况时有发生，而邮递人员在面对受送达人拒收邮件时因无法留置送达又颇显无奈。因此，对于因受送达人自己的原因导致送达不能的后果理应由受送达人自己承担。这次《法院专递邮寄送达文书规定》对送达不能的法律后果作了明确规定，即因受送达人自己的原因导致送达不能的，“文书退回之日视为送达之日。”

二、关于法院专递的范围

我国《民事诉讼法》第八十条[①]规定：“直接送达诉讼文书有困难的，可以委托其他人民法院代为送达，或者邮寄送达。邮寄送达的，以回执上注明的收件日期为送达日期。”因此，“直接送达有困难”是邮寄送达的前提条件，也是确定邮寄送达范围的重要标准。

为了避免与现行法律发生冲突，《法院专递邮寄送达文书规定》采取反向排除的方法对邮寄送达的范围作了规定，并保留了《民事诉讼法》关于邮寄送达条件的规定。我们认为，“直接送达诉讼文书是否有困难”应当由受理案件的法院根据自己的人员、经费、装备等条件来具体判定，不宜在司法解释中作出统一、具体的规定。近年来，各地法院的物质装备条件虽有不同程度的改善，但要完全适应当前人民法院案多人少的现状尚有一定困难，因此，大力拓展邮寄送达特别是法院专递的范围，是解决人民法院“送达难”的重要举措。

三、关于法院专递的机构与效力

法院专递是邮政机构以特快专递的方式送达人民法院民事诉讼文书的一种邮寄送达方式，它相比传统的邮寄送达具有专业、快捷、准确、方便等优点，也是近年来各地法院普遍选择的一种邮寄送达方式。由于特快专递只是一种单向传递的邮寄方式，不具备回执返还等民事诉讼文书送达的必要条件，因此，我们在邮政特快专递现有的基础上，根据送达的基本要求，对法院专递的机构、效力、投送方式等作出了统一规定。

与普通的邮寄送达相比，法院专递具有更强的专业性和准确性，《法院专递邮寄送达文书规定》第六条规定：“邮政机构按照当事人提供或者确认的送

① 对应《民事诉讼法》(2023 年修正）第九十一条。

达地址送达的，应当在规定的日期内将回执退回人民法院。邮政机构按照当事人提供或确认的送达地址在五日内投送三次以上未能送达，通过电话或者其他联系方式又无法告知受送达人的，应当将邮件在规定的日期内退回人民法院，并说明退回的理由。”正是有国家邮政机构的上述操作规程作为保证，我们在《法院专递邮寄送达文书规定》的第二条中明确规定：“以法院专递方式邮寄送达民事诉讼文书的，其送达与人民法院送达具有同等法律效力。”

《法院专递邮寄送达文书规定》赋予法院专递与人民法院送达具有同等法律效力的规定，既可以大大提高邮寄送达的效率，又可以强化邮政机构的责任，实践证明是现实可行的。

四、关于送达地址的提供或确认

由当事人提供或者确认自己的送达地址，可以确保邮寄送达的准确性和及时性。总结过去人民法院“送达难”的一个重要原因，就是缺少当事人对自己送达地址的提供和确认制度。根据《民事诉讼法》第一百一十条[①]关于起诉状的规定，原告应当在起诉时向人民法院提供当事人双方的住所，因此，由原告提供当事人双方的送达地址是其依法应当承担的义务。原告因自己的权益遭受侵害而请求国家司法救济，当然应当为推进诉讼进程而提供自己准确的送达地址，这是启动民事诉讼进程的前提和基础。此外，我国现行《民事诉讼法》虽然没有直接规定被告负有提供或确认自己送达地址的义务，但根据《民事诉讼法》第五十条[②]第三款之规定，被告负有遵守诉讼秩序的义务，而向人民法院提供或确认自己准确的送达地址正是诉讼秩序的基本要求。同时，诉讼是文明社会解决纠纷最重要的一种方式，它可以在较大程度上避免私力救济和武力冲突。因此，任何回避和蔑视司法裁判的行为均属拒绝与国家合作的行为，违背了社会共同体成员之间共同生活与生存的基本规则。被告选择通过诉讼解决纠纷，并遵守诉讼的基本秩序，是现代社会公民依法应当履行的义务。因此，在《法院专递邮寄送达文书规定》中要求当事人提供或确认自己的送达地址，符合《民事诉讼法》的一般规定和基本精神。

① 对应《民事诉讼法》(2023 年修正）第一百二十四条。
② 对应《民事诉讼法》(2023 年修正）第五十二条。

当事人应当向人民法院提供自己准确的送达地址，同时，还应当向人民法院提供自己的电话号码、电子邮箱等便于与其联系的相关信息，以保证送达的质量和效率，更好地保护当事人依法享有的诉讼权利。在起草《法院专递邮寄送达文书规定》的过程中，有人对此曾提出疑问，即当事人是否可以拒绝提供自己的家庭电话和移动电话，因为这些信息资料均可能给当事人的正常生活带来诸多不便。这个问题实际上涉及国家司法权与公民个人隐私权的冲突问题。我们认为，公民享有隐私权的大小是现代社会文明进步的标志，合理界定国家司法权与公民个人隐私权的界限是现代法治社会的基本要求。因此，《法院专递邮寄送达文书规定》给人民法院设定了为当事人私人信息保密的义务。在司法实践中，当事人的住所依法应予公开，但当事人在送达地址确认书中的部分内容可能不愿公开，如电话号码、临时住所或指定代收人，这些内容在离婚、人身损害等案件中常常成为一方当事人要求保密的事项。为了鼓励当事人向人民法院提供真实的送达地址，减除当事人的后顾之忧，《法院专递邮寄送达文书规定》第四条第二款中规定："当事人要求对送达地址确认书中的内容保密的，人民法院应当为其保密。"

当事人拒绝提供自己送达地址的，人民法院应当向其行使释明权，告知当事人拒不提供送达地址的不利后果。如果当事人拒不提供送达地址，经人民法院告知后仍不提供，人民法院只能按照法定住所地推定当事人的送达地址，并按照推定的地址进行邮寄送达，即自然人以其户籍登记中的住所地或者经常居住地为送达地址；法人或者其他组织以其工商登记或者其他依法登记、备案中的住所地为送达地址。由于法定住所地与当事人的送达地址常常不同，因此，根据法定住所地推定的地址可能导致送达不能，受送达人为此需要付出的代价和风险远远大于提供真实送达地址的代价。由于人民法院在事先已经告知了当事人拒不提供送达地址的后果，并且为当事人提供了充分的选择机会，当事人应当对自己的选择承担相应后果。

五、关于送达的六种情形

在邮寄送达的实践中，受送达人的法定代理人、诉讼代理人、指定代收人、法定代收人拒绝签收或者签收后反悔的现象时有发生，导致邮寄送达的质量无法保证。《法院专递邮寄送达文书规定》总结了当前邮寄送达实践中好的经验，将送达的六种情形作了明确统一的规定，进一步完善了邮寄送达制度。

首先，《法院专递邮寄送达文书规定》明确了法人或其他组织的办公室、收发室或值班室工作人员签收的制度。最高人民法院于1992年制定的《关于适用〈中华人民共和国民事诉讼法〉若干问题的意见》第八十一条①规定："向法人或者其他组织送达诉讼文书，应当由法人的法定代表人、该组织的主要负责人或者办公室、收发室、值班室等负责收件的人签收或盖章，拒绝签收或者盖章的，适用留置送达。"经过长达十余年司法实践的检验，如何判断和掌握"负责收件的人"成为送达是否有效的重要标准。由于企业内部到底由谁负责收件只能由企业自己说明，无法由送达人自行判定，导致许多企业事后否认签收人的现象屡有发生。《法院专递邮寄送达文书规定》总结了现行送达制度中的缺陷和不足，规定了法人或其他组织的办公室、收发室或值班室工作人员签收即为送达的制度，避免了因签收人资格和权利而引发新的矛盾和冲突。

其次，《法院专递邮寄送达文书规定》明确了诉讼代理人签收的制度。签收诉讼文书是民事诉讼中的一项基本事务，也是诉讼代理人最基本的义务。长期以来，由于我国尚未建立律师强制代理制度，律师与当事人之间的权利义务关系尚待进一步完善，这就使个别代理律师以拖延诉讼或恶意诉讼为目的，拒绝签收诉讼文书，加剧了司法实践中的"送达难"。《法院专递邮寄送达文书规定》中将诉讼代理人的签收即为送达完成的一种情形，符合民事诉讼代理制度的基本法理。

最后，《法院专递邮寄送达文书规定》对受送达人指定的代收人以及同住的成年家属签收的法律后果也作了明确规定，这将大大提高了邮寄送达的质量和效率。

六、关于邮寄送达的核对制度

如何核对邮件内容是邮寄送达实践中较为复杂的问题，也是最容易发生

① 对应《最高人民法院关于适用〈中华人民共和国民事诉讼法〉的解释》（2020年修正）第一百三十条。

争议的问题。由于邮寄送达以“回执”代替了“送达回证”，人民法院单凭“回执”只能确定受送达人是否已经收到了邮件，而无法确认受送达人已经实际接收了邮件中的诉讼文书。因此，要求受送达人当场核对邮件内容既是受送达人应当承担的一项重要义务，又是送达人享有的一项重要权利。

在送达实践中，有权签收邮件的人并不一定有权启封文书，如收发室、值班室工作人员有权签收邮件，但无权开启邮件，当然也就无法当场核对邮件内的诉讼文书。因此，《法院专递邮寄送达文书规定》第十条第二款规定：“签收人是受送达人办公室、收发室和值班室的工作人员或者是与受送达人同住的成年家属，受送达人发现邮件内容与回执上的文书名称不一致的，应当在收到邮件后的三日内将该邮件退回人民法院，并以书面方式说明退回的理由。”

七、关于送达不能的法律后果

送达不能的法律后果是起草《法院专递邮寄送达文书规定》过程中争议最大的问题。多数基层法院的同志认为，对于因当事人自己的过错导致送达不能的后果，一定要由负有提供送达地址的当事人自己承担不利后果。只有这样，才能彻底解决“送达难”的问题。按照诚信原则，当事人应当对自己在民事诉讼过程中陈述、认可的真实性承担法律责任。当前，隐藏在“送达难”背后的其实就是“恶意诉讼”，因此，对那些严重违背诚信、意图逃废债务的当事人而言，由其承担送达不能的不利后果，符合民事诉讼中的诚信原则。《法院专递邮寄送达文书规定》第十一条采纳了上述意见。

在司法实践中，“送达不能”所形成的原因是多元的。当前，因邮政机构工作人员疏忽大意或严重不负责任导致送达不能的情形也客观存在，因此，如果受送达人能够证明“送达不能”不是由于自己的原因导致的，受送达人可以不承担“送达不能”的不利后果。

（撰稿人：贺小荣

审稿人：杜万华）

第二部分　司法观点

一、立　案

1.人民法院不予登记立案的情形

实行立案登记制后，有观点认为，人民法院无须经过任何审查，当事人提起的任何“诉”即可登记后由法院审理。我们认为，此种观点并不符合《中共中央关于全面推进依法治国若干重大问题的决定》和《最高人民法院关于人民法院推行立案登记制改革的意见》(以下简称《推行立案登记制改革意见》)的精神。根据《推行立案登记制改革意见》中规定，具有下列情形之一的，不予登记立案：(1)违法起诉或者不符合法定起诉条件的；(2)诉讼已经终结的；(3)涉及危害国家主权和领土完整、危害国家安全、破坏国家统一和民族团结、破坏国家宗教政策的；(4)其他不属于人民法院主管的所诉事项。实行立案登记制，强调当事人的诉权保障，尽可能地消除诉讼障碍，提供诉讼便利，法院仅对起诉作形式意义上一般性程序判断，但并非亦不可能否定法院在立案阶段的审查功能，更不是降低人民法院可审理案件的条件与标准。立案登记制不等于不讲法律、无原则地登记立案，登记立案工作必须依法进行。如何将“依法应该受理的案件”与“不该受理的案件”区别开来，就需要人民法院依职权作出审查判断。“依法”是登记立案的前提，只有“依法应该受理的案件”才能登记立案，进入审理程序，这是“有案必立，有诉必理”的应有之义。因此，对于违反宪法和法律规定的“起诉”“自诉”，人民法院应当不予登记立案。

《最高人民法院关于人民法院登记立案若干问题的规定》第十条规定了六

种不予登记立案的情形，从内容上可以分为两种：一是违法起诉或者不符合法律规定的情形；二是所诉事项不属于人民法院主管的情形。

一、违法起诉或者不符合法律规定的情形

《最高人民法院关于人民法院登记立案若干问题的规定》第十条规定的违法起诉，主要是指违反宪法和法律规定的起诉。根据宪法规定，维护国家统一和全国各民族团结、维护祖国的安全、荣誉和利益、遵守公共秩序、尊重社会公德是每个公民应当遵守的义务。近年来，一些别有用心之人时常打着保障和维护民主、人权、宗教信仰自由、言论自由等权利的旗号，针对某些特定事件、事由或者特殊主体直接提起诉讼，或者所提诉讼影射某些特定事件、特殊主体。这些起诉可能在形式上符合诉讼法规定的受理条件或起诉条件，但其目的是通过诉讼制造不良政治影响，直接或间接地诋毁、攻击党的领导、社会主义政治、经济制度和国家各项方针、政策，对国家主权和安全、社会稳定构成潜在威胁或者现实危害，具有明显的违法性和危害性。因此，规定对于可能涉及危害国家主权和领土完整、危害国家安全、破坏国家统一和民族团结、国家宗教政策的违法“起诉”“自诉”，不予登记立案，不收取诉状。不符合法律规定，主要是指明显不符合起诉条件，故意耗费司法资源的起诉。

二、所诉事项不属于人民法院主管的情形

民事案件的主管，是指人民法院依法受理、审理解决一定范围内民事纠纷的权限，也是确定人民法院和国家其他机关、社会团体之间解决纠纷的分工和职权范围。民事案件的主管，其实质是确定人民法院审理民事案件的权限范围问题。[①]《民事诉讼法》第三条规定：人民法院受理公民之间、法人之间、其他组织之间以及他们相互之间因财产关系和人身关系提起的民事诉讼，适用本法的规定。该条是关于民事诉讼主管的原则性规定。同时，《民事诉讼法》第一百二十四条[②]中规定了不属于人民法院主管的情形：“（一）依照行政诉讼法的规定，属于行政诉讼受案范围的，告知原告提起行政诉讼；（二）依照法律规定，双方当事人达成书面仲裁协议申请仲裁、不得向人民法院起诉

---

① 常怡主编：《民事诉讼法学》，中国政法大学出版社 1994 年版，第 54~55 页。

② 对应《民事诉讼法》（2023 年修正）第一百二十六条。

的，告知原告向仲裁机构申请仲裁；（三）依照法律规定，应当由其他机关处理的争议，告知原告向有关机关申请解决。”因此，对于上述法律明确规定不属于人民法院主管的情形，应当不予登记立案。

——景汉朝主编、最高人民法院立案庭编著：《最高人民法院关于登记立案司法解释理解与适用》，人民法院出版社2016年版，第118、121页。

2.全面落实立案登记制改革的各项要求

一、立案登记制的基本原则

实施立案登记制度必须坚持以下基本原则：一是依法保障当事人诉讼权利原则。对当事人符合诉讼法规定条件的起诉，均应登记立案并予以书面回复，坚决杜绝不收取材料、不予答复、不作书面裁定的“三不”现象。二是坚持便利诉讼原则。既要便利当事人参与诉讼，又要方便人民法院公正高效审判。三是公开透明、及时高效原则。将登记、立案等活动纳入群众监督之下，增强司法公信力。

二、立案登记制的法律依据

《民事诉讼法》第一百二十二条规定：“起诉必须符合下列条件：（一）原告是与本案有直接利害关系的公民、法人和其他组织；（二）有明确的被告；（三）有具体的诉讼请求和事实、理由；（四）属于人民法院受理民事诉讼的范围和受诉人民法院管辖。”第一百二十六条规定：“人民法院应当保障当事人依照法律规定享有的起诉权利。对符合本法第一百二十二条的起诉，必须受理。符合起诉条件的，应当在七日内立案，并通知当事人；不符合起诉条件的，应当在七日内作出裁定书，不予受理；原告对裁定不服的，可以提起上诉。”第一百二十七条规定：“人民法院对下列起诉，分别情形，予以处理：（一）依照行政诉讼法的规定，属于行政诉讼受案范围的，告知原告提起行政诉讼；（二）依照法律规定，双方当事人达成书面仲裁协议申请仲裁、不得向人民法院起诉的，告知原告向仲裁机构申请仲裁；（三）依照法律规定，应当由其他机关处理的争议，告知原告向有关机关申请解决；（四）对不属于本院管辖的案件，告知原告向有管辖权的人民法院起诉；（五）对判决、裁定、调解书已经发生法律效力的案件，当事人又起诉的，告知原告申请再审，但人民法院准许撤诉的裁定除外；（六）依照法律规定，在一定期限内不得起诉的案件，在不得起诉的期限内起诉的，不予受理；（七）判决不准离婚和调解和好的离婚案件，判决、调解维持收养关系的案件，没有新情况、新理由，原告在六个月内又起诉的，不予受理。”《行政诉讼法》第五十一条第一款、第二款规定：“人民法院在接到起诉状时对符合本法规定的起诉条件的，应当登记立案。对当场不能判定是否符合本法规定的起诉条件的，应当接收起诉状，出具注明收到日期的书面凭证，并在七日内决定是否立案。不符合起诉条件的，作出不予立案的裁定。”该法还对行政诉讼中不接受诉状、诉状的补正等问题作了明确规定。上述法律是立案登记制的法律依据。

三、登记立案的程序

第一，人民法院在接到民事案件起诉状时，对是否符合《民事诉讼法》规定的起诉条件进行形式审查，符合规定的，应当予以登记立案。

第二，人民法院认为当事人的起诉不符合法律规定条件的，应当向当事人释明和指导。能够当场补正的，应当指导当事人当场补正；不能当场补正的，应当书面告知当事人及时补正。当事人补正后，即予以登记立案。人民法院不得未经指导和释明即以起诉不符合条件为由不接收起诉材料。

第三，对当场不能判定是否符合法律规定的起诉条件的，应当接收起诉材料，并出具注明收到起诉状日期的书面凭证，在七日内决定是否登记立案。对不符合起诉条件的，应当在七日内作出不予受理的裁定，载明明确具体的不予受理的理由。在七日内不能确定是否符合起诉条件的，应当先行登记立案，进入审理程序以确定是否符合起诉条件，及是否应保护当事人的诉讼请求。

第四，立案后发现不符合起诉条件或者属于《民事诉讼法》第一百二十七条规定情形的，裁定驳回起诉。

——最高人民法院民法典贯彻实施工作领导小组办公室编著：《最高人民法院新民事诉讼法司法解释理解与适用》，人民法院出版社 2022 年版，第 455~457 页。

3.在登记立案阶段对虚假诉讼行为的防范

立案是保障当事人行使诉讼权利的第一环节，也是防范虚假诉讼行为的第一道关口。

（1）加强对立案部门工作人员的业务培训，增强责任意识和对虚假诉讼行为辨识能力。特别对于一些涉及虚假诉讼行为多发的案件领域，在办理登记立案时，应当通过观察当事人或代理人言行举止、审查登记立案材料来做初步判断，对诉讼主体资格、委托代理手续若有疑问要重点审查、询问，认真核对。

（2）建立登记立案宣传警示制度。在诉讼服务大厅设置民事诉讼法关于对虚假诉讼行为处理的宣传警示材料，进行虚假诉讼风险提示，引导当事人诚信诉讼，在登记立案程序中口头和书面告知当事人进行虚假诉讼的法律后果，警示、威慑意图进行虚假诉讼的当事人。

（3）从登记立案程序上严格审查诉讼主体资格，防范虚假诉讼行为。对于原告特别授权行为，要求原告或特别授权代理人签署诉讼正当性承诺书或诚信诉讼承诺书；当事人或特别授权代理人签署案件关联信息披露承诺书等。

（4）强化对当事人请求诉前调解案件的审查。实施登记立案制后，进一步降低了法院的立案门槛，案件进入诉讼更加容易，对于当事人双方均要求调解或者双方委托代理人代为调解的案件，要引起高度注意。对案件全面仔细审核，防止当事人利用调解规避对证据的审查，进行恶意调解。

（5）实行涉嫌虚假诉讼案件信息报告制度。登记立案过程中发现有虚假诉讼嫌疑的，要在登记立案系统中予以标注，以提醒案件审判、执行部门注意。

——景汉朝主编、最高人民法院立案庭编著：《最高人民法院关于登记立案司法解释理解与适用》，人民法院出版社 2016 年版，第 175 页。

4.应区分接收诉状与立案受理

实践中应区分人民法院接收诉状与立案受理，《最高人民法院关于人民法院登记立案若干问题的规定》第二条第一款规定："对起诉、自诉，人民法院应当一律接收诉状，出具书面凭证并注明收到日期。"接收诉状并不代表立案受理。接收诉状后，经审查认为符合法律规定的起诉条件，且不具有《民事诉讼法》第一百二十七条规定的不予受理情形的，人民法院应当登记立案。对不符合法律规定的起诉，人民法院应当予以释明。当事人提交的诉状和材料不符合要求的，人民法院应当一次性书面告知当事人在指定期限内补正。当事人在指定期限内补正的，人民法院决定是否立案的期间，自收到补正材料之日起计算。当事人在指定期限内没有补正的，退回诉状并记录在册；坚持起诉、自诉的，裁定或者决定不予受理、不予立案。经补正仍不符合要求的，裁定或者决定不予受理、不予立案。对立案工作中存在的不接收诉状、接收诉状后不出具书面凭证，不一次性告知当事人补正诉状内容，以及有案不立、拖延立案、干扰立案、既不立案又不作出裁定或者决定等违法违纪情形，当事人可以向受诉人民法院或者上级人民法院投诉。人民法院应当在受理投诉之日起十五日内，查明事实，并将情况反馈当事人。发现违法违纪行为的，依法依纪追究相关人员责任；构成犯罪的，依法追究刑事责任。

——江必新主编：《新民事诉讼法条文理解与适用》，人民法院出版社2022年版，第574~575页。

5.立案起算时间以受诉法院决定受理起诉并登记在册为准

立案的起算时间以受诉法院决定受理原告起诉并将其内容登记在册为准。法院收到起诉状后，可能需要审查以及告知原告修改诉状后，才决定登记立案，故不能将原告提交诉状的时间作为立案的起算时间。

——最高人民法院民法典贯彻实施工作领导小组办公室编著：《最高人民法院新民事诉讼法司法解释理解与适用》，人民法院出版社2022年版，第145页。

6.第三人撤销之诉立案审查与登记立案的关系

《民事诉讼法解释》第二百零八条第一款规定了登记立案制度："人民法院接到当事人提交的民事起诉状时，对符合民事诉讼法第一百二十二条的规定，且不属于第一百二十七条规定情形的，应当登记立案；对当场不能判定是否符合起诉条件的，应当接收起诉材料，并出具注明收到日期的书面凭证。”但登记立案并非接到当事人起诉无条件予以登记立案，也需要对起诉进行审查，符合法律规定的起诉条件的才能受理，不符合起诉条件的，裁定不予受理。第三人撤销之诉的立案审查是否适用该条规定？从《民事诉讼法解释》第二百零八条的规定来看，该规定适用于普通的民事诉讼，也即按照《民事诉讼法》第一百二十二条审查立案的案件才适用，而第三人撤销之诉的起诉条件适用的是《民事诉讼法》第五十九条规定，其起诉条件应当依照《民事诉讼法解释》第三百八十八条规定，其立案程序应当适用《民事诉讼法解释》第二百九十一条规定。从《民事诉讼法解释》有关规定来看，人民法院接到第三人撤销之诉的起诉状和证据材料时，不能当场登记立案，而应当先按照《民事诉讼法解释》第二百九十一条第一款和第二款规定向对方当事人送交起诉状和证据材料，并等待对方当事人在十日内提交书面意见。

——最高人民法院民法典贯彻实施工作领导小组办公室编著：《最高人民法院新民事诉讼法司法解释理解与适用》，人民法院出版社2022年版，第643页。

7.网络借贷合同纠纷中的仲裁裁决立案、执行

一是进一步明确对合法仲裁应当依法及时受理、及时立案执行。尊重、鼓励、支持当事人选择以仲裁方式解决纠纷，是人民法院一以贯之的司法态度。对经司法审查的合法仲裁裁决及时执行，也是人民法院的法定职责。因此，批复规定，当事人申请人民法院执行仲裁机构根据《仲裁法》作出的仲裁裁决或者调解书，人民法院经审查，符合《民事诉讼法》《仲裁法》相关规定的，应当依法及时受理，立案执行。显然，尽管目前在网络借贷领域存在“先予仲裁”等颇具争议的现象，人民法院没有因噎废食，长期支持仲裁、尊重仲裁、依法维护仲裁裁决的终局性和强制执行力的司法态度和初衷没有发生任何改变。出台批复无非是解决实践中存在的，必须明确的法律适用问题而已。

二是明确仲裁机构在当事人未发生网络借贷合同纠纷时，先予作出的仲

裁裁决或者调解书，不应作为执行案件立案受理。根据《仲裁法》第二条，仲裁机构可以仲裁的是平等主体之间发生的合同纠纷、其他财产权益纠纷。而纠纷的特点就在于当事各方对民事权利义务存在争议。仲裁的本质在于有争议或者纠纷实际发生，无争议即无仲裁，仲裁的启动必须以实际发生争议为前提。从“先予仲裁”案件特点看，当事人间只是存在发生纠纷的可能性或者风险，仲裁机构在纠纷未实际发生时，事先直接径行作出给付裁决或者调解书，脱离了仲裁的基本原理和制度目的。因此，我们认为，此类文书虽然名为仲裁裁决书、调解书，但不是《民事诉讼法》《仲裁法》意义上的仲裁裁决或者调解书，其性质类似于对合同进行见证。对这类所谓的仲裁裁决或者调解书强制执行，缺乏法律依据。因此，批复规定，仲裁机构在纠纷发生前作出的仲裁裁决或者调解书，当事人申请执行的，人民法院应当裁定不予受理；已经受理的，裁定驳回执行申请。

三是在网络借贷合同纠纷中，批复明确了应当认定为仲裁程序违反法定程序的两种具体情形。网贷仲裁实践中，出现了很多创新做法。对于法律范围内的创新，人民法院予以支持。对于网络借贷合同纠纷中，当事人提出的仲裁程序违反法定程序的各类情形，我们抽丝剥茧、条分缕析，概括出以下两类情形：

一类是当事人签订网络借贷合同且尚未发生纠纷时即签订调解、和解协议并申请仲裁，后发生一方不履行或者不完全履行合同的情形，仲裁机构仍不经审理或者调解程序，就根据事先达成的调解、和解协议作出仲裁裁决或者仲裁调解书。我们认为，调解、和解协议，是当事人为解决纠纷而达成的一致意思表示。仲裁庭没有审理合同履行的事实，没有听取当事人在纠纷发生后的意思表示，而是按纠纷发生前预设的调解、和解协议内容，径行作出仲裁裁决或者调解书，不仅剥夺了当事人的基本程序权利，而且影响正确、公正裁决。所作裁决或者调解书也不是当事人关于和解内容的真实合意，应当认定为仲裁的程序违反法定程序的情形，裁定不予执行。

另一类是部分网贷平台，采用格式条款约定借款人放弃申请仲裁员回避、提供证据、答辩等基本程序权利，甚至约定借款人放弃对仲裁裁决申请不予执行的权利。我们认为，格式条款是当事人为重复使用而预先拟定，并在订立时未与对方协商的条款，因此，原《合同法》[①]规定格式条款不得加重对方责任、排除对方主要权利。同理，仲裁协议中通过格式条款排除当事人申请回避、举证质证权利乃至仲裁裁决不予执行抗辩权利等法律赋予的基本程序权利，该格式条款无效。人民法院依法进行司法审查，充分保障当事人依法享有的基本程序权利。因此，批复规定，即使当事人事先放弃基本程序权利，但仲裁机构未保障前述权利的情形，也应认定为仲裁的程序违反法定程序，裁定不予执行。考虑到上述两种情形比较复杂，人民法院在立案时很难判断，一般应在立案后按照《民事诉讼法》《仲裁法》及有关司法解释规定的程序进行司法审查，作出裁定。

——《严格贯彻落实仲裁法 促进经济社会健康发展——最高人民法院执行局负责人就〈关于仲裁机构"先予仲裁"裁决或者调解书立案、执行等法律适用问题的批复〉答记者问》，载《人民法院报》2018年6月11日。

8.只要原告提供具体明确的信息，即使没有自然人被告身份证号码，也应依法登记立案

根据《最高人民法院关于适用〈中华人民共和国民事诉讼法〉的解释》第二百零九条规定，原告起诉时提供被告的姓名或者名称、住所等信息具体明确，足以使被告与他人相区别的，可以认定为有明确的被告。《最高人民法院关于人民法院登记立案若干问题的规定》第六条第三项也作出了与前述内容一致的规定。因此，只要原告提供具体明确的足以使被告或者被告人与他人相区别的姓名或者名称、住所等信息，即使没有自然人被告身份证号码，也应该依法登记立案。如原告提交的起诉状列写被告信息不足以认定明确的被告的，人民法院可以告知原告补正；原告补正后仍不能确定明确的被告的，人民法院裁定不予受理。

在实际中，能使被告区别于他人的信息很多，如姓名、性别、年龄、住址、社会关系、身份证号码、工作单位、其他户籍登记内容等等。信息越多，越利于确定具体的被告。当然，原告如果在起诉阶段能够提供被告的身份证

---

① 原《合同法》于1999年3月15日第九届全国人民代表大会第二次会议通过。根据《民法典》第一千二百六十条的规定，《民法典》自2021年1月1日起施行，原《合同法》同时废止。

号码，一方面有利于被告身份的识别，足以使该被告与他人相区别，另一方面有利于后续诉讼活动的顺利进行。

——《关于立案是否要提供被告人身份证信息的答复》(2019年9月16日)，最高人民法院院长信箱，www.court.gov.cn。

二、受　理

9.人民法院不予受理起诉的主要类型

民事起诉不予受理的主要类型

1. 依照法律规定，在一定期限内不得起诉的案件，在不得起诉的期限内起诉的，不予受理；2. 判决不准离婚和调解和好的离婚案件，判决、调解维持收养关系的案件，没有新情况、新理由，原告在六个月内又起诉的，不予受理；3. 起诉状列写被告信息不足以认定明确的被告的，人民法院可以告知原告补正，补正后仍不能确定明确的被告的，不予受理；4. 对本院没有管辖权的案件，告知原告向有管辖权的人民法院起诉，原告坚持起诉的，不予受理；5. 原告撤诉或者按撤诉处理的离婚案件，没有新情况、新理由，6个月内又起诉的，不予受理；当事人在书面合同中订有仲裁条款，或者在发生纠纷后达成书面仲裁协议，一方向人民法院起诉的，人民法院应当告知原告向仲裁机构申请仲裁，其坚持起诉的，不予受理；6. 反诉应由其他人民法院专属管辖，或者与本诉的诉讼标的及诉讼请求所依据的事实、理由无关联的，不予受理；7. 当事人重复起诉的，裁定不予受理；8. 公益诉讼案件的裁判发生法律效力后，其他依法具有原告资格的机关和有关组织就同一侵权行为另行提起公益诉讼的，不予受理；9. 当事人就适用特别程序、督促程序、公示催告程序、破产程序等非讼程序处理的案件，婚姻无效、撤销或者解除婚姻关系等判决、裁定、调解书中涉及身份关系的内容，民事诉讼法第五十四条规定的未参加登记的权利人对代表人诉讼案件的生效裁判，民事诉讼法第五十五条规定的损害社会公共利益行为的受害人对公益诉讼案件的生效裁判，提起第三人撤销之诉的，不予受理；10. 案外人对人民法院驳回其执行异议裁定不服，认为原判决、裁定、调解书内容错误损害其合法权益的，应当根据《民事诉讼法》第二百二十七条[①]规定申请再审，提起第三人撤销之诉的，不予受理；11. 一审原告在第二审程序中撤回起诉后重复起诉的，不予受理；12. 一审原告在再审审理程序中撤回起诉后重复起诉的，人民法院不予受理；13. 外国法院判决、裁定已经被人民法院承认，当事人就同一争议向人民法院起诉的，不予受理；14. 被告人非法占有、处置被害人财产的，应当依法予以追缴或者责令退赔，被害人提起附带民事诉讼，或者另行提起民事诉讼请求返还被非法占有、处置的财产的，不予受理。

在立案实践中，对原告的起诉经审查认为不符合法律规定的起诉条件时，并不是所有情形均当然地立即作出书面裁定，而应根据情况作不同处理。对于明显不符合起诉条件的案件，可以先向起诉人释明。释明后，起诉人表示理解并且同意法院的指引和释明意见，可以不出具书面裁定；如果起诉人不同意法院的释明意见，仍然坚持起诉，则应按照相关诉讼法的规定，出具书面裁定。

——景汉朝主编、最高人民法院立案庭编著：《最高人民法院关于登记立案司法解释理解与适用》，人民法院出版社 2016 年版，第 115 页。

10.涉及历史遗留问题的房地产权属纠纷，不属于人民法院受理民事案件的范围

某市某寺与某歌舞剧院等房地产纠纷案［最高人民法院（1998）民终字第 162 号民事裁定书］

最高人民法院审查认为：歌舞剧院、儿艺剧院进驻、使用某寺的土地、房屋，是经原某市人民委员会批准、决定的，某市人民政府行政主管部门作出过对这一历史遗留问题的处理决定，但是至于如何具体落实这一决定，以及歌舞剧院、儿艺剧院迁往何处，如何安置等属于决定的善后工作，仍应由政府主管部门继续解决。本案纠纷不属于人民法院民事案件的受理范围。某

① 对应《民事诉讼法》（2023 年修正）第二百三十八条。

寺的上诉主张，本院不予支持。一审裁定驳回某寺的起诉并无不当，应予以维持。

——肖扬总主编、最高人民法院民事审判第一庭编：《中华人民共和国最高人民法院判案大系》(民事卷—1998年卷)，人民法院出版社2003年版，第379~380页。

某展览馆与某自然博物馆房屋侵权纠纷案［最高人民法院（2013）民申字第43号民事裁定书］

裁判要旨：促使博物馆多年占用展览馆建筑物系早在20世纪双方共同主管部门文化局的领导下形成的历史现状，由此产生的房地产纠纷属于历史遗留问题。本案双方纠纷不属于人民法院受理民事案件的范围，应由行政部门处理。

——中国裁判文书网。

11.就未经原始确权的土地发生的权属争议，不属于人民法院受理民事案件的范围

中国人民解放军某装备部与江苏省南京市下关区幕府山街道办事处、江苏南京长途汽车客运集团有限责任公司土地借用合同纠纷上诉案［最高人民法院（2007）民一终字第100号民事判决书］

最高人民法院二审认为：根据《民事诉讼法》第一百零八条[①]的规定，当事人的起诉必须属于人民法院受理民事诉讼的范围。一审法院向南京市国土资源局土地信息中心查询的结果表明，土地管理部门未就本案讼争土地颁发过土地使用权证，讼争土地的使用权存在争议。根据《土地管理法》第十六条[②]第一款“土地所有权和使用权争议，应当由当事人协商解决；协商不成的，由人民政府处理”的规定，本案不属于人民法院受理民事诉讼的范围。一审裁定驳回某装备部的起诉，符合法律规定。某装备部的上诉请求和理由，

① 对应《民事诉讼法》(2023年修正）第一百二十二条。
② 对应《土地管理法》(2019年修正）第十四条。

缺乏事实依据和法律依据，本院不予支持。

——最高人民法院民事审判第一庭编：《民事审判指导与参考》2008 年第 2 辑（总第 34 辑），法律出版社 2008 年版，第 172~175 页。

12.对公证书的效力单独提起民事诉讼，人民法院不予受理

当事人、公证事项的利害关系人能否就公证书的效力单独提起民事诉讼，即当事人、公证事项的利害关系人是否可以通过民事诉讼的方式请求人民法院变更、撤销公证书或者确认公证书无效，在学术界和实务界有肯定说和否定说之争。

肯定说认为，第一，该类诉讼是发生在当事人、公证事项的利害关系人与公证机构之间的诉讼，可以以公证机构为被告向法院提起民事诉讼，诉讼标的是公证书的内容，属于确认之诉。虽然民事诉讼法未就此专门作出规定，但只要是民事争议，符合《民事诉讼法》第一百一十九条[①]规定的条件，人民法院均应受理，法院可依不同情形作出撤销或者维持原公证书效力的裁判。第二，从维护社会公平和公正的角度来说，一切法律行为包括公证行为都可以被纳入到司法机关的审查和评判之中去，只有这样，才能使社会评价具有相对统一的标准和结论，有利于维护法律的严肃性和效力。第三，当事人就公证书的效力单独提起民事诉讼是有法可依的。我国《公证法》第四十条规定，当事人、公证事项的利害关系人对公证书的内容有争议的，可以就该争议向人民法院提起民事诉讼。公证书的内容有争议是导致公证书错误的原因，二者有着必然的因果关系。因此，依照《公证法》第四十条规定，人民法院应当受理相关诉讼。

否定说认为，第一，当事人、公证事项的利害关系人认为公证书有错误的，可以向出具该公证书的公证机构提出复查，这是针对公证书错误的情形下，法律对当事人作出的权利救济途径，虽然排除了当事人可以向人民法院直接起诉的可能，但是符合公证文书只是民事证据的属性。第二，人民法院受理民事纠纷，针对的是当事人之间民事权利义务产生的争议，而不是对争议涉及的某个证据进行裁判。当事人、公证事项的利害关系人对公证机构出

① 对应《民事诉讼法》（2023 年修正）第一百二十二条。

具的公证书有异议，其实是认为公证书证明的事实对他们之间的权利义务关系产生了不良影响。当事人、公证事项的利害关系人可以就该争议提起民事诉讼，仅就公证书的撤销与否，没有起诉的必要性。第三，《公证法》第四十条规定“对公证书的内容有争议可以提起民事诉讼”，是指当事人之间以及当事人、公证事项的利害关系人之间关于民事实体权利义务的争议，而不包括当事人、公证事项的利害关系人与公证机构之间就公证书的效力而产生的争议。

经研究，《最高人民法院关于审理涉及公证活动相关民事案件的若干规定》第二条明确规定，当事人、公证事项的利害关系人起诉请求变更、撤销公证书或者确认公证书无效的，人民法院不予受理。主要基于以下考虑：第一，将公证效力的认定作为一个单独的民事诉讼缺少法律依据。国外没有立法例，《民事诉讼法》也没有规定。第二，公证书是对原已存在的法律关系或法律事实采用公证的形式所进行的固定，只是一项证据，不需要单独对其效力进行认定。如果没有相反证据推翻公证书所证明的事项，公证书作为可采信的证据使用；如果有相反证据足以推翻公证书认定的事实，人民法院应依据上述证据对相关事实予以认定，公证书在该案件中不具有证明效力。当事人、公证事项的利害关系人可以依据人民法院生效裁判文书向公证机构申请撤销或者变更公证书。第三，人民法院受理民事纠纷，是通过对法律事实真伪的确认，解决当事人之间的民事权利义务争议，而不是对争议涉及的某个证据进行客观事实真伪的确认。第四，人民法院即使受理了当事人、公证事项的利害关系人以公证机构为被告而提起的变更、撤销公证书或者确认公证书无效的诉讼请求并作出相应的裁决，也不能解决当事人、公证事项利害关系人之间的争议。之后，仍需再提起一个以当事人为被告的诉讼才能最终解决争议，两次诉讼亦不符合诉讼经济原则。基于此，《最高人民法院关于审理涉及公证活动相关民事案件的若干规定》第二条规定，当事人、公证事项的利害关系人起诉请求变更、撤销公证书或者确认公证书无效的，人民法院不予受理，告知其依照《公证法》第三十九条规定可以向出具公证书的公证机构提出复查。

需要进一步明确的是，当事人、公证事项的利害关系人依据《公证法》第三十九条和《最高人民法院关于审理涉及公证活动相关民事案件的若干规定》第二条向公证机构提出复查的，如果对公证机构的复查决定不服，能否提起诉讼？有肯定说和否定说两种观点。肯定说认为，法律对此问题没有明确规定，但规定不明确不等于人民法院不受理。如果公证机构在这种情形下不能成为适格的被告，人民法院就无法对公证的合法性、真实性进行审查，公证权将可能成为不受监督的法外之权。否定说认为，《公证程序规则》第六十七条规定，当事人、公证事项的利害关系人对公证机构作出的撤销公证书的决定有异议的，可以向地方公证协会投诉。经研究，我们认同否定的观点，即当事人、公证事项的利害关系人对公证机构的复查决定不服的，不能以公证机构为被告提起确认公证书效力的诉讼。但是，需要说明的是，当事人、公证事项的利害关系人对公证机构的复查决定不服，并且认为公证机构确有过错而造成其损失的，可以依照《公证法》第四十三条[①]规定提起公证损害赔偿之诉。

——吴兆祥、陈朝仑、司艳丽：《〈关于审理涉及公证活动相关民事案件的若干规定〉的理解与适用》，载《人民司法·应用》2014 年第 17 期。

13.农村土地补偿费分配纠纷，人民法院应予受理

有关部门认为，《最高人民法院研究室关于人民法院对农村集体经济所得收益分配纠纷是否受理问题的答复》(以下简称《农村集体经济所得收益分配纠纷受理问题的答复》)与《最高人民法院关于审理涉及农村土地承包纠纷案件适用法律问题的解释》(以下简称《审理涉及农村土地承包纠纷案件的解释》)在处理农村土地补偿费分配问题上似有冲突，故向最高人民法院研究室征求意见。最高人民法院研究室经研究认为，《农村集体经济所得收益分配纠纷受理问题的答复》与《审理涉及农村土地承包纠纷案件的解释》在处理农村集体经济组织与其成员因已经收到的土地补偿费，在成员之间就具体分配比例产生的纠纷问题上，并不存在法律适用上的冲突。主要考虑如下：

1. 根据《农村集体经济所得收益分配纠纷受理问题的答复》规定及《土地管理法》第八条[②]的规定，土地补偿费是对集体土地所有权经征收而消灭的

---

① 对应《公证法》(2017 年修正)第四十一条。
② 对应《土地管理法》(2019 年修正)第九条。

补偿，对原享有该集体土地所有权的农民集体而言，相应的土地补偿费是对其土地承包经营权丧失的补偿，而不是一种收益，所以不能将土地补偿费分配作为集体经济组织收益分配来看待，因而不适用《农村集体经济所得收益分配纠纷受理问题的答复》。本案是农村集体经济组织与村民之间就土地补偿费分配问题产生的纠纷，根据《审理涉及农村土地承包纠纷案件的解释》第一条第一款第四项规定，人民法院应当依法受理。

2. 关于《审理涉及农村土地承包纠纷案件的解释》第一条第三款“集体经济组织成员就用于分配的土地补偿费数额提起民事诉讼的，人民法院不予受理”规定的理解，农村集体经济组织就征收土地的补偿费用中究竟应当拿出多少数额向村民分配，应当经民主议定程序讨论决定。作为农村集体土地经营管理者的农村集体经济组织或者村民委员会、村民小组会应当综合考虑集体生产经营的发展需要而确定，属于农村集体经济组织的自治权行使范畴，是农村集体经济组织内部争议。因此，这与农村集体经济组织与村民之间就土地补偿费分配问题产生的纠纷不同，村民就用于分配的土地补偿费数额提起民事诉讼的，人民法院应当不予受理。

至于村委会在村民之间如何分配土地补偿费的具体比例问题，根据《审理涉及农村土地承包纠纷案件的解释》第二十四条“农村集体经济组织或者村民委员会、村民小组，可以依照法律规定的民主议定程序，决定在本集体经济组织内部分配已经收到的土地补偿费。征地补偿安置方案确定时已经具有本集体经济组织成员资格的人，请求支付相应份额的，应予支持”规定，同样也属于农村集体经济组织的自治事项。同时，该解释为征地补偿安置方案确定时具有该集体经济组织成员资格的人提供了向农村集体经济组织主张按照相应份额分配土地补偿费请求权的救济途径。

3. 需要注意的是，农村集体经济组织自治权的行使还受到《村民委员会组织法》第二十七条第二款的限制，村民会议或者村民代表会议的决定不得与法律、法规和国家的政策相抵触，不得侵犯村民的人身权利、民主权利和合法财产权利。对于村民委员会或者村民委员会成员作出的决定侵害村民合法权益的，《村民委员会组织法》第三十六条、《物权法》[①] 第六十三条第二款规定，村民对该决定享有撤销权。但该撤销权的存在并不影响村民土地补偿费分配请求权的行使，当事人享有选择权。

——孙茜：《最高人民法院研究室关于农村土地补偿费分配纠纷是否受理问题的研究意见》，载张军主编、最高人民法院研究室编：《司法研究与指导》2012年第1辑（总第1辑），人民法院出版社2012年版，第136~137页。

14.基于承包租赁合同关系对已经确认的补偿款分配产生的纠纷，属于民事案件受理范围

鲁某早、鲁某军与李某兵、李某辉、汈某湖养殖场承包地征收补偿费用分配纠纷案［最高人民法院（2021）最高法民再328号民事裁定书］

裁判要旨：承包人和承租人、实际经营人基于承包租赁合同关系对已经确认的补偿款分配产生的纠纷，是平等主体之间的纠纷，属于民事案件受理范围。

最高人民法院再审认为，本案系双方当事人基于承包租赁合同关系对已经确认的补偿款分配产生的纠纷，是平等主体之间的纠纷，属于民事案件受理范围。

——中国裁判文书网。

15.诉请履行合同约定的义务内容，属于民事案件受理范围

某公司与青岛某公司房屋买卖合同纠纷案［最高人民法院（2021）最高法民再200号民事裁定书］

裁判要旨：人民法院受理民事案件应以《民事诉讼法》关于案件受理条件的规定为判断标准。某公司请求青岛某公司履行合同约定的义务内容，符合《民事诉讼法》第一百一十九条[②] 规定的起诉条件。且某公司具备原告行使诉权所需要的当事人之间存在权利义务的现实争议和诉的利益两个要件，某

---

① 原《物权法》于2007年3月16日第十届全国人民代表大会第五次会议通过。根据《民法典》第一百二百六十条的规定，《民法典》自2021年1月1日起施行，原《物权法》同时废止。

② 对应《民事诉讼法》（2023年修正）第一百二十二条。

公司有权提起本案诉讼。

最高人民法院再审认为，人民法院受理民事案件应以《民事诉讼法》关于案件受理条件的规定为判断标准。当事人的起诉符合《民事诉讼法》第一百一十九条规定的起诉条件，不存在《民事诉讼法》第一百二十四条[①]规定的情形，人民法院应予受理并进行实体审理。本案中，某公司起诉时向法院提供了其与青岛某公司签订的六份《青岛市商品房预售合同》及付款凭证等证据材料，用以证明某公司是与本案有直接利害关系的法人。且《青岛市商品房预售合同》中明确约定双方同意自本合同生效之日起180日内向房地产登记机构申请预购商品房预告登记。某公司请求青岛某公司履行合同义务，其起诉的被告明确具体，有明确的诉讼请求，且该请求属于涉案的《青岛市商品房预售合同》约定的义务内容。故某公司的起诉符合《民事诉讼法》第一百一十九条规定的起诉条件，且不存在应被驳回起诉的法定情形，人民法院应当受理某公司的起诉，并应就某公司主张的诉讼请求进行实体审理并作出处理。

关于某公司对其主张的诉讼请求有无诉的利益的问题。某公司请求青岛某公司履行向房地产登记机关申请办理网签、备案及预购商品房预告登记的行为，表明某公司与青岛某公司之间就青岛某公司就继续履行《青岛市商品房预售合同》项下合同义务存在争议；且某公司存在通过诉讼防止合同项下的房屋被青岛某公司一房二卖的情形发生的确认利益，由此避免由于争议所导致的权利不确定性，因此，某公司提起本案诉讼，具备原告行使诉权所需要的当事人之间存在权利义务的现实争议和诉的利益两个要件，某公司有权提起本案诉讼。

——中国裁判文书网。

16.存在涉嫌刑事犯罪因素的民事案件，人民法院应当予以受理

根据《全国法院民商事审判工作会议纪要》规定精神，同一当事人基于不同事实分别发生民事纠纷和涉嫌刑事犯罪，民事案件与刑事案件应当分别审理。本案中，A作为甲公司总经理助理，未经公司授权，伪造公司印章，

---

① 对应《民事诉讼法》（2023年修正）第一百二十七条。

以公司名义与B订立合同，并向B收取履约保证金，B起诉请求甲公司承担民事责任。因民事案件的被告与刑事案件的犯罪嫌疑人系不同主体，且民事案件所解决的是甲公司与一审原告B之间的纠纷，而刑事案件所追究的是犯罪嫌疑人A的刑事责任，两者属于不同事实，应当分别审理。本案中，人民法院应当受理后进行实体审理，查清甲公司是否有过错、是否需要承担民事责任等事实，这需要经过实体审理之后才能确定。因此，针对该存在涉嫌刑事犯罪因素的民事案件，人民法院应当予以受理。

附：案情摘要

甲公司总经理助理A代表甲公司与B签订《工程施工合作框架协议》，约定案涉工程由B施工。双方约定协议签订后，B应向甲公司缴纳工程履约保证金1400万元。协议签订后，B依约向甲公司缴纳了工程履约保证金1400万元。款项到账后，甲公司向B出具了收据。但甲公司未依约向B下达进场通知，也未退还B缴纳的保证金。B向一审法院提起诉讼，请求判令解除《工程施工合作框架协议》，甲公司返还履约保证金及赔偿预期利润损失。一审期间，某公安局向法院发来函件，就A涉嫌集资诈骗罪已被立案侦查的情况进行了说明，并将相关立案材料寄送法院，明确本案正在审理的履约保证金相关案件事实与该局正在侦查的A涉嫌集资诈骗案件属于同一事实。一审法院认为，本案案件事实与公安机关正在侦查的A涉嫌集资诈骗犯罪事实系同一事实。因本案涉嫌经济犯罪，应移送公安机关处理。依照《最高人民法院关于在审理经济纠纷案件中涉及经济犯罪嫌疑若干问题的规定》第十二条，《最高人民法院、最高人民检察院、公安部关于办理非法集资刑事案件适用法律若干问题的意见》第七条第二款以及《民事诉讼法》第一百一十九条[①]、第一百五十四条[②]第一款第三项规定，裁定驳回原告B的起诉。B不服一审裁定，提起上诉。

——《存在涉嫌刑事犯罪因素的民事案件受理问题（最高人民法院第五巡回法庭2019年第46次法官会议纪要）》，载李少平主编：《最高人民法院第五巡回法庭法官会议纪要》，人民法院出版社2021年版，第149~151页。

---

① 对应《民事诉讼法》（2023年修正）第一百二十二条。

② 对应《民事诉讼法》（2023年修正）第一百五十七条。

三、管　辖

17.追索赡养费、扶养费、抚养费案件原告坚持向被告住所地法院起诉的，被告住所地法院具有管辖权

追索赡养费、扶养费、抚养费案件的几个被告，住所地不在同一辖区的，《民事诉讼法解释》规定的是可以由原告住所地人民法院管辖，这赋予了原告选择向自己住所地法院起诉的权利。但是，如果原告坚持向被告住所地法院起诉，根据《民事诉讼法》第二十二条的相关规定，被告住所地法院当然具有管辖权。

——最高人民法院民法典贯彻实施工作领导小组办公室编著：《最高人民法院新民事诉讼法司法解释理解与适用》，人民法院出版社 2022 年版，第 98 页。

18.离婚案件涉及不动产财产分割的由被告住所地法院管辖

问：文某与沙某系夫妻，于 2005 年在 A 市登记结婚，二人户籍所在地均为 A。二人婚后一直居住在 A 市文某父母的家中。2006 年至 2008 年期间，文某与沙某以夫妻名义在其省会城市 B 市购得房产三处。2009 年 1 月，沙某向 B 市法院起诉离婚，并涉及位于 B 市三处房产的财产分割，则该三处不动产所在地法院是否有权管辖?

答：我国《民事诉讼法》第二十二条规定："对公民提起的民事诉讼，由被告住所地人民法院管辖；被告住所地与经常居住地不一致的，由经常居住地人民法院管辖。"《关于适用〈中华人民共和国民事诉讼法〉若干问题的意见》[①]第四条规定："公民的住所地是指公民的户籍所在地，法人的住所地是指法人的主要营业地或者主要办事机构所在地。"因此，在被告文某户籍在 A 市

① 已于 2015 年 2 月 4 日被《最高人民法院关于适用〈中华人民共和国民事诉讼法〉的解释》废止。

的情况下，则A市应是文某的住所地。对于本案的管辖，依据民事属地管辖“原告就被告”的一般原则，在被告住所地即其经常居住地的情况下，则应被告的住所地人民法院管辖，因此本案应由A市法院行使管辖权。

对于《民事诉讼法》第三十四条第一项“因不动产纠纷提起的诉讼，由不动产所在地人民法院管辖”的规定应理解为不动产作为讼争标的而发生的纠纷，对于夫妻一方起诉离婚涉及不动产分割的案件，则应该依照《民事诉讼法》第二十二条确定的原则确定案件管辖。在本案中，即使离婚案件涉及不动产财产分割，由于本案是以离婚为前提而包含不动产分割的，则应根据“原告就被告”的原则确定管辖，即由被告李某的住所地法院管辖。当然，如果夫妻双方已经根据法院判决离婚或者协议离婚，而仅仅以涉案房地产分割为诉讼内容，则应适用不动产所在地法院的专属管辖原则。

综上，即使本离婚案件涉及不动产财产分割，也应该由文某住所地A市法院管辖。

——最高人民法院民事审判第一庭编著：《民事审判指导与参考》2010年第2集（总第42集），法律出版社2011年版，第243页。

19.夫妻一方或者双方离开住所地的离婚案件的管辖

《民事诉讼法》第二十二条第一款规定：“对公民提起的民事诉讼，由被告住所地人民法院管辖；被告住所地与经常居住地不一致的，由经常居住地人民法院管辖。”因此，对于夫妻双方均在住所地生活的，一方提起离婚诉讼，应该适用“原告就被告”的一般地域管辖原则，由被告住所地人民法院管辖。但是，具体到夫妻一方或者双方离开住所地的离婚诉讼，如何确定一般地域管辖，《民事诉讼法》没有作出明确的规定，《最高人民法院关于适用〈中华人民共和国民事诉讼法〉若干问题的意见》第十二条进行了回应，解决了法律适用过程中存在的问题。2015年《民事诉讼法解释》对《最高人民法院关于适用〈中华人民共和国民事诉讼法〉若干问题的意见》第十二条进行了以下修改：

一是增加了“可以”的表述，即“夫妻一方离开住所地超过一年，另一方起诉离婚的案件”，原告可以选择向自己住所地的法院起诉。当然，原告能够提供证据证明被告离开住所地后，在暂住地连续居住超过一年的，也可以向该经常居住地人民法院提起诉讼。

二是突破了“居住地”的一般理解。《民事诉讼法解释》第十二条第二款规定，夫妻双方离开住所地超过一年，一方起诉离婚的案件，由被告经常居住地人民法院管辖；没有经常居住地的，由原告起诉时被告居住地人民法院管辖。这也就意味着，如果在双方都离开住所地的情形下，原告能证明被告在暂住地连续居住超过一年的，可以向被告经常居住地法院起诉。原告不能证明被告在暂住地居住超过一年，但是，能够证明被告在暂住地固定居住的，仍然可以向被告暂住地法院起诉。

审判实践中应当注意：

关于流动人口经常居住地的认定，根据《民事诉讼法解释》第四条的规定，是指公民离开住所地至起诉时已连续居住一年以上的地方。但是，具体到夫妻双方离开住所地超过一年，一方起诉离婚的案件，被告没有经常居住地这一特定情形，为减少原告方诉累，《民事诉讼法解释》规定只要原告证明被告有固定住所，即可向被告暂住地法院起诉。同时，这也为人民法院下一步的审理、执行提供了便利。

——最高人民法院民法典贯彻实施工作领导小组办公室编著：《最高人民法院新民事诉讼法司法解释理解与适用》，人民法院出版社 2022 年版，第 102~103 页。

20.申请撤销监护人资格案件的管辖

《民事诉讼法解释》第十条规定案件的管辖法院，主要依据和理由：1. 撤销监护人资格的案件由上述法院管辖，符合《民事诉讼法》第二十一条[①]、第二十二条[②]、第二十八条[③]关于地域管辖的规定。2. 与 2015 年《民事诉讼法解释》一致，司法解释第十条规定，“不服指定监护或变更监护关系的案件，可以由被监护人住所地人民法院管辖。”3. 随着进城务工人员的不断增加，监护

① 对应《民事诉讼法》（2023 年修正）第二十二条。
② 对应《民事诉讼法》（2023 年修正）第二十三条。
③ 对应《民事诉讼法》（2023 年修正）第二十九条。

侵害行为可能发生在被监护人住所地，也可能发生在监护人住所地，甚至发生在流浪地。侵害行为发生后，往往是行为发生地公安机关先行介入、收集证据，当地民政部门履行临时监护责任、提起诉讼，因此，有些案件由侵害行为地或者监护人住所地的人民法院管辖可能更为适宜。

——张颖新、方芳：《〈最高人民法院、最高人民检察院、公安部、民政部关于依法处理监护人侵害未成年人权益行为若干问题的意见〉的理解与适用》，载江必新主编：《最高人民法院司法解释与指导性案例理解与适用》第三卷，人民法院出版社2015年版，第295页。

21.对被监禁或被采取强制性教育措施的人提起民事诉讼案件的管辖

为便于当事人行使诉讼权利和法院审理案件，《民事诉讼法》第二十三条第三项和第四项规定，对于被采取强制性教育措施或者被监禁的人提起的诉讼，可以由原告住所地人民法院管辖。但是，对于原告、被告双方被采取强制性教育措施或者被监禁时，如何确定案件的地域管辖，法律没有明确规定。为此，《最高人民法院关于适用〈中华人民共和国民事诉讼法〉若干问题的意见》第八条规定："双方当事人都被监禁或被劳动教养的，由被告原住所地人民法院管辖。被告被监禁或被劳动教养一年以上的，由被告被监禁地或被劳动教养地人民法院管辖。"应该说，这一规定遵循了"原告就被告"的一般原则，契合立法本意，有利于解决司法实践中遇到的法律适用问题。2015年《民事诉讼法解释》起草时，根据2013年12月28日第十二届全国人大常委会第六次会议通过的《关于废止有关劳动教养法律规定的决定》，将"劳动教养"改为"强制性教育措施"。

——最高人民法院民法典贯彻实施工作领导小组办公室编著：《最高人民法院新民事诉讼法司法解释理解与适用》，人民法院出版社2022年版，第97页。

22.申请人住所地法院管辖的情形

申请人申请承认外国法院判决、裁定，但被申请人在我国境内没有住所地，且其财产也不在我国境内的，可以由申请人住所地的中级人民法院管辖。

——《最高人民法院关于印发〈全国法院涉外商事海事审判工作座谈会会议纪要〉的通知》(2021 年 12 月 31 日，法〔民四〕明传〔2021〕60 号)。

23.管辖争议中履行地点无约定或约定不明时合同履行地的认定

甲建筑科技（深圳）有限公司与上海乙信息技术有限公司劳务派遣合同纠纷案［最高人民法院（2021）最高法知民辖终 73 号民事裁定书］

裁判要旨：《民事诉讼法解释》第十八条第二款关于“合同对履行地点没有约定或者约定不明确，争议标的为给付货币的，接收货币一方所在地为合同履行地”之规定所称“争议标的”，是指当事人诉讼请求所指向的具体合同义务。诉讼请求为给付金钱的，不应简单地以诉讼请求指向金钱给付义务而认定争议标的即为给付货币，而应当根据合同具体内容明确其所指向的合同义务。

最高人民法院经审查认为，关于本案管辖法院的确定问题。本案双方当事人虽然约定了仲裁，但是约定的仲裁机构为两个以上，双方未能达成一致，故仲裁协议无效。

《民事诉讼法》第二十三条[①]规定：“因合同纠纷提起的诉讼，由被告住所地或者合同履行地人民法院管辖。”《民事诉讼法解释》第十八条第二款规定：“合同对履行地点没有约定或者约定不明确，争议标的为给付货币的，接收货币一方所在地为合同履行地。”该规定所称“争议标的”是指当事人诉讼请求所指向的具体合同义务。诉讼请求为给付金钱的，不应简单地以诉讼请求指向金钱给付义务而认定争议标的即为给付货币，而应根据合同具体内容明确其所指向的合同义务。本案系劳务派遣合同纠纷，当事人在本案中诉请履行的义务是支付劳务派遣服务费，故可以以此确定合同履行地为接收货币一方所在地。上海市为接收货币一方所在地的合同履行地，本案可由上海市相关有劳务派遣合同纠纷管辖权的基层法院审理。乙公司住所地位于上海市长宁区，上海市长宁区人民法院对该案具有管辖权。

---

① 对应《民事诉讼法》(2023 年修正）第二十四条。

根据《民事诉讼法》第三十五条[①]的规定，两个以上人民法院都有管辖权的诉讼，原告可以向其中一个人民法院起诉。本案中，虽然原审法院对本案不具有管辖权，但乙公司选择在上海市的人民法院起诉，故本案应由上海市长宁区人民法院管辖。甲公司住所地等其他管辖连结点的存在，并不影响上海市长宁区人民法院对本案行使管辖权。甲公司主张将本案移送至广东省深圳市福田区人民法院审理的上诉理由缺乏依据，本院不予支持。

——《最高人民法院知识产权法庭裁判要旨摘要（2021）》，中国裁判文书网。

24.利用信息网络侵害人身权益民事纠纷案件的管辖

侵权行为适用被告所在地法或侵权行为地法是各国法院的普遍做法。但是，因特网将全球的计算机及其网络连为一体并构成一个独特的网络空间，同一侵权行为往往同几个地点相联系，物理位置在网络空间中的意义微乎其微，从而使传统管辖权基础在网络空间中发生了动摇。面对纷繁复杂的网络案件，人们不得不寻找新的管辖依据。

网络侵权行为按主体可分为网站侵权（法人）和网民（自然人）侵权，按侵权的主观过错可分为主动侵权（恶意侵权）和被动侵权，按侵权的内容可分为侵犯人身权和侵犯财产权（也有同时侵犯的情况）。网络空间是一个虚拟空间，但它并不是虚幻的，是依赖于现实社会的客观存在，网络中依然存在侵犯人身权的违法行为。《宪法》第三十九条规定："中华人民共和国公民的住宅不受侵犯。禁止非法搜查或者非法侵入公民的住宅。"第四十条规定："中华人民共和国公民的通信自由和通信秘密受法律的保护。……"《民法典》第一千零二十四条规定："民事主体享有名誉权。任何组织和个人不得以侮辱、诽谤等方式侵害他人名誉权。"

《最高人民法院关于审理利用信息网络侵害人身权益民事纠纷案件适用法律若干问题的规定》首次划定个人信息保护的范围，明确利用自媒体等转载网络信息行为的过错认定，以及如何对网络水军进行规制。在该规定中，对非法删帖的用户和网站承担连带责任、过错认定，个人基因、病历等隐私不

① 对应《民事诉讼法》（2023 年修正）第三十六条。

得随意公开，侵权责任赔偿，以反腐为目的的人肉搜索可免责等都作了具体的规定。同时明确规定，利用信息网络侵害人身权益提起的诉讼，由侵权行为地或者被告住所地人民法院管辖。侵权行为实施地包括实施被诉侵权行为的计算机等终端设备所在地，侵权结果发生地包括被侵权人住所地。

——最高人民法院民法典贯彻实施工作领导小组办公室编著：《最高人民法院新民事诉讼法司法解释理解与适用》，人民法院出版社2022年版，第126~127页。

25.由公司住所地人民法院管辖的案件类型

《民事诉讼法》第二十七条规定，因公司设立、确认股东资格、分配利润、解散等纠纷提起的诉讼，由公司住所地人民法院管辖。《民事诉讼法解释》第二十二条进一步明确股东名册记载、请求变更公司登记、股东知情权、公司决议、公司合并、公司分立、公司减资、公司增资等纠纷也由公司住所地人民法院管辖。

根据我国的地域管辖制度，除了专属管辖和协议管辖外，往往适用被告特殊地域管辖原则。《民事诉讼法》确立案件管辖原则时考虑了多项法律价值判断，其中最为主要的是便于当事人诉讼和便于人民法院审理案件及执行裁判。[①] 特殊地域管辖原则的确立也遵循了上述基本原则。特殊地域管辖扩大了管辖的选择空间，便于当事人诉讼，也使得当事人有可能自主选择管辖法院，有利于当事人行使诉讼权利。由于当事人对自己选择程序产生的裁判结果往往会比被动接受程序产生的裁判结果有更高的认同感，因此，特殊地域管辖扩大了当事人程序上的自主性，有利于增强法院裁判的信服度，也便于人民法院行使审判权。

1. 公司诉讼管辖即为特殊地域管辖

2005年《公司法》和2007年《民事诉讼法》对公司诉讼案件的管辖问题均未作特殊规定，仅《公司法解释（二）》第二十四条规定了解散公司诉讼案件和公司清算案件由公司住所地人民法院管辖。这对于人民法院审理公司诉

---

① 参见最高人民法院民事审判第二庭编著：《最高人民法院关于公司法司法解释（一）、（二）理解与适用》，人民法院出版社2008年版，第439页。

讼案件造成了不利影响。另外，公司的设立、解散等活动，涉及的资金、人数众多，对社会稳定和公共利益产生的影响较大，客观上也需要加强管理。因此，应当明确规定公司诉讼案件的地域管辖制度。

公司诉讼大多是关于或者涉及公司的组织法性质的诉讼，存在与公司组织相关的多数利害关系人，涉及多数利害关系人的多项法律关系的变动，且胜诉判决往往产生对世效力。由于公司股东等多数利害关系人可能来自不同地区，如果按照被告住所地管辖，将会导致以该等利害关系人为被告的部分案件管辖过于分散，当事人和法院陷于管辖权争议与冲突之中，影响司法效率。而由于许多公司诉讼根本不涉及传统意义上的合同纠纷，因此按照合同履行地管辖也无从谈起。由于侵权行为实施地、侵权结果发生地均可视为侵权行为地，如果按照侵权行为地确定管辖，将会产生多个侵权行为地，也会导致管辖权争议与冲突。而且，很多公司诉讼也非传统侵权法意义上的侵权行为之诉。因此，为了确定公司诉讼的管辖，避免当事人在管辖问题上争执，便利当事人参加诉讼，便利人民法院审理案件，也为了防止发生相同事实相异裁判的情况，公司诉讼应当实行特殊地域管辖，即与公司相关的诉讼由公司住所地人民法院管辖。

2. 对于公司住所地的确定

《民法典》和《公司法》对公司住所地的确定都有相应规定。《民法典》第六十三条规定，法人以其主要办事机构所在地为住所。《公司法》第十条规定，公司以其主要办事机构所在地为住所。《公司法解释（二）》第二十四条也进一步明确，解散公司诉讼案件、公司清算案件由公司住所地人民法院管辖。公司住所地是指公司主要办事机构所在地，公司办事机构所在地不明确的，由其注册地人民法院管辖。

3. 公司诉讼案件管辖的特征

《民事诉讼法》第二十七条规定的公司诉讼管辖，主要是指有关公司设立、确认股东资格、分配利润、公司解散等公司组织行为的诉讼，也被称为公司组织诉讼。这类诉讼具有如下特征：（1）均是关于公司的组织法性质的诉讼，往往存在与公司组织相关的多数利害关系人，涉及多数利害关系人的多项法律关系的变动，具有团体法性质的诉讼程序和判决方面统一的规律。（2）大多具备形成之诉的性质。所谓形成之诉，又称为变更之诉，是指以改变法律关系为目的的判决，即以形成判决为目的的诉讼。原告改变既有法律关系的请求只有依法院的判决才产生法律关系变更的效力。如允许自由主张，就会给团体法律关系带来不稳定。（3）均关涉公司，许多情况下，被告就是公司。比如，主张公司设立无效的诉讼，主张公司司法解散的诉讼，等等。由于诉的对象是公司的组织法性质的法律关系，判决的效力当然应该及于公司，而且通过将公司作为被告，可以对与公司相关的利害关系人都产生效果。（4）时常出现需进行诉的合并的情形。公司诉讼往往涉及多数利害关系人的多项法律关系的变动，因此就同一个公司的同一个组织法性质的行为会提起数个诉讼。此时，为防止出现相同事实相异判决，法院应进行诉的合并。（5）判决效力具有特殊性。公司诉讼对大部分第三人也发生法律效力即所谓判决的对世效力。为维护公司法律关系的稳定，公司诉讼否认判决的溯及力，一般仅对将来发生效力。基于公司诉讼的上述特点，本条以列举的方式就公司诉讼其他相关案件的管辖作了明确的规定。2020 年修正的《民事案件案由规定》第八部分中与公司有关的纠纷，增加了清算责任纠纷、损害股东利益责任纠纷、损害公司利益责任纠纷、损害公司债权人利益责任纠纷等。

——最高人民法院民法典贯彻实施工作领导小组办公室编著：《最高人民法院新民事诉讼法司法解释理解与适用》，人民法院出版社 2022 年版，第 118~120 页。

26.损害公司利益责任纠纷管辖法院的确定

对于损害公司利益责任纠纷管辖法院的确定，司法实践有不同的观点。第一种观点认为，《民事诉讼法》规定的公司诉讼类型为公司组织诉讼，损害公司利益的行为是一种侵权行为，不属于公司组织诉讼，应按照《民事诉讼法》第二十八条[①]的规定，由侵权行为地或者被告住所地人民法院管辖。第二种观点认为，损害公司利益纠纷的股东代表诉讼涉及公司组织关系，是由股东在公司怠于提起诉讼时，代表公司起诉侵害公司利益的股东。为了便于公司和利害关系人参加诉讼，便于公司提供证据或人民法院调查取证，亦便于此后可能发生的强制执行，故对于损害公司利益责任纠纷，应由公司住所

① 对应《民事诉讼法》（2023 年修正）第二十九条。

地人民法院管辖。第三种观点则认为，应根据损害公司利益责任纠纷的被告类型，分别确定管辖：（1）公司股东滥用股东权利以及“董监高”违反法定义务损害公司利益责任纠纷，应适用公司诉讼的特殊地域管辖规定；（2）他人损害公司利益责任纠纷，应根据侵权行为地、结果发生地或者被告住所地法院确定管辖。从最高人民法院相关案例看，多数采第一种观点，即以侵权行为地、结果发生地或被告住所地作为损害公司利益责任纠纷的管辖法院。参见：最高人民法院（2019）最高法民辖终325号民事裁定书，最高人民法院（2018）最高法民辖终42号民事裁定书，最高人民法院（2018）最高法民辖终90号民事裁定书，最高人民法院（2017）最高法民辖终233号民事裁定书，最高人民法院（2015）民一终字第221号民事判决书，最高人民法院（2014）民二终字第252号民事判决书。

——杨万明主编、郭锋副主编、最高人民法院研究室编著：《最高人民法院新民事案件案由规定理解与适用》，人民法院出版社2021年版，第765~766页。

27.不动产纠纷的专属管辖

一、不动产纠纷仅限于部分物权纠纷

物权是指人们对物的占有、使用、收益、处分的权利，是财产权的一种。我国《民法典》将物权分为所有权、用益物权和担保物权。所有权是物权的完整形态，包含了物权占有、使用、收益和处分的全部功能。用益物权是以对物的使用收益为目的的他物权，如土地承包经营权、建设用地使用权、宅基地使用权、地役权等。担保物权是以物的价值担保债权到期能够得到清偿的他物权，如抵押权、质权、留置权等。物权纠纷是基于物权关系而产生的纠纷，它与债权纠纷构成了民事纠纷的常见种类。

物通常分为动产和不动产两类。因不动产物权确认、使用、收益、处分和保护等发生的纠纷统称为不动产物权纠纷。实践中，区分不动产物权纠纷与不动产债权纠纷会产生一些争议，如确认房屋抵押合同无效纠纷究竟属于哪一类纠纷。最高人民法院《民事案件案由规定》明确，按照物权变动原因与结果相区分的原则，确定纠纷的性质和案由。对于因物权变动的原因关系，即债权性质的合同关系产生的纠纷，如物权设立原因关系方面的担保合同纠纷，物权转让原因关系方面的买卖合同纠纷，均是债权纠纷；对于因物权设立、权属、效力、使用、收益等物权关系产生的纠纷，则是物权纠纷。《民事案件案由规定》列举了不动产物权纠纷六类二级案由和三十四类三级案由（不包括质权纠纷），可见在实践中物权纠纷的种类是很多的。

基于专属管辖属于强行性规定，不允许当事人通过合意进行变通，其适用应当尽可能限定在确有必要的范围内。因此，《民事诉讼法解释》第二十八条第一款将适用专属管辖的不动产纠纷限定在“因不动产的权利确认、分割、相邻关系等引起的物权纠纷”。除此以外的其他不动产物权纠纷，不适用专属管辖。

二、几类特殊合同纠纷适用专属管辖

在实践中，有些涉及不动产的合同纠纷具有一定特殊性。例如，农村土地承包经营合同纠纷、房屋租赁合同纠纷、政策性房屋买卖合同纠纷，双方的争议除涉及合同的订立、履行等，还涉及当地的土地承包经营政策和房地产宏观调控政策，由不动产所在地法院专属管辖，有利于统一裁判尺度以及配合当地政府处理该类案件引起的群体性纠纷。又如，建设工程施工合同纠纷往往涉及建筑物工程造价评估、质量鉴定、留置权优先受偿、执行拍卖等，由建筑物所在地法院管辖有利于案件的审理与执行。因此，《民事诉讼法解释》第二十八条第二款规定：“农村土地承包经营合同纠纷、房屋租赁合同纠纷、建设工程施工合同纠纷、政策性房屋买卖合同纠纷，按照不动产纠纷确定管辖。”

三、不动产所在地如何确定

不动产实际所在地就是不动产所在地。我国对土地与房屋等实行登记制，凡经有关政府部门登记的，不动产登记簿记载的所在地为不动产所在地。在实践中，不动产实际所在地与登记簿记载的所在地是重合的。

审判实践中应当注意：

继承纠纷中涉及不动产的，是不动产纠纷专属管辖优先抑或继承遗产纠纷专属管辖优先？由于《民事诉讼法》没有明确规定，其第三十四条第一项与第三项之间有可能发生冲突。现将不动产纠纷限于《民事诉讼法解释》界定的不动产物权纠纷，该问题不解自破。

——最高人民法院民法典贯彻实施工作领导小组办公室编著:《最高人民法院新民事诉讼法司法解释理解与适用》,人民法院出版社 2022 年版,第 132~135 页。

28.反诉的管辖

反诉管辖法院的要求。管辖权是法院对特定诉讼行使审判权的前提,故受诉法院须对反诉具有管辖权。反诉只能向受理本诉的同一人民法院提起,且不能违反法律对专属管辖的规定。反诉是在本诉进行中提起的,并且要利用本诉的诉讼程序一并进行审理,因此反诉只能向受理本诉的法院提起。审理本诉的法院对反诉的管辖权,可以基于牵连管辖而获得,但如果反诉属于另一法院专属管辖,受理本诉的法院则无权管辖,本诉的被告只能向有专属管辖权的法院另行起诉。专属管辖多因涉及公共利益而具有强制性,不允许随意变更,具有不可改变性、排他性,由某一法院专属管辖的案件,其他任何法院都无权管辖。这是法律强制性规定,不得违反。

——最高人民法院民法典贯彻实施工作领导小组办公室编著:《最高人民法院新民事诉讼法司法解释理解与适用》,人民法院出版社 2022 年版,第 501 页。

29.约定地点与实际履行地发生冲突时管辖法院的确定

当事人在合同中约定某一具体义务的履行地,不仅有实体法上的意义,还可能有诉讼法上的意义。约定由合同签订地、履行地人民法院管辖,但实际签订地、履行地与约定的签订地、履行地不一致时,应当以约定地作为确定管辖权的依据,因为若当事人约定合同履行地,表明双方对管辖有预期,故应尊重当事人的约定。

——最高人民法院民法典贯彻实施工作领导小组办公室编著:《最高人民法院新民事诉讼法司法解释理解与适用》,人民法院出版社 2022 年版,第 113 页。

30.管辖协议违反级别管辖的处理

根据《民事诉讼法》规定，协议管辖不得违反专属管辖和级别管辖。但我们认为，违反级别管辖的后果，与违反专属管辖应有所不同：违反专属管辖的，为绝对无效；违反级别管辖的，为相对无效，应当结合具体情况处理。从实践看，主要有三类情况：

第一类为“××地××人民法院管辖”，既约定了地域管辖，又约定了具体管辖法院。由于级别管辖标准的调整变动，可能影响到管辖协议的效力。基于保护当事人的正当预期，尽量减少无效管辖协议的立场，应认为当事人在案件地域管辖上的明确选择有效。

第二类为“××人民法院管辖”，没有约定地域管辖，只确立了具体管辖法院。对此有的法院认定为有效，有的法院认定为无效。我们认为，多数情况下，当事人是有在该法院所在地打官司的意思，认定为有效并结合级别管辖规定确定案件管辖法院，符合大多数当事人的真实意愿。

第三类为“××地的人民法院管辖”，只约定了地域管辖，没有明确具体法院。对这种情形，应当根据级别管辖规定确定具体的管辖法院。

——最高人民法院民事诉讼法修改研究小组编著：《〈中华人民共和国民事诉讼法〉修改条文理解与适用》，人民法院出版社2012年版，第60页。

管辖法院的确定，首先考虑地域管辖，其次考虑级别管辖，而在按照诉讼标的额和案件影响程度确定级别管辖法院时，当事人双方在纠纷发生前无法预见今后争执的标的额和案件是否具有重大影响。因此，要求当事人纠纷前约定的管辖法院明确、具体、唯一且不违反级别管辖的规定，在实践中是比较困难的。

即使当事人约定管辖法院不够明确，但只要根据管辖协议约定的地域能够确定具体管辖法院的，管辖协议按照有效处理。常见的情形是，当事人仅约定了某一地域的法院，可以按照级别管辖标准往上确定具体的法院（上级法院相对于下级法院而言是唯一的），但不能按照级别管辖的标准从上级法院往下确定具体的法院（一个上级法院对应的下级法院一般有多个，特殊情况除外）。例如，约定“由天津市的法院管辖”，而案件恰好应当由天津高院作为一审法院的，该案由天津高院管辖，该管辖协议有效；如该案仅达到天津基层法院的管辖标准，由于天津基层法院有多个而无法确定具体的法院，该管辖协议无效，只能按照法定管辖规定确定法院。还有一种常见情况，当事人已约定某一具体基层法院管辖，纠纷发生后超出该院级别管辖标准，是否一律以违反级别管辖为由而认定约定无效？这种约定表明双方当事人愿意在该法院所在地进行诉讼，地域管辖是明确的。出于保护当事人的正当预期，应当认定双方选择的地域管辖是有效的，可以结合级别管辖标准确定具体的管辖法院。

——最高人民法院民法典贯彻实施工作领导小组办公室编著：《最高人民法院新民事诉讼法司法解释理解与适用》，人民法院出版社 2022 年版，第 137 页。

四、送　达

31.民事诉讼实践中应严格按照优先次序选择送达方式

严格按照直接送达、留置送达、邮寄送达、委托送达、转交送达、公告送达的优先性选择次序送达诉讼文书。1991 年《民事诉讼法》中规定了直接送达、留置送达、邮寄送达、委托送达、转交送达、公告送达六种送达方式，此六种送达方式的顺序安排隐含立法者对送达方式优先性选择的倾向性意见。送达应以直接送达为最主要、最一般的形式，直接送达时当事人拒绝在送达回证上签字，送达人员可以通过见证人证明或视听资料证明的形式，使直接送达转化为留置送达。一般情况下，只有在直接送达与留置送达均无法实现时，才可以使用邮寄送达。公告送达因其时间长，当事人很少真正注意到公告内容，严重影响送达效率等原因，应严格限制其使用。但在目前的司法实践中，邮寄送达逐渐成为首先采用的送达方式。很多法院只有在邮寄送达无法完成的情况下，才会采用直接送达或留置送达的方式。2005 年，最高人民法院出台《法院专递邮寄送达文书规定》，确立了“法院专递”的送达方式。这种方式可视为人民法院委托邮寄送达诉讼文书，与人民法院送达具有同等的法律效力。目前各级法院已经普遍采用“法院专递”和人民法院送达平台方式进行送达。

我们认为，民事诉讼实践中应严格按照优先次序选择送达方式。针对实践中“送达难”的问题，扩大受送达人员范围，是解决送达难的重要举措。我国民事诉讼体现为职权主义诉讼构造，送达为人民法院的职权之一，当事人及律师等不能成为送达主体，但人民法院审判和司法辅助工作任务较重，每个案件都有多份法律文书需要送达，人民法院在送达工作中也面临很大压力。完全由书记员等进行直接或留置送达并不现实。法院专递送达虽然可以在很大程度上减轻人民法院送达工作的压力，但由于人员流动频繁等原因，并不一定能够保证法律文书都能送达当事人处。对此，人民法院应当创新机制、开拓思路，探索提高送达效率，同时又保证当事人诉讼权利的新途径、新办法。有些地方的法院已经进行了有效的探索。例如，江苏省高级人民法院在送达工作中，从法院退休人员或退休邮局工作人员等社会各界人士中，招录送达人员，委托其代为向当事人送达，这些招录来的工作人员通过耐心细致的工作，往往能够说服当事人签收法律文书，为人民法院减轻了很大工作压力，同时也提高了送达的效率，保证了当事人诉讼权利的实现。《民事诉讼法》第八十九条规定：“受送达人或者他的同住成年家属拒绝接收诉讼文书的，送达人可以邀请有关基层组织或者所在单位的代表到场，说明情况，在送达回证上记明拒收事由和日期，由送达人、见证人签名或者盖章，把诉讼文书留在受送达人的住所；也可以把诉讼文书留在受送达人的住所，并采用拍照、录像等方式记录送达过程，即视为送达。”审判实践中，对基层组织范围和所在单位代表的界定争论较大，不利于送达的实行。有必要将基层组织和所在单位代表明确为受送达人住所地的居民委员会、村民委员会的工作人员以及受送达人所在单位的工作人员，以提高送达的有效性。

——最高人民法院民法典贯彻实施工作领导小组办公室编著：《最高人民法院新民事诉讼法司法解释理解与适用》，人民法院出版社2022年版，第335~336页。

32.准确认定电子送达的送达日期

传统送达过程中，都需要取得相应的送达证明，以表示送达已经完成，并记载送达日期，决定送达效力开始的时间。但《民事诉讼法》对电子送达并未规定应采取何种证明方式，因此关于送达日期只能以诉讼文书到达受送达人特定系统的日期来加以确定，而如前文所述，信息数据传输受硬件设备、服务器系统的运行状态影响，可能会出现故障情形，导致数据电文不能正确及时地传输到达对方系统，因此需要探索如何证明诉讼文书已经传输到对方信息系统中，即电子送达的送达证明问题。司法实践中应保存好诉讼文书已经发出并及到达对方系统的相关证据，以备在当事人对送达提出异议时进行回应。如果当事人有证据证明到达其特定系统的日期与人民法院对应系统显示发送成功的日期不一致的，以受送达人证明到达其特定系统的日期为准。

《最高人民法院关于进一步加强民事送达工作的若干意见》第十一条规定："采用传真、电子邮件方式送达的，送达人员应记录传真发送和接收号码、电子邮件发送和接收邮箱、发送时间、送达诉讼文书名称，并打印传真发送确认单、电子邮件发送成功网页，存卷备查。"第十二条规定："采用短信、微信等方式送达的，送达人员应记录收发手机号码、发送时间、送达诉讼文书名称，并将短信、微信等送达内容拍摄照片，存卷备查。"《人民法院在线诉讼规则》第三十条规定："人民法院可以通过电话确认、诉讼平台在线确认、线下发送电子送达确认书等方式，确认受送达人是否同意电子送达，以及受送达人接收电子送达的具体方式和地址，并告知电子送达的适用范围、效力、送达地址变更方式以及其他需告知的送达事项。"第三十一条规定："人民法院向受送达人主动提供或者确认的电子地址送达的，送达信息到达电子地址所在系统时，即为送达。受送达人未提供或者未确认有效电子送达地址，人民法院向能够确认为受送达人本人的电子地址送达的，根据下列情形确定送达是否生效：（一）受送达人回复已收悉，或者根据送达内容已作出相应诉讼行为的，即为完成有效送达；（二）受送达人的电子地址所在系统反馈受送达人已阅知，或者有其他证据可以证明受送达人已经收悉的，推定完成有效送达，但受送达人能够证明存在系统错误、送达地址非本人使用或者非本人阅知等未收悉送达内容的情形除外。人民法院开展电子送达，应当在系统中全程留痕，并制作电子送达凭证。电子送达凭证具有送达回证效力。对同一内容的送达材料采取多种电子方式发送受送达人的，以最先完成的有效送达时间作为送达生效时间。”第三十二条规定：“人民法院适用电子送达，可以同步通过短信、即时通讯工具、诉讼平台提示等方式，通知受送达人查阅、接收、下载相关送达材料。”第三十三条规定：“适用在线诉讼的案件，各方诉讼主体可以通过在线确认、电子签章等方式，确认和签收调解协议、笔录、电子送达凭证及其他诉讼材料。”

——最高人民法院民法典贯彻实施工作领导小组办公室编著：《最高人民法院新民事诉讼法司法解释理解与适用》，人民法院出版社2022年版，第342~343页。

33.简易程序中简便送达方式适用规则

2007年《民事诉讼法》第一百四十四条[①]规定了简易程序可以用简便方式传唤当事人和证人，但并未就送达法律文书、开庭审理以及裁判文书简化等事项作出明确规定。2012年《民事诉讼法》对该条进行了修改，明确规定基层人民法院和它派出的法庭审理简单的民事案件，可以用简便方式传唤当事人和证人、送达诉讼文书、审理案件，但应当保障当事人陈述意见的权利。为细化简便方式送达、传唤规则，2015年《民事诉讼法解释》第二百六十一条第一款规定：“适用简易程序审理案件，人民法院可以采取捎口信、电话、短信、传真、电子邮件等简便方式传唤双方当事人、通知证人和送达裁判文书以外的诉讼文书。”该条之所以禁止采用简便方式对判决书、裁定书、调解书送达，主要是因为2012年《民事诉讼法》第八十七条[②]明确规定这三类裁判文书不适用电子送达。而2021年《民事诉讼法》第九十条修改了原第八十七条的规定，将电子送达适用范围扩大至所有诉讼文书。因此，《民事诉讼法解释》第二百六十一条第一款也需要进行修改。对照2021年《民事诉讼法》的规定精神，我们进行了反复研究，最后将该款修改为：“适用简易程序审理

① 对应《民事诉讼法》(2023年修正)第一百六十二条。
② 对应《民事诉讼法》(2023年修正)第九十条。

案件，人民法院可以依照民事诉讼法第九十条、第一百六十二条的规定采取捎口信、电话、短信、传真、电子邮件等简便方式传唤双方当事人、通知证人和送达诉讼文书。”在适用2022年《民事诉讼法解释》第二百六十一条时应当注意：第一，通过电子方式送达诉讼文书的，必须经受送达人同意，以保障受送达人的程序利益。第二，要注意本条第二款与《人民法院在线诉讼规则》第三十一条之间的衔接。本条第二款规定“以简便方式送达的开庭通知，未经当事人确认或者没有其他证据证明当事人已经收到的，人民法院不得缺席判决”，实践中所采用的简便方式为电子方式，且符合《人民法院在线诉讼规则》第三十一条第一款、第二款所规定情形的，应当认定为有效送达，不属于“未经当事人确认或者没有证据证明当事人已经收到”的情形。

——郭锋、陈龙业、贾玉慧、牛晓煜：《〈最高人民法院关于适用《中华人民共和国民事诉讼法》的解释〉修改内容及其理解与适用》，载《法律适用》2022年第5期。

34.当事人在纠纷发生之前约定的送达地址可作为送达诉讼文书的确认地址

合同约定诉讼文书的送达地址，既可以采用具体的列举方式，表明适用的诉讼阶段和可能影响的诉讼权利，也可以采用概括方式表述，只要表明送达地址是用于诉讼的法律文书送达和相关方承担相应法律风险即可。

合同当中有关送达地址的约定，不能简单地等同为诉讼地址确认书前置。诉讼期间当事人与法院签订的送达地址确认书，针对的是已经提起的诉讼，法院提供的针对特定诉讼阶段的送达地址确认书，内容可以做到十分具体和明确。但是，事先约定的诉讼送达地址，依托的是双方对合同订立、履行过程的一种可能前景作出的概括性预见。约定诉讼文书送达地址，作为可能受到对方不应诉损害的一方采取的保护措施，能否具体到每一个细节以及具体到什么程度，不仅要受制于交易的情势，还有一个是否必要的问题。因此，不必强求合同的诉讼文书送达地址约定具体化到能够涵盖两个以及更多诉讼阶段送达地址确认书的内容和相应的诉讼权利、诉讼风险，并要求文字表述一字不差，只要相关的约定满足约定送达地址的两个必要条件即可。比如，“若双方产生争议，由原告住所地法院管辖，且合同载明的各方通讯地址可作为法院送达诉讼文书的地址，因载明的地址有误或未及时告知变更后的地址，导致诉讼文书未能实际被接收的，邮寄送达的，诉讼文书退回之日即视为送达之日。”或者，“乙方同意使用地址用于与甲方平时联络或仲裁、诉讼情况下法律文书的送达。乙方同意按照上述地址用挂号、快递寄出的法律文书，一经寄出即为送达。”类似这样的条款，只要明确是诉讼文书的送达地址，且承诺接受相应的诉讼后果即可。当然，约定的送达地址还可以同样适用于仲裁、调解和诉讼中不同的程序，不一定仅适用于法院的某一个阶段的诉讼程序。

为了确保原告提供的合同文本和约定送达地址的真实性，法院接到原告当事人提交的合同文本之后，应该对文本进行必要的形式审查，并要求原告当事人提交书面保证，保证该约定真实，且是其接收到的对方当事人的最新送达地址，避免原告当事人收到对方变更送达地址通知的情况下，仍将原约定的地址提交给法院，从而浪费司法资源并损害法院的司法公信力。

首先，诉讼文书送达地址确认采取自愿原则。不论是传统的还是电子的，送达地址确认均采用自愿原则，当事人拒绝提供送达地址的，也不影响法院根据户籍资料确定其住所或居所，使用挂号或快递寄送诉讼文书，推定送达。电子送达，相对于传统送达优势强大，但其毕竟存在诸多缺陷，使用电子送达务必取得受送达人的同意。法院不能违背当事人意愿而强行使用诉讼文书电子送达。而且，当事人即使选用电子送达，传统送达方式以及相应的当事人居所、通信地址也应该确认，以确保法院必要时能够当面交付或留置、委托交付或者邮寄，最关键的是后者能够依法推定送达，是送达程序的底限措施。

其次，诉讼文书送达地址的确认方式，应当遵循民事行为的一般原则，有口头确认和书面确认两种形式。书面方式能最直接、完整、清晰、准确地记载当事人认定的送达地址及当事人意愿。书面方式，既可以是格式性的诉讼文书送达地址确认书，也可以在笔录中注明诉讼文书的送达地址。法庭笔录注明送达地址以及相关声明，当事人签字确认之后与送达地址确认书具有同样的效力。

最后，在有充分的证据证明的情况下，现场或电话口头确认以及短信、微信中的信息和语音，同样可以表达当事人对诉讼文书送达地址的确认。在信息化时代，这类电子的方式可能更符合年轻人的习惯，更能体现诉讼的效率。不过，探索电子送达地址确认，需要法院在与当事人的联系过程中作出必要的风险提示，并全程录音录像，保存必要的证据。

——李少平主编:《〈最高人民法院关于进一步推进案件繁简分流优化司法资源配置的若干意见〉读本》，人民法院出版社2016年版，第61~63页，第65页。

问：当事人起诉前在纠纷所涉的合同中约定了送达地址，人民法院可否根据上述地址进行邮寄送达？当事人在该约定地址发生变更后未及时通知人民法院导致邮寄送达的诉讼文书被退回，其送达行为是否发生效力？

答：送达作为司法审判活动的重要环节，是司法审判机关按照法定程序和方法将诉讼文书送交受送达人的诉讼行为。我国民事诉讼法规定了直接送达、留置送达、委托送达、电子送达、邮寄送达、转交送达、公告送达等送达方式，一般情况下，送达诉讼文书，应当直接送交受送达人，人民法院直接送达诉讼文书有困难的，可以根据当事人在诉讼中填写的送达地址确认书载明的地址以法院专递方式进行邮寄送达。《最高人民法院关于进一步推进案件繁简分流优化司法资源配置的若干意见》第三条中规定："当事人在纠纷发生之前约定送达地址的，人民法院可以将该地址作为送达诉讼文书的确认地址。"依据上述规定，诉讼发生之前，当事人在诉讼所涉合同中约定了明确具体的送达地址，并确认上述地址可以作为将来发生诉讼时有效的送达地址，该约定与当事人在诉讼中填写的送达地址确认书具有同等法律效力，人民法院可以根据上述约定地址进行邮寄送达。

诉讼过程中，当事人诉前约定的送达地址发生变更但未及时通知人民法院导致相关诉讼文书因未能被受送达人实际接收而退回的，依据《最高人民法院关于以法院专递方式邮寄送达民事诉讼文书的若干规定》第二条、第十一条中关于"以法院专递方式邮寄送达民事诉讼文书的，其送达与人民法院送达具有同等法律效力""因受送达人自己提供或者确认的送达地址不准确、拒不提供送达地址、送达地址变更未及时告知人民法院、受送达人本人或者受送达人指定的代收人拒绝签收，导致诉讼文书未能被受送达人实际接收的，文书退回之日视为送达之日”的规定，文书被退回之日视为送达之日，送达即产生相应的法律效力。

——本书研究组：《当事人起诉前在纠纷所涉的合同中约定了送达地址，人民法院可否根据上述地址进行邮寄送达？当事人在该约定地址发生变更后未及时通知人民法院导致邮寄送达的诉讼文书被退回，其送达行为是否发生效力？》，载最高人民法院民事审判第一庭编：《民事审判指导与参考》2019年第4辑（总第80辑），人民法院出版社2020年版，第225页。

35.同一当事人在同一时期不同案件中的送达地址确认书不能在其他案件中使用，只能作为直接送达或留置送达地址的参考

关于当事人在一案件中提供的送达地址确认书可否适用于同一时期的其他案件，《最高人民法院关于适用简易程序审理民事案件的若干规定》和《最高人民法院关于以法院专递方式邮寄送达民事诉讼文书的若干规定》均未对此作出规定，导致审判实践中对此有不同意见。实践中遇到的情况是，当事人在同一时期的甲案是原告，在乙案是被告，但在乙案中却避而不见；另外还有的当事人在同一时期，在不同级别或相同级别的法院参与了多起诉讼，在对其有利的案件审理中积极提供了送达地址确认书，而在同一时期审理的对其不利的其他案件中却不予应诉或者拒绝提供有效的送达地址，以规避法律或者拒绝履行相应义务，达到拖延诉讼的目的。有观点认为，送达地址确认书是当事人向人民法院作出的一种承诺，即承诺该地址为有效的送达地址。具有契约性的特点，基于这种契约性，在特定的相同时期，在不同的案件中应当均为有效。我们认为，基于法律的规范性要求，同一当事人在同一时期不同案件提供的送达地址确认书不能在其他案件中使用，只能作为人民法院明确当事人直接送达或留置送达地址的参考。

《最高人民法院关于进一步推进案件繁简分流优化司法资源配置的若干意见》第三条规定：“当事人在纠纷发生之前约定送达地址的，人民法院可以将该地址作为送达诉讼文书的确认地址。当事人起诉或者答辩时应当依照规定填写送达地址确认书。积极运用电子方式送达；当事人同意电子送达的，应当提供并确认传真号、电子信箱、微信号等电子送达地址。”《最高人民法院关

于进一步加强民事送达工作的若干意见》第八条规定:“当事人拒绝确认送达地址或以拒绝应诉、拒接电话、避而不见送达人员、搬离原住所等躲避、规避送达，人民法院不能或无法要求其确认送达地址的，可以分别以下列情形处理:(一)当事人在诉讼所涉及的合同、往来函件中对送达地址有明确约定的，以约定的地址为送达地址;(二)没有约定的，以当事人在诉讼中提交的书面材料中载明的自己的地址为送达地址;(三)没有约定、当事人也未提交书面材料或者书面材料中未载明地址的，以一年内进行其他诉讼、仲裁案件中提供的地址为送达地址;(四)无以上情形的，以当事人一年内进行民事活动时经常使用的地址为送达地址。人民法院按照上述地址进行送达的，可以同时以电话、微信等方式通知受送达人。”第九条规定:“依第八条规定仍不能确认送达地址的，自然人以其户籍登记的住所或者在经常居住地登记的住址为送达地址，法人或者其他组织以其工商登记或其他依法登记、备案的住所地为送达地址。”上述规定，为人民法院确认送达地址，提供了更多的依据。

——最高人民法院民法典贯彻实施工作领导小组办公室编著:《最高人民法院新民事诉讼法司法解释理解与适用》，人民法院出版社2022年版，第346~347页。

36.网络购物活动中的收货地址，如果当事人经常使用，可以作为人民法院的送达地址

《最高人民法院关于进一步加强民事送达工作的若干意见》规定以一年内其他诉讼、仲裁案件中提供的地址为送达地址，具有合理性、现实性，也兼顾了实际效果。在没有以上三种情形时，如果能够查询到当事人一年内从事民事活动时经常使用的地址的，可以以该地址为送达地址。比较典型的是网络购物活动中的收货地址，如果当事人经常使用，可以作为人民法院的送达地址。

——程新文、宋春雨、胡越:《〈最高人民法院关于进一步加强民事送达工作的若干意见〉的理解与适用》，载最高人民法院民事审判第一庭编:《民事审判指导与参考》2017年第3辑，人民法院出版社2017年版，第4~7页。

37.对躲避、规避送达的处理

审判实践中，当事人拒不提供送达地址或者以拒绝应诉、拒接电话、躲避送达人员等方式躲避、规避送达的情形比较突出。这种情形严重浪费审判资源，损害对方当事人合法权益，严重干扰正常的民事诉讼秩序。《最高人民法院关于进一步加强民事送达工作的若干意见》(以下简称《民事送达工作意见》)第八条、第九条针对这种躲避、规避送达致使人民法院无法要求其确认送达地址的情形，提出应对措施。

送达的目的在于使当事人知悉诉讼有关的事项，因此在当事人送达地址不明确时，有必要通过合理方式确定与当事人联系最为密切的地址进行送达，以使其知悉相应的诉讼事项。为此，《民事送达工作意见》第八条对此种情况下如何确定当事人送达地址作出顺位上的规定。对于当事人在与本案有关的民事活动中明确约定了送达地址的，以该地址作为送达地址，符合当事人的约定，也最有可能为当事人实际知悉。因此，当事人在合同、往来函件中约定的送达地址为送达地址不明确时第一顺位选择。审判实践中，有的当事人虽然拒不提供送达地址或者在意识到诉讼结果对其不利时躲避、规避送达，但曾经在诉讼中向人民法院提供过书面诉讼材料，其上载明的当事人自己的地址可以视为其认可的地址。在当事人对于送达地址无约定的情况下，可以作为送达地址。在不存在前两种情形时，可以通过关联案件检索确定当事人送达地址。一些当事人可能牵涉系列诉讼、仲裁案件，其在作为消极当事人时可能采取躲避、规避送达等方式拖延诉讼进程，但在其他诉讼、仲裁特别是作为积极当事人的诉讼、仲裁中往往会采取积极方式推动诉讼程序进行，也因此会有明确的送达地址。这种情况下，通过信息化系统进行查询，能够有效确定相应的数据信息。《民事送达工作意见》规定以一年内其他诉讼、仲裁案件中提供的地址为送达地址，具有合理性、现实性，也兼顾了实际效果。在没有以上三种情形时，如果能够查询到当事人一年内从事民事活动时经常使用的地址的，可以以该地址为送达地址。比较典型的是网络购物活动中的收货地址，如果当事人经常使用，可以作为人民法院的送达地址。

根据《民事送达工作意见》第九条的规定："依第八条规定仍不能确认送

达地址的，自然人以其户籍登记的住所地或者经常居住地登记的地址为送达地址，法人或者其他组织以其工商登记或者其他依法登记、备案的住所地为送达地址。”该条规定与《最高人民法院关于以法院专递方式邮寄送达民事诉讼文书的若干规定》第五条的内容基本一致，只是在经常居住地的确定上更为具体，即通过登记识别经常居住地的具体地址。

——杜万华：《进一步加强民事送达工作 促进民事审判的公正与效率——〈最高人民法院关于进一步加强民事送达工作的若干意见〉的几个问题》，载《中国审判》2017 年第 27 期。

38.受送达人避而不见，应当如何送达诉讼文书

问：人民法庭在审理案件时，经常遇到因当事人避而不见而导致的诉讼文书送达难问题。实践中，往往直接采用公告送达方式送达，但是造成了诉讼拖延等一系列问题。应当如何解决这种问题？

答：送达难是人民法院审理案件时经常遇到的问题。2012 年 8 月 31 日修正的《民事诉讼法》第八十六条①针对 2017 年《民事诉讼法》第七十九条②规定作出修改，增加了“也可以把诉讼文书留在受送达人的住所，并采用拍照、录像等方式记录送达过程，即视为送达”的规定。如果有证据表明受送达人就在其住所居住，但却避而不见，即可认为属于“拒绝接收诉讼文书”，人民法院可以依据 2012 年《民事诉讼法》第八十六条规定，将需送达的诉讼文书张贴在受送达人住所，并采用拍照、录像等方式记录送达过程，经此即视为送达。但是，如果受送达人及其同住成年家属，确实不在其住所内居住生活，人民法院就不能采取上述送达方式送达诉讼文书。在受送达人下落不明，或者通过法律规定的其他方式无法送达的情况下，可以公告送达。自发出公告之日起，经过六十日，即视为送达。

——本书研究组：《受送达人避而不见，应当如何送达诉讼文书》，载杜万华副主编、最高人民法院民事审判第一庭编：《民事审判指导与参考》2013 年第 4 辑（总第 56 辑），人民法院出版社 2014 年版，第 226 页。

---

① 对应《民事诉讼法》（2023 年修正）第八十九条。

② 对应《民事诉讼法》（2023 年修正）第八十二条。

39.邮寄送达是否必须在法院“直接送达有困难的”的情况下才可适用

周某与吕某兵、广州牛集餐饮管理有限公司追加、变更被执行人异议案

［最高人民法院（2021）最高法民申6568号民事裁定书］

裁判要旨：当事人认为诉讼文书未由法院工作人员直接送达，而是选择邮寄送达，违反了《法院专递邮寄送达文书规定》第一条第一款关于“人民法院直接送达诉讼文书有困难的，可以交由国家邮政机构以法院专递方式邮寄送达”的规定，邮寄送达也是法院送达的方式之一，且为降低诉讼成本、减少当事人诉累、提高司法效率，法院专递送达已成为诉讼文书送达的重要途径，法院在以邮寄方式无法送达当事人的情况下，以公告形式向其送达诉讼文书，并无不当。

最高人民法院经审查认为，《民事诉讼法》第九十二条[①]第一款规定：“受送达人下落不明，或者用本节规定的其他方式无法送达的，公告送达。自发出公告之日起，经过六十日，即视为送达。”《最高人民法院关于民事执行中变更、追加当事人若干问题的规定》第三十二条第一款规定：“被申请人或申请人对执行法院依据本规定第十四条第二款、第十七条至第二十一条规定作出的变更、追加裁定或驳回申请裁定不服的，可以自裁定书送达之日起十五日内，向执行法院提起执行异议之诉。”根据原审查明的事实，一审法院在2020年5月7日通过邮寄的方式向周某身份证上的地址邮寄了（2020）粤01执异161号执行裁定书，在经多次投递仍无人签收的情况下，邮件于2020年5月12日被退回。一审法院又于2020年6月4日以公告方式，将上述执行裁定书向周某公告送达。周某认为执行裁定书未由一审法院工作人员直接送达，而是选择用邮寄的方式送达文书，违反了《法院专递邮寄送达文书规定》第一条第一款“人民法院直接送达诉讼文书有困难的，可以交由国家邮政机构以法院专递方式邮寄送达”的规定。本院认为，邮寄送达也是人民法院送达的方式之一，且为降低诉讼成本、减少当事人诉累、提高司法效率，法院专递送达已成为诉讼文书送达的重要途径，一审法院在以邮寄方式无法送达周某

---

① 对应《民事诉讼法》（2023年修正）第九十五条。

的情况下，以公告形式向周某送达诉讼文书，并无不当。因公告送达于2020年8月3日到期届满，而周某提起本案诉讼的时间为2021年2月4日，已经超过了法定期限，故周某提出一审法院公告送达不当、剥夺其诉讼权利的主张，理据不足。

——中国裁判文书网。

40.邮寄送达受送达人过错情况下的推定送达

2004年发布的《法院专递邮寄送达文书规定》作出的一项重要的突破，就是确定了受送达人过错情况下的推定送达制度。这项制度是完善我国法院送达制度的一个关键支点。

受送达人不仅具有知悉自己诉讼权利以及处分自己诉讼权利的权利，更承担遵纪守法，平等自愿参与民事活动，诚实守信，接受正当司法程序的管辖和诚信参与诉讼的公法义务。知情权及诉讼处分权保护的前提，是受送达人尊重并接受正当的司法程序管辖。任何人都不可能一边藐视司法、恶意逃避应该承担的法律责任，另一边却要求法院无条件保护诉讼知情权和处分权。受送达人过错和推定送达制度的确立，就是要打破无条件的诉权保护，让法院履行其承担的提供公正的司法救济的职责。

《法院专递邮寄送达文书规定》第十一条规定之“文书退回之日视为送达之日”，就是该文件确定的推定送达的时间点。该条款的表述略显模糊。第十一条中的“因受送达人自己提供或者确认的送达地址不准确、拒不提供送达地址、送达地址变更未及时告知人民法院、受送达人本人或者受送达人指定的代收人拒绝签收，导致诉讼文书未能被受送达人实际接收的，……”这里面的“拒不提供送达地址”，并非当事人存在这一意思表示即可成立这一推定。实际上，这一条款并不能免去法院调查受送达人真实居所和邮寄地址的责任。法院可以要求原告提供被告的居所和联系方式，但对于原告无法提供的信息，法院须进行必要的调查。所谓的“拒不提供送达地址”，前提是法院可以确定受送达人的居所和邮寄地址。《法院专递邮寄送达文书规定》第五条为确定受送达人的住所或居所和邮寄地址提供一个客观依据，即“自然人以其户籍登记中的住所地或者经常居住地为送达地址；法人或者其他组织以其工商登记或者其他依法登记、备案中的住所地为送达地址”。因而，法院只需要按照上述地址寄出邮件，无论受送达人是否收悉，均可认定送达成功。这是世界司法实践的通例，是各国法院的标配，是维护法院司法权威的底限。

受送达人过错可以扩展到其他送达途径当中，形成对受送达人过错的一种认定标准，即受送达人拒不提供送达地址或代收人、挂断和拒接法院或法院专递电话、屏蔽法院短信和邮件、未知会法院的条件下变更或取消法院已知的电话号码、拒绝签收诉讼文书，导致诉讼文书送达不能，且不能证明自己无过错的，都可以认定为受送达人有过错。确立受送达人过错的意义，包括认定其拖延诉讼的责任、要求其承担后续送达的费用、用于启动其他送达途径直至邮寄送达的根据等，未来可以在完善三大诉讼法的过程中纳入这些制度措施，以完善诉讼制度。然而，考虑到法律设定的众多送达途径，除邮寄送达外，其他送达形式下的单一一次成立的受送达人过错，还不能立即产生推定送达的结果，因而，邮寄送达目前是送达程序的底限保障。用好邮寄送达，足以破解那些还可以通过户籍和工商管理系统查找到登记居所的“送达难”。

——李少平主编：《〈最高人民法院关于进一步推进案件繁简分流优化司法资源配置的若干意见〉读本》，人民法院出版社2016年版，第73~74页。

41.邮寄送达退件的处理

人民法院向在中华人民共和国领域内没有住所的受送达人邮寄送达司法文书，如邮件被退回，且注明原因为“该地址查无此人”“该地址无人居住”等情形的，视为不能用邮寄方式送达。

——《最高人民法院关于印发〈全国法院涉外商事海事审判工作座谈会会议纪要〉的通知》（2021年12月31日，法〔民四〕明传〔2021〕60号）。

42.确认当事人同意电子送达的意思表示

《人民法院在线诉讼规则》第二十九条第二款规定：“具备下列情形之一的，人民法院可以确定受送达人同意电子送达：（一）受送达人明确表示同意的；（二）受送达人在诉讼前对适用电子送达已作出约定或者承诺的；（三）

受送达人在提交的起诉状、上诉状、申请书、答辩状中主动提供用于接收送达的电子地址的；（四）受送达人通过回复收悉、参加诉讼等方式接受已经完成的电子送达，并且未明确表示不同意电子送达的。”对当事人同意电子送达的意见，应当按照上述规则确定。司法实践中，要注意避免分散和多头送达，同一内容材料原则上只应采取一种送达方式，以便确定送达生效时间，便于当事人行使后续诉讼权利。①

——最高人民法院民法典贯彻实施工作领导小组办公室编著：《最高人民法院新民事诉讼法司法解释理解与适用》，人民法院出版社 2022 年版，第 344 页。

电子送达以受送达人同意为前提条件，符合以下情形的，人民法院可以确认受送达人同意：第一，明确表示同意，即主动提出适用电子送达或者填写送达地址确认书。第二，作出事前约定，即纠纷发生前已对在诉讼中适用电子送达作出约定，但此时需考察送达条款是否属于格式条款，若提供制式合同一方未尽到提示说明义务的，对方当事人可以要求确认该条款无效。第三，作出事中行为表示，即在起诉状、答辩状中提供了相关电子地址，但未明确是否用于接受电子送达。此时一般应向当事人作进一步确认，明确该地址用途和功能是用于联系还是接受送达。当事人仅登录使用电子诉讼平台，不宜直接认定为同意电子送达。第四，作出事后的认可，即受送达人通过回复收悉、参加诉讼等方式接受已经完成的电子送达。受送达人接受送达后，又表示不同意电子送达的，应当认定已完成的送达有效，但此后不宜再使用电子送达。

——《最高人民法院关于印发〈民事诉讼程序繁简分流改革试点问答口径（一）〉的通知》（2020 年 4 月 15 日，法〔2020〕105 号）。

43.确定电子送达生效的时间

根据《最高人民法院关于印发〈民事诉讼程序繁简分流改革试点实施办

① 参见刘峥、何帆、李承运：《〈人民法院在线诉讼规则〉的理解与适用》，载《人民司法》2021 年第 19 期。

法〉的通知》第二十六条规定，电子送达在不同情形下分别适用“到达生效”和“收悉生效”两种标准，对应生效时间有所不同。第一，对当事人主动提供或确认的电子地址，送达信息到达受送达人特定电子地址的时间为送达生效时间。第二，对向能够获取的受送达人电子地址进行送达的以“确认收悉”的时间点作为送达生效时间，具体包括：回复收悉时间、系统反馈已阅知时间等。上述时间点均存在时，应当以最先发生的时间作为送达生效时间。

——《最高人民法院关于印发〈民事诉讼程序繁简分流改革试点问答口径（一）〉的通知》（2020年4月15日，法〔2020〕105号）。

44.电子送达及公告送达规则

2021年《民事诉讼法》第九十条、第九十五条对电子送达、公告送达规则作出完善，优化了电子送达适用文书范围和适用方式，缩短了公告送达期限，有利于从制度层面解决“送达难”问题，提升案件审理效率，保障当事人合法权利。

第一，关于电子送达的适用范围。2021年《民事诉讼法》第九十条将“判决书、裁定书、调解书”纳入电子送达范围，实际上将电子送达拓展适用于所有诉讼文书。同时，对于“判决书、裁定书、调解书”的送达也规定了人民法院的附随职责，即“受送达人提出需要纸质文书的，人民法院应当提供”。但需要注意的是，法院另行提供纸质文书不产生送达的效力，文书送达仍以完成电子送达时生效。

第二，关于电子送达的方式。电子送达的发出端应当是人民法院统一的送达平台，确保送达过程可查询、可验证、可追溯，形成有效的电子送达凭证，同时也便于当事人及时有效查询。电子送达的到达端可以是多样化的电子地址，包括受送达人的电子邮件、即时通讯账号、诉讼平台的专用账号等。司法实践中，要注意避免分散和多头送达，同一内容材料原则上只应采取一种送达方式，以便确定送达生效时间，便于当事人行使后续诉讼权利。

第三，关于电子送达的生效标准。这次修法未修改电子送的生效标准，实践中仍需综合考虑“确认其收悉”“送达信息到达”两个方面的因素。《人民法院在线诉讼规则》第三十一条对电子送达生效标准作出了细化完善，修法后可以继续适用，即对当事人主动提供或确认的电子地址，采取“到达生效”标准；对人民法院获取的受送达人其他电子地址进行送达的，采取“收悉生效”标准，有效兼顾电子送达的有效性和当事人的知情权。此外，关于电子送达的“同意”的方式和效力、电子地址的确认、法院附随职责等方面均适用《人民法院在线诉讼规则》的有关规定。

第四，关于公告送达的期限和方式。2021 年《民事诉讼法》第九十五条将公告送达期限从六十天缩短为三十天，有利于进一步缩短审理周期，降低诉讼成本、防止诉讼拖延。实践中，人民法院可以依据《民事诉讼法解释》第一百三十八条，采取线下和线上两种公告形式，特别是在互联网时代背景下，应当大力推行线上电子公告送达，充分发挥线上公告覆盖广、传播快、易查询、成本低等优势，提升公告送达的有效性。需要注意的是，各地法院自建的网站平台，不属于“信息网络媒体”，不宜作为线上公告送达的有效方式。最高人民法院将依托“人民法院公告网”，建立完善统一、权威、规范的公告送达平台，作为发布线上电子公告统一渠道，全面提升公告送达的覆盖面、精准度和规范性。

——刘峥、何帆、李承运：《正确贯彻实施新民事诉讼法需重点把握的七个问题》，载《人民司法·应用》2022 年第 10 期。

45.电话、微信、短信、电子邮件等非正式电子送达效力的认定

非正式的电子送达交付的不是制式的电子诉讼文书，而是法院通过简易的电子途径，如电话、微信或短信、电子邮件告知当事人有关的决定、裁定和传票信息。这类方式既可以配合正式的送达使用，也可以单独使用。比如，送达人员使用法院的电话、短信或微信、电子邮件等方式，通知受送达人来法院或登录指定网站提取立案或应诉通知、传票、裁判书，或直接告知对方有关文书的内容，如出庭时间、地点等。非正式的电子送达同样可以满足当事人的知情需要，因而具有与正式的电子送达同样的效果。但是，与正式的电子送达一样，如果受送达人拒绝接受，就存在一个法院举证的难题。因此，单独使用非正式的电子送达，法院必须保留必要的证据。即与正式的电子送达相比，非正式电子送达的有效条件应该包括：（1）法院向当事人发送信息；

（2）全程录音录像；（3）有电话、短信发送记录或微信聊天记录。

上述证据形成一个严密的证据链，证明法院通过电话、短信或微信与当事人联系，并通告有关的司法决定、裁定或传票的内容，应该替代正式的送达回执，具有送达的效力。

非正式的送达方式是基层法院大量使用的一类送达方式。非正式电子送达生效条件的明确有助于完善基层法院对这一类送达方式的管理。同时，对非正式送达效力的认定还有助于解决法院的送达难题。实践中，很多负债的当事人一接到表明法院或法院专递身份的电话就挂断，拒接法院或法院专递电话或变更电话号码，使得法院无法完成送达。许多案件受理之后就陷入找不到被告，送达不能，无法开庭的尴尬。现行的《民事诉讼法》要求必须穷尽其他送达方式才能启动公告，接通一次就挂断的当事人既无法直接交付、留置和转交，也难以认定受送达人下落不明。这个问题的关键就是当事人切断与法院联系的行为如何认定，挂断或拒接法院或法院专递电话的行为性质是什么？实际上，接到表明法院或法院专递身份的电话，即意味着相关的案件已经进入司法程序或进入程序的特定阶段。因而，表明法院或法院专递身份的电话即可构成一次非正式的电子送达，而挂断和拒接法院或法院专递电话，对于债权债务关系清晰、受送达人即本案债务人的案件，即可认定为受送达人拒绝接受司法审判和逃避责任。然而，目前国内还没有法律依据支持法院可以据此推定送达。但是，如果法院有充分的证据证明受送达人拒接电话，即可认定受送达人存在逃避送达的过错。法院即可无须再等待或催促原告方继续查找被告的送达地址，而是立即启用邮寄程序（约定、确定的送达地址或法院调查确定的居所及邮寄地址），受送达人拒收邮件即可推定送达成立。或者，尝试其他送达方式无果之后，可以据此认定已经穷尽其他送达程序，启动公告送达程序。

——李少平主编：《〈最高人民法院关于进一步推进案件繁简分流优化司法资源配置的若干意见〉读本》，人民法院出版社2016年版，第68~69页。

46.慎用公告送达

一、送达方式的次序

从《民事诉讼法》关于送达规定的条文顺序安排和内容表述来看，立法者对送达方式选择是有次序安排的。送达应当首先选择直接送达方式，将诉讼文书直接送交受送达人；直接送达时受送达人或其同住成年家属拒绝接收诉讼文书的，通过见证人证明或者视听资料证明的程序，可以把诉讼文书留在受送达人的住所，直接送达转化为留置送达。在满足经受送达人同意的前提条件下，可以使用电子送达方式送达除判决书、裁定书、调解书外的诉讼文书，且电子送达作为例外，可以先于其他方式包括直接送达方式使用。一般情况下，只有在直接送达和留置送达无法有效实施时，才可以选择邮寄送达。虽然法律将邮寄送达与委托送达并列规定，但实务中受诉法院应先采用邮寄送达，邮寄不成功时才能选择委托送达。军人、被监禁的人和被采取强制性教育措施的人作为受送达人时，可以通过特定机构转交送达；转交送达是一种针对特定受送达人的送达方式，实践中并不排除直接送达的适用。公告送达是用其他方式无法送达或者针对下落不明的人适用的送达方式，作为补救方式，应在确实无法实际送达时才能使用。我们认为，司法实践中应当严格按照关于优先次序的安排选择使用送达方式。

（一）直接送达是首选方式

送达的主要功能在于通知，即让受送达人知悉诉讼的进程并保障其参加诉讼活动的机会，从而实现程序公正。由于送达关系到诉讼参与人的正当程序权利能否得到切实有效的保护，而直接送达是最有效的送达方式，因此，在送达方式方面，各国的民事诉讼制度都以直接送达为原则，同时规定灵活多样的其他送达方式如代替送达、留置送达、邮寄送达作为补充和例外。

根据《民事诉讼法》的规定，邮寄送达是直接送达的补充，法院只有在直接送达有困难的情况下才能适用邮寄送达，实务中过分依赖邮寄送达甚至将邮寄送达作为首选送达方式的做法是有违法律规定的。

（二）严格审查公告送达

公告送达是一种拟制送达，推定送达的结论难以保证受送达人真正了解诉讼文书的内容，从而无法行使自己的诉讼权利。我们认为，应严格执行《民事诉讼法》第九十二条[①]的规定，杜绝随意采用公告送达方式的错误做法，充分维护当事人的诉讼权利和实体权利；只有在受送达人下落不明，穷尽其他方式无法送达的情况下，才可以采用公告送达方式。至于穷尽其他送达方式的判断，不仅指法院已经使用了其他送达方式，而且应该包括法院对受送达人的联系方式和送达地址已经尽力调查，如到受送达人的住所询问其亲属、邻居或者基层干部，实地核实其联系方式等；对受送达人已知的联系方式和送达地址必须穷尽送达方式。

二、送达证明

2012年《民事诉讼法》第八十四条[②]规定："送达诉讼文书必须有送达回证，由受送达人在送达回证上记明收到日期，签名或者盖章。受送达人在送达回证上的签收日期为送达日期。"该条规定主要针对直接送达情况下，以受送达人签收的送达回证为送达证明。除了直接送达方式的送达回证外，法院采取其他送达方式也应当制作、收集相应的送达证明，以证明送达过程合法、有效完成。留置送达时，送达人应在送达回证上记录受送达人或其同住成年家属拒绝签收的相关情况，由送达人、见证人签名盖章，或者通过照片、录像等视听资料记录送达的过程。邮寄送达时，受送达人或代收人签收的邮件回执或者邮局出具的投寄情况说明是相应的送达证明；邮件退回的，也应收集批退条证明该次邮寄送达的情况。电子送达作为新的法定送达方式，关于送达证明的规定尚不明确；从目前的技术情况看，电子送达暂未能收集书面的送达证明归档，实践中应由送达人制作记录有电子送达操作人、送达时间、送达文书名称、发出和接收诉讼文书的传真号码或者电子邮箱地址、提醒当事人查收的情况等内容的书面材料作为送达证明。公告送达的，对送达证明应有严格要求，除了公告稿及张贴公告的相片或者刊登公告的报纸外，还应当制作关于使用其他方式送达的经过和无法送达原因的说明材料，并附上其他送达方式的送达证明文件。

——最高人民法院民事审判第一庭：《民事诉讼中的送达问题》，载最高

① 对应《民事诉讼法》（2023年修正）第九十五条。
② 对应《民事诉讼法》（2023年修正）第八十七条。

人民法院民事审判第一庭编：《民事审判前沿》（第一辑），人民法院出版社 2014 年版，第 387~390 页。

47.《民法典》规定的公告送达方式与《民事诉讼法》规定的公告送达方式的区别

《民法典》第一百三十九条规定的公告方式作出的意思表示是公告发布时生效，而《民事诉讼法》规定的公告方式，通常是公告发布后的一段时间才生效。二者存在差别的原因在于：一方面，在法院通知不到当事人的情况下，因通知不到的当事人往往要向对方当事人承担实体法上的民事义务，因此法院有必要尽可能让对方当事人知道其已经涉诉的情况，所以法院的公告一般都留出一段时间，尽可能让通知不到的当事人看到公告后来法院应诉等。现实生活中也确有法院公告后当事人看到了公告来参加诉讼的案例。另一方面，对还没有进入诉讼的当事人而言，表意人在穷尽了意思表示的送达方式之后还通知不到对方当事人，赋予公告发布时即生效的效力，仅仅是视为意思表示已经送达对方当事人。如果对方当事人还没有出现，表意人向人民法院起诉时，法院就要通过公告的方式向被告送达有关法律文书，法律规定公告之后的一段时间才发生公告的效力，实际上是从诉讼程序上对被告进行周到的保护，以避免有人恶意利用公告程序损害被告的诉讼权利和民事权利。

——最高人民法院民法典贯彻实施工作领导小组主编：《中华人民共和国民法典总则编理解与适用》，人民法院出版社 2020 年版，第 706 页。

48.调解书直接送达的，基于调解书的特殊性，不适用留置送达

自 2022 年 1 月 1 日起施行的《民事诉讼法》第九十条规定："经受送达人同意，人民法院可以采用能够确认其收悉的电子方式送达诉讼文书。通过电子方式送达的判决书、裁定书、调解书，受送达人提出需要纸质文书的，人民法院应当提供。采用前款方式送达的，以送达信息到达受送达人特定系统的日期为送达日期。"增加了调解书电子送达的内容，但应注意在调解书直接送达的过程中，基于调解书的特殊性，仍不适用留置送达。

——最高人民法院民法典贯彻实施工作领导小组办公室编著：《最高人

民法院新民事诉讼法司法解释理解与适用》，人民法院出版社 2022 年版，第 338~339 页。

49.当事人在一审案件中提供的送达地址确认书适用于此后的二审程序、审判监督程序、执行程序的情形

问：案件进入二审程序、审判监督程序、执行程序，当事人未申请变更送达地址的情况下，可否按照当事人在一审案件中提供的送达地址确认书中记载的地址送达？

答：关于送达地址确认书适用的时间和空间的效力和范围问题，《民事诉讼法解释》第一百三十七条规定："当事人在提起上诉、申请再审、申请执行时未书面变更送达地址的，其在第一审程序中确认的送达地址可以作为第二审程序、审判监督程序、执行程序的送达地址。"与之相符，《法院专递邮寄送达文书规定》第四条第三款和第十一条第一款也体现了相同的立法思路。该规定第四条第三款规定："当事人在第一审、第二审和执行终结前变更送达地址的，应当及时以书面方式告知人民法院"；第十一条第一款规定："因受送达人自己提供或者确认的送达地址不准确、拒不提供送达地址、送达地址变更未及时告知人民法院、受送达人本人或者受送达人指定的代收人拒绝签收，导致诉讼文书未能被受送达人实际接收的，文书退回之日视为送达之日"。从前述司法解释和规定的内容来看，当事人在一审诉讼时向法院提供或确认的送达地址，在案件进入二审和执行程序后仍然是有效的，送达地址确认书的时间和空间效力可扩展至二审及此后的执行阶段；在一个案件完整的诉讼程序终结前，当事人未申请变更送达地址的情况下，送达地址确认书应该在整个程序中均为有效，除一审程序中可适用外，在二审和执行程序中可以继续适用。最高人民法院印发的《最高人民法院关于进一步加强民事送达工作的若干意见》第六条也同样规定："当事人在送达地址确认书中确认的送达地址，适用于第一审程序、第二审程序和执行程序。当事人变更送达地址，应当以书面方式告知人民法院。当事人未书面变更的，以其确认的地址为送达地址。"

——最高人民法院民事审判第一庭编：《民事审判实务问答》，法律出版

社 2021 年版，第 339~340 页。

50.人民法院未穷尽其他送达方式而直接以短信方式通知当事人开庭的情形

实践中，人民法院在确定开庭日期之后通知当事人到法院领取传票，或者通过邮寄送达的方式送达传票，邮寄送达必须确保当事人在开庭三日之前收到开庭传票。如果当事人没有收到传票或者收到传票的时间已经超过传票中确定的开庭时间，是不能开庭的，应当再次送达传票。当事人同意的，也可采用电子送达方式。《最高人民法院关于进一步推进案件繁简分流优化司法资源配置的若干意见》第三条规定：“完善送达程序与送达方式。当事人在纠纷发生之前约定送达地址的，人民法院可以将该地址作为送达诉讼文书的确认地址。当事人起诉或者答辩时应当依照规定填写送达地址确认书。积极运用电子方式送达；当事人同意电子送达的，应当提供并确认传真号、电子信箱、微信号等电子送达地址。充分利用中国审判流程信息公开网，建立全国法院统一的电子送达平台。完善国家邮政机构以法院专递方式进行送达。”《最高人民法院关于进一步加强民事送达工作的若干意见》第十二条规定：“采用短信、微信等方式送达的，送达人员应记录收发手机号码、发送时间、送达诉讼文书名称，并将短信、微信等送达内容拍摄照片，存卷备查。”

如当事人下落不明，也可采取公告送达，但前提是穷尽其他送达手段，包括直接送达、留置送达、委托送达、邮寄送达等均无法成功送达，而且要在案卷中记明原因和经过。因公告送达仅为一种法律推定的拟制送达方式。公告送达可以在法院的公告栏和受送达人住所地张贴公告，也可以在报纸、信息网络等媒体上刊登公告，对公告送达方式有特殊要求的，应当按要求的方式进行。公告期满，即视为送达。公告送达传票，应当说明出庭的时间和地点及逾期不出庭的法律后果。

公开审理的案件，人民法院应当在开庭三日前向社会发布开庭公告，包括当事人的姓名、案由和开庭的时间、地点。对诉讼参与人及其亲友而言，可以准确地参与到庭审中来，对其他人而言，可以旁听自己感兴趣的案件，一方面最大限度满足公众知情权和监督权，切实提升裁判公信力；另一方面强化了司法的宣传教育作用，真正使审判走向社会，达到社会效果和法律效果的统一。公告可以在法院的公告栏张贴，巡回审理的可以在案发地或其他相关的地点张贴。2018 年 11 月 20 日发布的《最高人民法院关于进一步深化司法公开的意见》第十三条提出要健全司法公开形式。司法公开形式应当因地制宜、因事而定、权威规范、注重实效，便于公众及时准确获取，坚决防止形式主义。最高人民法院就公开形式有统一要求的，应当按照相关要求进行公开。鼓励基层人民法院探索行之有效、群众喜闻乐见的司法公开形式。结合实际，可以将传统方式公开与新媒体方式公开相结合，传统方式如人民法院公报、广播、电视、网络、人民法院政务网站或其他权威网站平台，由于覆盖面狭窄，送达功能逐渐弱化，因此人民法院也在与时俱进，加强新媒体送达方式的适用，如人民法院官方微博、微信公众号、人民法院诉讼服务大厅、诉讼服务网、12368 诉讼服务热线、移动微法院等诉讼服务平台等。

——江必新主编:《新民事诉讼法条文理解与适用》，人民法院出版社 2022 年版，第 637~638 页。

51.外国自然人的境内送达

12. 人民法院对外国自然人采用下列方式送达，能够确认受送达人收悉的，为有效送达：

（一）向其在境内设立的外商独资企业转交送达；

（二）向其在境内担任法定代表人、公司董事、监事和高级管理人员的企业转交送达；

（三）向其同住成年家属转交送达；

（四）通过能够确认受送达人收悉的其他方式送达。

——《最高人民法院关于印发〈全国法院涉外商事海事审判工作座谈会会议纪要〉的通知》（2021 年 12 月 31 日，法〔民四〕明传〔2021〕60 号）。

第三部分　最高人民法院指导性案例及人民法院案例库案例

一、受　理

指导案例 119 号

安徽省滁州市建筑安装工程有限公司与湖北追日电气股份有限公司执行复议案

（最高人民法院审判委员会讨论通过　2019 年 12 月 24 日发布）

关键词　执行　执行复议　执行外和解　执行异议　审查依据

裁判要点

执行程序开始前，双方当事人自行达成和解协议并履行，一方当事人申请强制执行原生效法律文书的，人民法院应予受理。被执行人以已履行和解协议为由提出执行异议的，可以参照《最高人民法院关于执行和解若干问题的规定》第十九条的规定审查处理。

相关法条

《民事诉讼法》第二百二十五条[①]

基本案情

安徽省滁州市建筑安装工程有限公司（以下简称滁州建安公司）与湖北追日电气股份有限公司（以下简称追日电气公司）建设工程施工合同纠纷一案，青海省高级人民法院（以下简称青海高院）于 2016 年 4 月 18 日作出

① 对应《民事诉讼法》（2023 年修正）第二百三十六条。

（2015）青民一初字第36号民事判决，主要内容为：一、追日电气公司于本判决生效后十日内给付滁州建安公司工程款1405.02533万元及相应利息；二、追日电气公司于本判决生效后十日内给付滁州建安公司律师代理费24万元。此外，还对案件受理费、鉴定费、保全费的承担作出了判定。后追日电气公司不服，向最高人民法院提起上诉。

二审期间，追日电气公司与滁州建安公司于2016年9月27日签订了《和解协议书》，约定："1. 追日电气公司在青海高院一审判决书范围内承担总金额463.3万元，其中1）合同内本金413万元；2）受理费11.4万元；3）鉴定费14.9万元；4）律师费24万元……3. 滁州建安公司同意在本协议签订后七个工作日内申请青海高院解除对追日电气公司全部银行账户的查封，解冻后三日内由追日电气公司支付上述约定的463.3万元，至此追日电气公司与滁州建安公司所有账务结清，双方至此不再有任何经济纠纷。"和解协议签订后，追日电气公司依约向最高人民法院申请撤回上诉，滁州建安公司也依约向青海高院申请解除了对追日电气公司的保全措施。追日电气公司于2016年10月28日向滁州建安青海分公司支付了412.880667万元，滁州建安青海分公司开具了一张413万元的收据。2016年10月24日，滁州建安青海分公司出具了一份《情况说明》，要求追日电气公司将诉讼费、鉴定费、律师费共计50.3万元支付至程一男名下。后为开具发票，追日电气公司与程一男、王兴刚、何寿倒签了一份标的额为50万元的工程施工合同，追日电气公司于2016年11月23日向王兴刚支付40万元、2017年7月18日向王兴刚支付了10万元，青海省共和县国家税务局代开了一张50万元的发票。

后滁州建安公司于2017年12月25日向青海高院申请强制执行。青海高院于2018年1月4日作出（2017）青执108号执行裁定：查封、扣押、冻结被执行人追日电气公司所有的人民币1000万元或相应价值的财产。实际冻结了追日电气公司3个银行账户内的存款共计126.605118万元，并向追日电气公司送达了（2017）青执108号执行通知书及（2017）青执108号执行裁定。

追日电气公司不服青海高院上述执行裁定，向该院提出书面异议。异议称：双方于2016年9月27日协商签订《和解协议书》，现追日电气公司已完全履行了上述协议约定的全部义务。现滁州建安公司以协议的签字人王兴刚没有代理权而否定《和解协议书》的效力，提出强制执行申请的理由明显不能成立，并违反诚实信用原则，青海高院作出的执行裁定应当撤销。为此，青海高院作出（2017）青执异18号执行裁定，撤销该院（2017）青执108号执行裁定。申请执行人滁州建安公司不服，向最高人民法院提出了复议申请。

主要理由是：案涉《和解协议书》的签字人为“王兴刚”，其无权代理滁州建安公司签订该协议，该协议应为无效；追日电气公司亦未按《和解协议书》履行付款义务；追日电气公司提出的《和解协议书》亦不是在执行阶段达成的，若其认为《和解协议书》有效，一审判决不应再履行，应申请再审或另案起诉处理。

裁判结果

青海省高级人民法院于2018年5月24日作出（2017）青执异18号执行裁定，撤销该院（2017）青执108号执行裁定。安徽省滁州市建筑安装工程有限公司不服，向最高人民法院申请复议。最高人民法院于2019年3月7日作出（2018）最高法执复88号执行裁定，驳回安徽省滁州市建筑安装工程有限公司的复议请求，维持青海省高级人民法院（2017）青执异18号执行裁定。

裁判理由

最高人民法院认为：

一、关于案涉《和解协议书》的性质

案涉《和解协议书》系当事人在执行程序开始前自行达成的和解协议，属于执行外和解。与执行和解协议相比，执行外和解协议不能自动对人民法院的强制执行产生影响，当事人仍然有权向人民法院申请强制执行。追日电气公司以当事人自行达成的《和解协议书》已履行完毕为由提出执行异议的，人民法院可以参照《最高人民法院关于执行和解若干问题的规定》第十九条的规定对和解协议的效力及履行情况进行审查，进而确定是否终结执行。

二、关于案涉《和解协议书》的效力

虽然滁州建安公司主张代表其在案涉《和解协议书》上签字的王兴刚未经其授权，其亦未在《和解协议书》上加盖公章，《和解协议书》对其不发生效力，但是《和解协议书》签订后，滁州建安公司根据约定向青海高院申请解除了对追日电气公司财产的保全查封，并就《和解协议书》项下款项的支付及开具收据发票等事宜与追日电气公司进行多次协商，接收《和解协议书》

项下款项、开具收据、发票，故滁州建安公司以实际履行行为表明其对王兴刚的代理权及《和解协议书》的效力是完全认可的，《和解协议书》有效。

三、关于案涉《和解协议书》是否已履行完毕

追日电气公司依据《和解协议书》的约定以及滁州建安公司的要求，分别向滁州建安公司和王兴刚等支付了412.880667万元、50万元款项，虽然与《和解协议书》约定的463.3万元尚差4000余元，但是滁州建安公司予以接受并为追日电气公司分别开具了413万元的收据及50万元的发票，根据《最高人民法院关于贯彻执行〈中华人民共和国民法通则〉若干问题的意见（试行）》第66条的规定，结合滁州建安公司在接受付款后较长时间未对付款金额提出异议的事实，可以认定双方以行为对《和解协议书》约定的付款金额进行了变更，构成合同的默示变更，故案涉《和解协议书》约定的付款义务已经履行完毕。关于付款期限问题，根据《最高人民法院关于执行和解若干问题的规定》第十五条的规定，若滁州建安公司认为追日电气公司延期付款对其造成损害，可另行提起诉讼解决，而不能仅以此为由申请执行一审判决。

（生效裁判审判人员：于明、朱燕、杨春）

指导案例148号

高光诉三亚天通国际酒店有限公司、海南博超房地产开发有限公司等第三人撤销之诉案

（最高人民法院审判委员会讨论通过　2021年2月19日发布）

关键词　民事　第三人撤销之诉　公司法人　股东　原告主体资格

裁判要点

公司股东对公司法人与他人之间的民事诉讼生效裁判不具有直接的利益关系，不符合《民事诉讼法》第五十六条[①]规定的第三人条件，其以股东身份提起第三人撤销之诉的，人民法院不予受理。

① 对应《民事诉讼法》（2023年修正）第五十九条。

相关法条

《民事诉讼法》第五十六条

基本案情

2005年11月3日，高光和邹某某作为公司股东（发起人）发起成立海南博超房地产开发有限公司（以下简称博超公司），高光、邹某某出资比例各占50%，邹某某任该公司执行董事、法定代表人。

2011年6月16日，博超公司、三亚南海岸旅游服务有限公司（以下简称南海岸公司）、三亚天通国际酒店有限公司（以下简称天通公司）、北京天时房地产开发有限公司（以下简称天时公司）四方共同签署了《协议书》，对位于海南省三亚市三亚湾海坡开发区的碧海华云酒店（现为天通国际酒店）的现状、投资额及酒店产权确认、酒店产权过户手续的办理、工程结算及结算资料的移交、违约责任等方面均作明确约定。2012年8月1日，天通公司以博超公司和南海岸公司为被告、天时公司为第三人向海南省高级人民法院提起合资、合作开发房地产合同纠纷之诉，提出碧海华云酒店（现为天通国际酒店）房屋所有权（含房屋占用范围内的土地使用权）归天通公司所有以及博超公司向天通公司支付违约金720万元等诉讼请求。海南省高级人民法院作出〔2012〕琼民一初字第3号民事判决，支持了天通公司的诉讼请求，判决作出后，各方当事人均未提出上诉。

2012年8月28日，高光以博超公司经营管理发生严重困难，继续存续将会使股东利益遭受重大损失为由起诉请求解散公司。2013年9月12日，海南省海口市中级人民法院作出〔2013〕海中法民二初字第5号民事判决，判决解散博超公司。博超公司不服该判决，提出上诉。2013年12月19日，海南省高级人民法院就该案作出〔2013〕琼民二终字第35号民事判决，判决驳回上诉，维持原判。2014年9月18日，海口市中级人民法院指定海南天皓律师事务所担任博超公司管理人，负责博超公司的清算。

2015年4月20日，博超公司管理人以天通公司、天时公司、南海岸公司为被告，向海南省高级人民法院起诉：请求确认博超公司于2011年6月16日签订的《协议书》无效，将位于海南省三亚市三亚湾路海坡度假区15370.84平方米的土地使用权及29851.55平方米的地上建筑物返还过户登记至博超公司管理人名下。海南省高级人民法院裁定驳回了博超公司管理人的起诉。诉讼过程中，天时公司、天通公司收到该案诉讼文书后与博超公司管理人联系并向其提供了〔2012〕琼民一初字第3号民事判决的复印件。高光遂据此向海南省高级人民法院就〔2012〕琼民一初字第3号民事判决提起本案第三人撤销之诉。

裁判结果

海南省高级人民法院于2016年8月23日作出〔2015〕琼民一初字第43号民事裁定书，驳回原告高光的起诉。高光不服，提起上诉。最高人民法院于2017年6月22日作出〔2017〕最高法民终63号民事裁定书，驳回上诉，维持原裁定。

裁判理由

最高人民法院认为，本案系高光针对已生效的海南省高级人民法院〔2012〕琼民一初字第3号民事判决而提起的第三人撤销之诉。第三人撤销之诉制度的设置功能，主要是为了保护受错误生效裁判损害的未参加原诉的第三人的合法权益。由于第三人本人以外的原因未能参加原诉，导致人民法院作出了错误裁判，在这种情形下，法律赋予本应参加原诉的第三人有权通过另诉的方式撤销原生效裁判。因此，提起第三人撤销之诉的主体必须符合本应作为第三人参加原诉的身份条件。本案中，高光不符合以第三人身份参加该案诉讼的条件。

1. 高光对〔2012〕琼民一初字第3号民事判决案件的诉讼标的没有独立请求权，不属于该案有独立请求权的第三人。有独立请求权的第三人，是指对当事人之间争议的诉讼标的，有权以独立的实体权利人的资格提出诉讼请求的主体。在〔2012〕琼民一初字第3号民事判决案件中，天通公司基于其与博超公司订立的《协议书》提出各项诉讼请求，海南省高级人民法院基于《协议书》的约定进行审理并作出判决。高光只是博超公司的股东之一，并不是《协议书》的合同当事人一方，其无权基于该协议约定提出诉讼请求。

2. 高光不属于〔2012〕琼民一初字第3号民事判决案件无独立请求权的第三人。无独立请求权的第三人，是指虽然对当事人双方的诉讼标的没有独立请求权，但案件处理结果同他有法律上的利害关系的主体。第三人同案件处理结果存在的法律上的利害关系，可能是直接的，也可能是间接的。本案中，〔2012〕琼民一初字第3号民事判决只确认了博超公司应承担的法律义务，未判决高光承担民事责任，故高光与〔2012〕琼民一初字第3号民事判决的处理结果并不存在直接的利害关系。关于是否存在间接利害关系的问题。通常来说，股东和公司之间系天然的利益共同体。公司股东对公司财产享有资产收益权，公司的对外交易活动、民事诉讼的胜败结果一般都会影响到公司的资产情况，从而间接影响到股东的收益权利。从这个角度看，股东与公司进行的民事诉讼的处理结果具有法律上的间接利害关系。但是，由于公司利益和股东利益具有一致性，公司对外活动应推定为股东整体意志的体现，公司在诉讼活动中的主张也应认定为代表股东的整体利益。因此，虽然公司诉讼的处理结果会间接影响到股东的利益，但股东的利益和意见已经在诉讼过程中由公司所代表和表达，则不应再追加股东作为第三人参加诉讼。本案中，虽然高光是博超公司的股东，但博超公司与南海岸公司、天时公司、天通公司的诉讼活动中，股东的意见已为博超公司所代表，则作为股东的高光不应再以无独立请求权的第三人身份参加该案诉讼。至于不同股东之间的分歧所导致的利益冲突，应由股东与股东之间、股东与公司之间依法另行处理。

（生效裁判审判人员：王毓莹、曹刚、钱小红）

指导案例154号

王四光诉中天建设集团有限公司、白山和丰置业有限公司案外人执行异议之诉案

（最高人民法院审判委员会讨论通过　2021年2月19日发布）

关键词　民事　案外人执行异议之诉　与原判决、裁定无关　建设工程价款优先受偿权

裁判要点

在建设工程价款强制执行过程中，房屋买受人对强制执行的房屋提起案外人执行异议之诉，请求确认其对案涉房屋享有可以排除强制执行的民事权

益，但不否定原生效判决确认的债权人所享有的建设工程价款优先受偿权的，属于《民事诉讼法》第二百二十七条[①]规定的"与原判决、裁定无关"的情形，人民法院应予依法受理。

相关法条

《民事诉讼法》第二百二十七条

基本案情

2016年10月29日，吉林省高级人民法院就中天建设集团公司（以下简称中天公司）起诉白山和丰置业有限公司（以下简称和丰公司）建设工程施工合同纠纷一案作出〔2016〕吉民初19号民事判决：和丰公司支付中天公司工程款42746020元及利息，设备转让款23万元，中天公司可就春江花园B1、B2、B3、B4栋及B区16、17、24栋折价、拍卖款优先受偿。判决生效后，中天公司向吉林省高级人民法院申请执行上述判决，该院裁定由吉林省白山市中级人民法院执行。2017年11月10日，吉林省白山市中级人民法院依中天公司申请作出〔2017〕吉06执82号（之五）执行裁定，查封春江花园B1、B2、B3、B4栋的11××—××号商铺。

王四光向吉林省白山市中级人民法院提出执行异议，吉林省白山市中级人民法院于2017年11月24日作出〔2017〕吉06执异87号执行裁定，驳回王四光的异议请求。此后，王四光以其在查封上述房屋之前已经签订书面买卖合同并占有使用该房屋为由，向吉林省白山市中级人民法院提起案外人执行异议之诉，请求法院判令：依法解除查封，停止执行王四光购买的白山市浑江区春江花园B1、B2、B3、B4栋的11××—××号商铺。

2013年11月26日，和丰公司（出卖人）与王四光（买受人）签订《商品房买卖合同》，约定：出卖人以出让方式取得位于吉林省白山市星泰桥北的土地使用权，出卖人经批准在上述地块上建设商品房春江花园；买受人购买的商品房为预售商品房……买受人按其他方式按期付款，其他方式为买受人已付清总房款的50%以上，剩余房款10日内通过办理银行按揭贷款的方式付清；出卖人应当在2014年12月31日前按合同约定将商品房交付买受人；商品房预售的，自该合同生效之日起30天内，由出卖人向产权处申请登记

① 对应《民事诉讼法》（2023年修正）第二百三十八条。

备案。

2014 年 2 月 17 日，贷款人（抵押权人）招商银行股份有限公司、借款人王四光、抵押人王四光、保证人和丰公司共同签订《个人购房借款及担保合同》，合同约定抵押人愿意以其从售房人处购买的该合同约定的房产的全部权益抵押给贷款人，作为偿还该合同项下贷款本息及其他一切相关费用的担保。2013 年 11 月 26 日，和丰公司向王四光出具购房收据。白山市不动产登记中心出具的不动产档案查询证明显示：抵押人王四光以不动产权证号为白山房权证白 BQ 字第 ×××××× 号，建筑面积 5339.04 平方米的房产为招商银行股份有限公司通化分行设立预购商品房抵押权预告。2013 年 8 月 23 日，涉案商铺在产权部门取得商品房预售许可证，并办理了商品房预售许可登记。2018 年 12 月 26 日，吉林省电力有限公司白山供电公司出具历月电费明细，显示春江花园 B1 — 4 号门市 2017 年 1 月至 2018 年 2 月用电情况。

白山市房屋产权管理中心出具的《查询证明》载明："经查询，白山和丰置业有限公司 B — 1、2、3、4# 楼在 2013 年 8 月 23 日已办理商品房预售许可登记。没有办理房屋产权初始登记，因开发单位未到房屋产权管理中心申请办理。"

裁判结果

吉林省白山市中级人民法院于 2018 年 4 月 18 日作出〔2018〕吉 06 民初 12 号民事判决：一、不得执行白山市浑江区春江花园 B1、B2、B3、B4 栋 11×× — ×× 号商铺；二、驳回王四光其他诉讼请求。中天建设集团公司不服一审判决向吉林省高级人民法院提起上诉。吉林省高级人民法院于 2018 年 9 月 4 日作出〔2018〕吉民终 420 号民事裁定：一、撤销吉林省白山市中级人民法院〔2018〕吉 06 民初 12 号民事判决；二、驳回王四光的起诉。王四光对裁定不服，向最高人民法院申请再审。最高人民法院于 2019 年 3 月 28 日作出〔2019〕最高法民再 39 号民事裁定：一、撤销吉林省高级人民法院〔2018〕吉民终 420 号民事裁定；二、指令吉林省高级人民法院对本案进行审理。

裁判理由

最高人民法院认为，根据王四光在再审中的主张，本案再审审理的重点是王四光提起的执行异议之诉是否属于《民事诉讼法》第二百二十七条规定的案外人的执行异议“与原判决、裁定无关”的情形。

根据《民事诉讼法》第二百二十七条规定的文义，该条法律规定的案外人的执行异议“与原判决、裁定无关”是指案外人提出的执行异议不含有其认为原判决、裁定错误的主张。案外人主张排除建设工程价款优先受偿权的执行与否定建设工程价款优先受偿权权利本身并非同一概念。前者是案外人在承认或至少不否认对方权利的前提下，对两种权利的执行顺位进行比较，主张其根据有关法律和司法解释的规定享有的民事权益可以排除他人建设工程价款优先受偿权的执行；后者是从根本上否定建设工程价款优先受偿权权利本身，主张诉争建设工程价款优先受偿权不存在。

简而言之，当事人主张其权益在特定标的的执行上优于对方的权益，不能等同于否定对方权益的存在；当事人主张其权益会影响生效裁判的执行，也不能等同于其认为生效裁判错误。根据王四光提起案外人执行异议之诉的请求和具体理由，并没有否定原生效判决确认的中天公司所享有的建设工程价款优先受偿权，王四光提起案外执行异议之诉意在请求法院确认其对案涉房屋享有可以排除强制执行的民事权益；如果一、二审法院支持王四光关于执行异议的主张也并不动摇生效判决关于中天公司享有建设工程价款优先受偿权的认定，仅可能影响该生效判决的具体执行。王四光的执行异议并不包含其认为已生效的〔2016〕吉民初19号民事判决存在错误的主张，属于《民事诉讼法》第二百二十七条规定的案外人的执行异议“与原判决、裁定无关”的情形。二审法院认定王四光作为案外人对执行标的物主张排除执行的异议实质上是对上述生效判决的异议，应当依照审判监督程序办理，据此裁定驳回王四光的起诉，属于适用法律错误，再审法院予以纠正。鉴于二审法院并未作出实体判决，根据具体案情，再审法院裁定撤销二审裁定，指令二审法院继续审理本案。

（生效裁判审判人员：余晓汉、张岱恩、仲伟珩）

指导案例155号

中国建设银行股份有限公司怀化市分行诉中国华融资产管理股份有限公司湖南省分公司等案外人执行异议之诉案

（最高人民法院审判委员会讨论通过　2021年2月19日发布）

关键词　民事　案外人执行异议之诉　与原判决、裁定无关　抵押权

裁判要点

在抵押权强制执行中，案外人以其在抵押登记之前购买了抵押房产，享有优先于抵押权的权利为由提起执行异议之诉，主张依据《最高人民法院关于人民法院办理执行异议和复议案件若干问题的规定》排除强制执行，但不否认抵押权人对抵押房产的优先受偿权的，属于《民事诉讼法》第二百二十七条[①]规定的“与原判决、裁定无关”的情形，人民法院应予依法受理。

相关法条

《民事诉讼法》第二百二十七条

基本案情

中国华融资产管理股份有限公司湖南省分公司（以下简称华融湖南分公司）与怀化英泰建设投资有限公司（以下简称英泰公司）、东星建设工程集团有限公司（以下简称东星公司）、湖南辰溪华中水泥有限公司（以下简称华中水泥公司）、谢某某、陈某某合同纠纷一案，湖南省高级人民法院（以下简称湖南高院）于2014年12月12日作出（2014）湘高法民二初字第32号民事判决（以下简称第32号判决），判决解除华融湖南分公司与英泰公司签订的《债务重组协议》，由英泰公司向华融湖南分公司偿还债务9800万元及重组收益、违约金和律师代理费，东星公司、华中水泥公司、谢某某、陈某某承担连带清偿责任。未按期履行清偿义务的，华融湖南分公司有权以英泰公司已办理抵押登记的房产3194.52平方米、2709.09平方米及相应土地使用权作为抵押物折价或者以拍卖、变卖该抵押物所得价款优先受偿。双方均未上诉，

① 对应《民事诉讼法》（2023年修正）第二百三十八条。

该判决生效。英泰公司未按期履行第 32 号判决所确定的清偿义务，华融湖南分公司向湖南高院申请强制执行。湖南高院执行立案后，作出拍卖公告拟拍卖第 32 号判决所确定华融湖南分公司享有优先受偿权的案涉房产。

中国建设银行股份有限公司怀化市分行（以下简称建行怀化分行）以其已签订房屋买卖合同且支付购房款为由向湖南高院提出执行异议。该院于 2017 年 12 月 12 日作出〔2017〕湘执异 75 号执行裁定书，驳回建行怀化分行的异议请求。建行怀化分行遂提起案外人执行异议之诉，请求不得执行案涉房产，确认华融湖南分公司对案涉房产的优先受偿权不得对抗建行怀化分行。

裁判结果

湖南省高级人民法院于 2018 年 9 月 10 日作出〔2018〕湘民初 10 号民事裁定：驳回中国建设银行股份有限公司怀化市分行的起诉。中国建设银行股份有限公司怀化市分行不服上述裁定，向最高人民法院提起上诉。最高人民法院于 2019 年 9 月 23 日作出〔2019〕最高法民终 603 号裁定：一、撤销湖南省高级人民法院〔2018〕湘民初 10 号民事裁定；二、本案指令湖南省高级人民法院审理。

裁判理由

最高人民法院认为，《民事诉讼法》第二百二十七条规定："执行过程中，案外人对执行标的提出书面异议的，人民法院应当自收到书面异议之日起十五日内审查，理由成立的，裁定中止对该标的的执行；理由不成立的，裁定驳回。案外人、当事人对裁定不服，认为原判决、裁定错误的，依照审判监督程序办理；与原判决、裁定无关的，可以自裁定送达之日起十五日内向人民法院提起诉讼。"《民事诉讼法解释》第三百零五条[①]进一步规定："案外人提起执行异议之诉，除符合民事诉讼法第一百一十九条[②]规定外，还应当具备下列条件：（一）案外人的执行异议申请已经被人民法院裁定驳回；（二）有明确地排除对执行标的执行的诉讼请求，且诉讼请求与原判决、裁定无关；（三）自执行异议裁定送达之日起十五日内提起。人民法院应当在收到起诉状之日起十五日内决定是否立案。"可见，《民事诉讼法解释》第三百零五条明

① 对应《民事诉讼法解释》（2022 年修正）第三百零三条。

② 对应《民事诉讼法》（2023 年修正）第一百二十二条。

确，案外人提起执行异议之诉，应当符合“诉讼请求与原判决、裁定无关”这一条件。因此，民事诉讼法第二百二十七条规定的“与原判决、裁定无关”应为“诉讼请求”与原判决、裁定无关。

华融湖南分公司申请强制执行所依据的原判决即第32号判决的主文内容是判决英泰公司向华融湖南分公司偿还债务9800万元及重组收益、违约金和律师代理费，华融湖南分公司有权以案涉房产作为抵押物折价或者以拍卖、变卖该抵押物所得价款优先受偿。本案中，建行怀化分行一审诉讼请求是排除对案涉房产的强制执行，确认华融湖南分公司对案涉房产的优先受偿权不得对抗建行怀化分行，起诉理由是其签订购房合同、支付购房款及占有案涉房产在办理抵押之前，进而主张排除对案涉房产的强制执行。建行怀化分行在本案中并未否定华融湖南分公司对案涉房产享有的抵押权，也未请求纠正第32号判决，实际上其诉请解决的是基于房屋买卖对案涉房产享有的权益与华融湖南分公司对案涉房产所享有的抵押权之间的权利顺位问题，这属于“与原判决、裁定无关”的情形，是执行异议之诉案件审理的内容，应予立案审理。

（生效裁判审判人员：高燕竹、奚向阳、杨蕾）

某农商行诉某银行合同纠纷案

——民刑交叉案件民事案件受理条件的认定

裁判要旨

法人或者非法人组织的法定代表人、负责人或者其他工作人员的职务行为涉嫌刑事犯罪或者刑事裁判认定其构成犯罪，受害人请求该法人或者非法人组织承担民事责任的，因被诉当事人不是刑事案件被告人、起诉的基本事实为刑事被告人的行为是否构成表见代理，刑事案件也不完全是同一事实，对此人民法院应予受理。

滨州某建设公司诉滨州开发区管委会委托代建合同纠纷案

——相关部门对工程项目重新审计的建议不影响民事案件的受理

裁判要旨

人民法院受理案件应以民事诉讼法关于案件受理条件的法律规定为判断标准。当事人依据相关证据起诉，有明确的被告和具体的诉讼请求及事实、理由，符合法律规定的起诉条件，属于人民法院民事案件的受案范围。有关部门因相关人员涉嫌犯罪建议对工程项目进行审计，以及案件是否涉及虚假审计，均属实体审理查明内容，不影响民事案件的受理。

上海某公司诉青岛某房地产公司房屋买卖合同纠纷案

——诉请履行合同约定义务属于民事诉讼的受理范围

裁判要旨

人民法院判断应否作为民事案件受理的问题，应以《民事诉讼法》及司法解释关于原告起诉条件的相关规定为标准。原告起诉请求被告履行合同约定的义务，当事人之间存在权利义务关系的现实争议，符合《民事诉讼法》第一百一十九条规定的条件，人民法院依法应当受理。

某元件公司诉某房开公司委托代建合同纠纷案

——双方纠纷虽与不动产登记有关，但实质是对不动产物权归属或原因行为发生争议的，系民事诉讼受理范围

裁判要旨

1. 不动产登记的法律性质具有复合性，相关纠纷也呈现复合性样态。如果双方纠纷针对不动产物权的归属或原因行为发生争议系民事诉讼受理范围，针对的是不动产物权登记行为本身则属于行政诉讼受理范畴。

2. 按份共有的形式系针对于不动产或者动产的所有权而言，而非针对债权。如果当事人之间的争议系针对各自在合同关系中所占的权利份额对应的民事权益，当事人只能请求人民法院对该民事权益的份额进行明确，而不能请求人民法院确认该民事权益为“按份共有”关系，由此形成的裁判也不是物权变动法律文书。

黄某诉某房地产开发有限公司商品房预约合同纠纷案

——签订仲裁协议时约定的仲裁委员会尚未准予登记，一方当事人向有管辖权的人民法院起诉的，人民法院应予受理

裁判要旨

对于仲裁协议而言，能够确定具体的仲裁机构是有效仲裁协议的必备要件。当事人在合同中约定发生纠纷时提交某地仲裁委员会仲裁，但签订仲裁协议时该仲裁委员会尚未核准登记并依法执业，且至起诉时，仲裁委员会仍没有正式对外开展业务，此种情形下，虽然可以认定签订仲裁协议时当事人双方有请求仲裁的意思表示，但约定的仲裁机构实际上尚不存在，仲裁协议实际并未选定具体明确的仲裁机构，属于仲裁协议对仲裁委员会没有约定或者约定不明确。如当事人达不成补充协议，人民法院可以认定仲裁协议无效；

一方当事人向人民法院起诉的，人民法院应予受理。

凌某某诉江苏某建设有限公司、青岛某置业有限公司建设工程合同纠纷案

——建设工程承包人、实际施工人已经就工程价款结算达成协议，实际施工人提起请求支付工程价款及确认享有优先受偿权的诉讼，人民法院应予受理

裁判要旨

建设工程承包人、实际施工人已经就工程价款结算达成协议，实际施工人以承包人为被告提起诉讼，请求支付工程价款及确认在建设工程折价或拍卖价款在工程款范围内享有优先受偿权，符合《民事诉讼法》规定的起诉条件。至于实际施工人关于支付工程价款及优先受偿权的请求应否支持，需由人民法院实体审理认定并作出判决。被告对原告的诉讼请求是否存在实质异议，不影响原告依法提起诉讼的权利。

北京某环境研究所诉电建集团某研究院有限公司生态环境保护民事公益诉讼案

——针对第三方机构接受政府委托编制环境影响报告提起环境民事公益诉讼是否符合受理条件

裁判要旨

根据《最高人民法院关于适用〈中华人民共和国民事诉讼法〉的解释》第二百八十四条[①]、《最高人民法院关于审理环境民事公益诉讼案件适用法律若干问题的解释》第八条的规定，被告行为具有损害社会公共利益之可能，是

① 对应《最高人民法院关于适用〈中华人民共和国民事诉讼法〉的解释》(2022 年修正）第二百八十二条。

人民法院受理环境民事公益诉讼的必要条件。第三方机构接受政府委托编制的环境影响报告，其本身并不会对环境公共利益产生实际影响，故不符合人民法院受理环境民事公益诉讼的条件。

深圳某甲国际货运代理有限公司诉深圳市某乙国际物流有限公司航空运输损害责任纠纷案

——当事人均为国内公司或自然人，但法律事实发生在域外，应识别为涉外案件，通过法律冲突规范来选择适用的法律

裁判要旨

当事人均为国内公司或自然人，但部分法律事实发生在域外的，应识别为涉外案件，通过法律冲突规范来选择应适用的法律，包括国际条约或域外法。我国作为《蒙特利尔公约》的成员国，在审理《蒙特利尔公约》成员国之间的国际货物运输合同纠纷中，涉及损害赔偿的标准应强制适用《蒙特利尔公约》的规定，不以当事人是否选择或者约定为前提。

北京某经贸公司诉北京某房地产公司、河北某建投公司侵权责任纠纷案

——基于对人防工程的投资建设行为，投资者享有提起诉讼并主张投资性权益的权利，而不以是否取得《人防工程使用证》为判断标准

裁判要旨

1. 人民法院受理民事案件应以《民事诉讼法》关于案件受理条件的规定为判断标准。当事人依据民事相关证据，起诉主张被告侵害其投资权益，应符合法律规定的、与本案具有直接利害关系的主体条件。

2. 当事人没有获得人防工程使用许可并不影响其依据相关合同提起民事诉讼。申请办理《人防工程使用证》等规定，属于行政管理性规范，并不影

响投资者基于投资行为而提起诉讼并主张其享有投资性权益的权利。当事人是否取得《人防工程使用证》，与其原告主体资格的认定无直接关联，不能据此否定当事人的诉权。

某小区业主委员会诉某房地产开发公司、某建筑公司房屋买卖合同纠纷案

——业主委员会对于业主共有事项和物业共同管理事项可以自己名义提起诉讼

裁判要旨

业主委员会根据业主大会的授权对外代表业主进行民事活动，可以成为民事诉讼活动的主体。业主委员会符合“其他组织”条件，是业主大会决议的执行机构，根据业主大会的授权对外代表业主进行民事活动，对于业主共有事项和物业共同管理事项，可以自己名义提起诉讼。业主委员会诉讼请求涉及的配套设施未建设及退还前期物业费等问题，属于业主共有事项和物业共同管理事项，人民法院应予受理。业主委员会诉讼请求涉及的开发商履行商品房买卖合同约定的不动产权确权登记义务及承担逾期办证违约金等问题，属于业主专有事项，即使其具有业主大会的授权，人民法院亦不予受理。

二、管　辖

指导案例 25 号

华泰财产保险有限公司北京分公司诉李志贵、天安财产保险股份有限公司河北省分公司张家口支公司保险人代位求偿权纠纷案

（最高人民法院审判委员会讨论通过　2014 年 1 月 26 日发布）

关键词　民事诉讼　保险人代位求偿　管辖

裁判要点

因第三者对保险标的的损害造成保险事故，保险人向被保险人赔偿保险金后，代位行使被保险人对第三者请求赔偿的权利而提起诉讼的，应当根据保险人所代位的被保险人与第三者之间的法律关系，而不应当根据保险合同法律关系确定管辖法院。第三者侵害被保险人合法权益的，由侵权行为地或者被告住所地法院管辖。

相关法条

《民事诉讼法》第二十八条[①]

《保险法》第六十条第一款

基本案情

2011 年 6 月 1 日，华泰财产保险有限公司北京分公司（以下简称华泰保险公司）与北京亚大锦都餐饮管理有限公司（以下简称亚大锦都餐饮公司）签订机动车辆保险合同，被保险车辆的车牌号为京 A×××××，保险期间自 2011 年 6 月 5 日 0 时起至 2012 年 6 月 4 日 24 时止。2011 年 11 月 18 日，陈某某驾驶被保险车辆行驶至北京市朝阳区机场高速公路上时，与李志贵驾驶的车牌号为冀 GA×××× 的车辆发生交通事故，造成被保险车辆受损。

① 对应《民事诉讼法》（2023 年修正）第二十九条。

经交管部门认定，李志贵负事故全部责任。事故发生后，华泰保险公司依照保险合同的约定，向被保险人亚大锦都餐饮公司赔偿保险金 83878 元，并依法取得代位求偿权。基于肇事车辆系在天安财产保险股份有限公司河北省分公司张家口支公司（简称天安保险公司）投保了机动车交通事故责任强制保险，华泰保险公司于 2012 年 10 月诉至北京市东城区人民法院，请求判令被告肇事司机李志贵和天安保险公司赔偿 83878 元，并承担诉讼费用。

被告李志贵的住所地为河北省张家口市怀来县沙城镇，被告天安保险公司的住所地为张家口市怀来县沙城镇燕京路东 108 号，保险事故发生地为北京市朝阳区机场高速公路上，被保险车辆行驶证记载所有人的住址为北京市东城区工体北路新中西街 8 号。

裁判结果

北京市东城区人民法院于 2012 年 12 月 17 日作出〔2012〕东民初字第 13663 号民事裁定：对华泰保险公司的起诉不予受理。宣判后，当事人未上诉，裁定已发生法律效力。

裁判理由

法院生效裁判认为，根据《保险法》第六十条的规定，保险人的代位求偿权是指保险人依法享有的，代位行使被保险人向造成保险标的损害负有赔偿责任的第三者请求赔偿的权利。保险人代位求偿权源于法律的直接规定，属于保险人的法定权利，并非基于保险合同而产生的约定权利。因第三者对保险标的的损害造成保险事故，保险人向被保险人赔偿保险金后，代位行使被保险人对第三者请求赔偿的权利而提起诉讼的，应根据保险人所代位的被保险人与第三者之间的法律关系确定管辖法院。第三者侵害被保险人合法权益，因侵权行为提起的诉讼，依据《民事诉讼法》第二十八条[①]的规定，由侵权行为地或者被告住所地法院管辖，而不适用财产保险合同纠纷管辖的规定，不应以保险标的物所在地作为管辖依据。本案中，第三者实施了道路交通侵权行为，造成保险事故，被保险人对第三者有侵权损害赔偿请求权；保险人行使代位权起诉第三者的，应当由侵权行为地或者被告住所地法院管辖。现二被告的住所地及侵权行为地均不在北京市东城区，故北京市东城区人民法

① 对应《民事诉讼法》（2023 年修正）第二十九条。

院对该起诉没有管辖权，应裁定不予受理。

指导案例37号

上海金纬机械制造有限公司与瑞士瑞泰克公司仲裁裁决执行复议案

（最高人民法院审判委员会讨论通过　2014年12月18日发布）

关键词　民事诉讼　执行复议　涉外仲裁裁决　执行管辖　申请执行期间起算

裁判要点

当事人向我国法院申请执行发生法律效力的涉外仲裁裁决，发现被申请执行人或者其财产在我国领域内的，我国法院即对该案具有执行管辖权。当事人申请法院强制执行的时效期间，应当自发现被申请执行人或者其财产在我国领域内之日起算。

相关法条

《民事诉讼法》第二百三十九条[①]、第二百三十九条[②]

基本案情

上海金纬机械制造有限公司（以下简称金纬公司）与瑞士瑞泰克公司（RETECH Aktiengesellschaft，以下简称瑞泰克公司）买卖合同纠纷一案，由中国国际经济贸易仲裁委员会于2006年9月18日作出仲裁裁决。2007年8月27日，金纬公司向瑞士联邦兰茨堡（Lenzburg）法院（以下简称兰茨堡法院）申请承认和执行该仲裁裁决，并提交了由中国中央翻译社翻译、经上海市外事办公室及瑞士驻上海总领事认证的仲裁裁决书翻译件。同年10月25日，兰茨堡法院以金纬公司所提交的仲裁裁决书翻译件不能满足《承认及执行外国仲裁裁决公约》(以下简称《纽约公约》)第四条第二点关于“译文由公设或宣誓之翻译员或外交或领事人员认证”的规定为由，驳回金纬公司申请。其

① 对应《民事诉讼法》(2023年修正）第二百七十三条。

② 对应《民事诉讼法》(2023年修正）第二百七十四条。

后，金纬公司又先后两次向兰茨堡法院递交了分别由瑞士当地翻译机构翻译的仲裁裁决书译件和由上海上外翻译公司翻译、上海市外事办公室、瑞士驻上海总领事认证的仲裁裁决书翻译件以申请执行，仍被该法院分别于2009年3月17日和2010年8月31日，以仲裁裁决书翻译文件没有严格意义上符合《纽约公约》第四条第二点的规定为由，驳回申请。

2008年7月30日，金纬公司发现瑞泰克公司有一批机器设备正在上海市浦东新区展览，遂于当日向上海市第一中级人民法院（以下简称上海一中院）申请执行。上海一中院于同日立案执行并查封、扣押了瑞泰克公司参展机器设备。瑞泰克公司遂以金纬公司申请执行已超过《民事诉讼法》规定的期限为由提出异议，要求上海一中院不受理该案，并解除查封，停止执行。

裁判结果

上海市第一中级人民法院于2008年11月17日作出〔2008〕沪一中执字第640－1民事裁定，驳回瑞泰克公司的异议。裁定送达后，瑞泰克公司向上海市高级人民法院申请执行复议。2011年12月20日，上海市高级人民法院作出〔2009〕沪高执复议字第2号执行裁定，驳回复议申请。

裁判理由

法院生效裁判认为，本案争议焦点是我国法院对该案是否具有管辖权以及申请执行期间应当从何时开始起算。

一、关于我国法院的执行管辖权问题

根据《民事诉讼法》的规定，我国涉外仲裁机构作出的仲裁裁决，如果被执行人或者其财产不在中华人民共和国领域内的，应当由当事人直接向有管辖权的外国法院申请承认和执行。鉴于本案所涉仲裁裁决生效时，被执行人瑞泰克公司及其财产均不在我国领域内，因此，人民法院在该仲裁裁决生效当时，对裁决的执行没有管辖权。

2008年7月30日，金纬公司发现被执行人瑞泰克公司有财产正在上海市参展。此时，被申请执行人瑞泰克公司有财产在中华人民共和国领域内的事实，使我国法院产生了对本案的执行管辖权。申请执行人依据《民事诉讼法》第二百五十七条[①]中"一方当事人不履行仲裁裁决的，对方当事人可以向被申

① 对应《民事诉讼法》（2023年修正）第二百九十条。

请人住所地或者财产所在地的中级人民法院申请执行”的规定，基于被执行人不履行仲裁裁决义务的事实，行使民事强制执行请求权，向上海一中院申请执行。这符合我国《民事诉讼法》有关人民法院管辖涉外仲裁裁决执行案件所应当具备的要求，上海一中院对该执行申请有管辖权。

考虑到《纽约公约》规定的原则是，只要仲裁裁决符合公约规定的基本条件，就允许在任何缔约国得到承认和执行。《纽约公约》的目的在于便利仲裁裁决在各缔约国得到顺利执行，因此并不禁止当事人向多个公约成员国申请相关仲裁裁决的承认与执行。被执行人一方可以通过举证已经履行了仲裁裁决义务进行抗辩，向执行地法院提交已经清偿债务数额的证据，这样即可防止被执行人被强制重复履行或者超标的履行的问题。因此，人民法院对该案行使执行管辖权，符合《纽约公约》规定的精神，也不会造成被执行人重复履行生效仲裁裁决义务的问题。

二、关于本案申请执行期间起算问题

依照《民事诉讼法》（2007年修正）第二百一十五条[①]的规定，“申请执行的期间为二年。”“前款规定的期间，从法律文书规定履行期间的最后一日起计算；法律文书规定分期履行的，从规定的每次履行期间的最后一日起计算；法律文书未规定履行期间的，从法律文书生效之日起计算。”鉴于我国法律有关申请执行期间起算，是针对生效法律文书作出时，被执行人或者其财产在我国领域内的一般情况作出的规定；而本案的具体情况是，仲裁裁决生效当时，我国法院对该案并没有执行管辖权，当事人依法向外国法院申请承认和执行该裁决而未能得到执行，不存在怠于行使申请执行权的问题；被执行人一直拒绝履行裁决所确定的法律义务；申请执行人在发现被执行人有财产在我国领域内之后，即向人民法院申请执行。考虑到这类情况下，外国被执行人或者其财产何时会再次进入我国领域内，具有较大的不确定性，因此，应当合理确定申请执行期间起算点，才能公平保护申请执行人的合法权益。

鉴于债权人取得有给付内容的生效法律文书后，如债务人未履行生效文书所确定的义务，债权人即可申请法院行使强制执行权，实现其实体法上的请求权，此项权利即为民事强制执行请求权。民事强制执行请求权的存在依

① 对应《民事诉讼法》（2023年修正）第二百五十条。

赖于实体权利，取得依赖于执行根据，行使依赖于执行管辖权。执行管辖权是民事强制执行请求权的基础和前提。在司法实践中，人民法院的执行管辖权与当事人的民事强制执行请求权不能是抽象或不确定的，而应是具体且可操作的。义务人瑞泰克公司未履行裁决所确定的义务时，权利人金纬公司即拥有了民事强制执行请求权，但是，根据《民事诉讼法》的规定，对于涉外仲裁机构作出的仲裁申请执行，如果被执行人或者其财产不在中华人民共和国领域内，应当由当事人直接向有管辖权的外国法院申请承认和执行。因被执行人或者其财产不在我国领域内，我国法院对该案没有执行管辖权，申请执行人金纬公司并非其主观上不愿或怠于行使权利，而是由于客观上纠纷本身没有产生人民法院执行管辖连结点，导致其无法向人民法院申请执行。人民法院在受理强制执行申请后，应当审查申请是否在法律规定的时效期间内提出。具有执行管辖权是人民法院审查申请执行人相关申请的必要前提，因此应当自执行管辖确定之日，即发现被执行人可供执行财产之日，开始计算申请执行人的申请执行期限。

指导案例56号

韩凤彬诉内蒙古九郡药业有限责任公司等产品责任纠纷管辖权异议案

（最高人民法院审判委员会讨论通过　2015年11月19日发布）

关键词　民事诉讼　管辖异议　再审期间

裁判要点

当事人在一审提交答辩状期间未提出管辖异议，在二审或者再审发回重审时提出管辖异议的，人民法院不予审查。

相关法条

《民事诉讼法》第一百二十七条[①]

① 对应《民事诉讼法》（2023年修正）第一百三十条。

基本案情

原告韩凤彬诉被告内蒙古九郡药业有限责任公司（以下简称九郡药业）、上海云洲商厦有限公司（以下简称云洲商厦）、上海广播电视台（以下简称上海电视台）、大连鸿雁大药房有限公司（以下简称鸿雁大药房）产品质量损害赔偿纠纷一案，辽宁省大连市中级人民法院于2008年9月3日作出〔2007〕大民权初字第4号民事判决。九郡药业、云洲商厦、上海电视台不服，向辽宁省高级人民法院提起上诉。该院于2010年5月24日作出〔2008〕辽民一终字第400号民事判决。该判决发生法律效力后，再审申请人九郡药业、云洲商厦向最高人民法院申请再审。

最高人民法院于同年12月22日作出〔2010〕民申字第1019号民事裁定，提审本案，并于2011年8月3日作出〔2011〕民提字第117号民事裁定，撤销一、二审民事判决，发回辽宁省大连市中级人民法院重审。在重审中，九郡药业和云洲商厦提出管辖异议。

裁判结果

辽宁省大连市中级人民法院于2012年2月29日作出〔2011〕大审民再初字第7号民事裁定，认为该院重审此案系接受最高人民法院指令，被告之一鸿雁大药房住所地在辽宁省大连市中山区，遂裁定驳回九郡药业和云洲商厦对管辖权提出的异议。九郡药业、云洲商厦提起上诉，辽宁省高级人民法院于2012年5月7日作出〔2012〕辽立一民再终字第1号民事裁定，认为原告韩凤彬在向大连市中级人民法院提起诉讼时，即将住所地在大连市的鸿雁大药房列为被告之一，且在原审过程中提交了在鸿雁大药房购药的相关证据并经庭审质证，鸿雁大药房属适格被告，大连市中级人民法院对该案有管辖权，遂裁定驳回上诉，维持原裁定。九郡药业、云洲商厦后分别向最高人民法院申请再审。最高人民法院于2013年3月27日作出〔2013〕民再申字第27号民事裁定，驳回九郡药业和云洲商厦的再审申请。

裁判理由

法院生效裁判认为，对于当事人提出管辖权异议的期间，《民事诉讼法》第一百二十七条明确规定：当事人对管辖权有异议的，应当在提交答辩状期间提出。当事人未提出管辖异议，并应诉答辩的，视为受诉人民法院有管辖权。由此可知，当事人在一审提交答辩状期间未提出管辖异议，在案件二审或者再审时才提出管辖权异议的，根据管辖恒定原则，案件管辖权已经确定，人民法院对此不予审查。本案中，九郡药业和云洲商厦是案件被通过审判监督程序裁定发回一审法院重审，在一审法院的重审中才就管辖权提出异议的。最初一审时原告韩凤彬的起诉状送达给九郡药业和云洲商厦，九郡药业和云洲商厦在答辩期内并没有对管辖权提出异议，说明其已接受了一审法院的管辖，管辖权已确定。而且案件经过一审、二审和再审，所经过的程序仍具有程序上的效力，不可逆转。本案是经审判监督程序发回一审法院重审的案件，虽然按照第一审程序审理，但是发回重审的案件并非一个初审案件，案件管辖权早已确定。就管辖而言，因民事诉讼程序的启动始于当事人的起诉，确定案件的管辖权，应以起诉时为标准，起诉时对案件有管辖权的法院，不因确定管辖的事实在诉讼过程中发生变化而影响其管辖权。当案件诉至人民法院，经人民法院立案受理，诉状送达给被告，被告在答辩期内未提出管辖异议，表明案件已确定了管辖法院，此后不因当事人住所地、经常居住地的变更或行政区域的变更而改变案件的管辖法院。在管辖权已确定的前提下，当事人无权再就管辖权提出异议。如果在重审中当事人仍可就管辖权提出异议，无疑会使已稳定的诉讼程序处于不确定的状态，破坏了诉讼程序的安定、有序，拖延诉讼，不仅降低诉讼效率，浪费司法资源，而且不利于纠纷的解决。因此，基于管辖恒定原则、诉讼程序的确定性以及公正和效率的要求，不能支持重审案件当事人再就管辖权提出的异议。据此，九郡药业和云洲商厦就本案管辖权提出异议，没有法律依据，原审裁定驳回其管辖异议并无不当。

综上，九郡药业和云洲商厦的再审申请不符合《民事诉讼法》第二百条[①]第六项规定的应当再审情形，故依照该法第二百零四条[②]第一款的规定，裁定驳回九郡药业和云洲商厦的再审申请。

（生效裁判审判人员：张志弘、宁晟、贾亚奇）

① 对应《民事诉讼法》(2023 年修正) 第一百一十一条。

② 对应《民事诉讼法》(2023 年修正) 第二百一十五条。

指导性案例 201 号

德拉甘·可可托维奇诉上海恩渥餐饮管理有限公司、吕恩劳务合同纠纷案

（最高人民法院审判委员会讨论通过 2022 年 12 月 27 日发布）

关键词 民事 劳务合同 《承认及执行外国仲裁裁决公约》 国际单项体育组织 仲裁协议效力

裁判要点

1. 国际单项体育组织内部纠纷解决机构作出的纠纷处理决定不属于《承认及执行外国仲裁裁决公约》项下的外国仲裁裁决。

2. 当事人约定，发生纠纷后提交国际单项体育组织解决，如果国际单项体育组织没有管辖权则提交国际体育仲裁院仲裁，该约定不存在准据法规定的无效情形的，应认定该约定有效。国际单项体育组织实际行使了管辖权，涉案争议不符合当事人约定的提起仲裁条件的，人民法院对涉案争议依法享有司法管辖权。

相关法条

1.《涉外民事关系法律适用法》第十八条

2.《承认及执行外国仲裁裁决公约》第一条第一款、第二款

基本案情

2017 年 1 月 23 日，上海聚运动足球俱乐部有限公司（以下简称聚运动公司）与原告塞尔维亚籍教练员 Dragan Kokotovic（中文名：德拉甘·可可托维奇）签订《职业教练工作合同》，约定德拉甘·可可托维奇作为职业教练为聚运动公司名下的足球俱乐部提供教练方面的劳务。2017 年 7 月 1 日，双方签订《解除合同协议》，约定《职业教练工作合同》自当日终止，聚运动公司向德拉甘·可可托维奇支付剩余工资等款项。关于争议解决，《解除合同协议》第 5.1 条约定，“与本解除合同协议相关，或由此产生的任何争议或诉讼，应当受限于国际足联球员身份委员（FIFA Players’ Status Committee，以下简称球员身份委员会）或任何其他国际足联有权机构的管理。”第 5.2 条约定，“如

果国际足联对于任何争议不享有司法管辖权的，协议方应当将上述争议提交至国际体育仲裁院，根据《与体育相关的仲裁规则》予以受理。相关仲裁程序应当在瑞士洛桑举行。"

因聚运动公司未按照约定支付相应款项，德拉甘·可可托维奇向球员身份委员会申请解决涉案争议。球员身份委员会于2018年6月5日作出《单一法官裁决》，要求聚运动公司自收到该裁决通知之日起30日内向德拉甘·可可托维奇支付剩余工资等款项。《单一法官裁决》另载明，如果当事人对裁决结果有异议，应当按照规定程序向国际体育仲裁院提起上诉，否则《单一法官裁决》将成为终局性、具有约束力的裁决。后双方均未就《单一法官裁决》向国际体育仲裁院提起上诉。

之后，聚运动公司变更为上海恩渥餐饮管理有限公司（以下简称恩渥公司），吕恩为其独资股东及法定代表人。因恩渥公司未按照《单一法官裁决》支付款项，且因聚运动俱乐部已解散并不再在中国足球协会注册，上述裁决无法通过足球行业自治机制获得执行，德拉甘·可可托维奇向上海市徐汇区人民法院提起诉讼，请求法院判令：一、恩渥公司向德拉甘·可可托维奇支付剩余工资等款项；二、吕恩就上述债务承担连带责任。恩渥公司和吕恩在提交答辩状期间对人民法院受理该案提出异议，认为根据《解除合同协议》第5.2条约定，案涉争议应当提交国际体育仲裁院仲裁，人民法院无管辖权，请求裁定对德拉甘·可可托维奇的起诉不予受理。

裁判结果

上海市徐汇区人民法院于2020年1月21日作出〔2020〕沪0104民初1814号民事裁定，驳回德拉甘·可可托维奇的起诉。德拉甘·可可托维奇不服一审裁定，提起上诉。上海市第一中级人民法院经审理，并依据《最高人民法院关于仲裁司法审查案件报核问题的有关规定》第八条规定层报上海市高级人民法院、最高人民法院审核，于2022年6月29日作出〔2020〕沪01民终3346号民事裁定，一、撤销上海市徐汇区人民法院〔2020〕沪0104民初1814号民事裁定；二、本案指令上海市徐汇区人民法院审理。

裁判理由

法院生效裁判认为，本案争议焦点包括两个方面：第一，球员身份委员会作出的《单一法官裁决》是否属于《承认及执行外国仲裁裁决公约》规定的外国仲裁裁决；第二，案涉仲裁条款是否可以排除人民法院的管辖权。

首先，球员身份委员会作出的涉案《单一法官裁决》不属于《承认及执行外国仲裁裁决公约》项下的外国仲裁裁决。根据《承认及执行外国仲裁裁决公约》的目的、宗旨及规定，《承认及执行外国仲裁裁决公约》项下的仲裁裁决是指常设仲裁机关或专案仲裁庭基于当事人的仲裁协议，对当事人提交的争议作出的终局性、有约束力的裁决，而球员身份委员会作出的《单一法官裁决》与上述界定并不相符。国际足联球员身份委员会的决定程序并非仲裁程序，而是行业自治解决纠纷的内部程序。第一，球员身份委员会系依据内部条例和规则受理并处理争议的国际单项体育组织内设的自治纠纷解决机构，并非具有独立性的仲裁机构；第二，球员身份委员会仅就其会员单位和成员之间的争议进行调处，其作出的《单一法官裁决》，系国际单项体育组织的内部决定，主要依靠行业内部自治机制获得执行，不具有普遍、严格的约束力，故不符合仲裁裁决的本质特征；第三，依据国际足联《球员身份和转会管理条例》第二十二条、第二十三条第四款之规定，国际足联处理相关争议并不影响球员或俱乐部就该争议向法院寻求救济的权利，当事人亦可就球员身份委员会作出的处理决定向国际体育仲裁院提起上诉。上述规定明确了国际足联的处理决定不具有终局性，不排除当事人寻求司法救济的权利。综上，球员身份委员会作出的《单一法官裁决》与《承认及执行外国仲裁裁决公约》项下“仲裁裁决”的界定不符，不宜认定为外国仲裁裁决。

其次，案涉仲裁条款不能排除人民法院对本案行使管辖权。案涉当事人在《解除合同协议》第五条约定，发生纠纷后应当首先提交球员身份委员会或者国际足联的其他内设机构解决，如果国际足联没有管辖权则提交国际体育仲裁院仲裁。既已明确球员身份委员会及国际足联其他内设机构的纠纷解决程序不属于仲裁程序，则相关约定不影响人民法院对本案行使管辖权。但当事人约定应将争议提交至国际体育仲裁院进行仲裁，本质系有关仲裁主管的约定，故需进一步审查仲裁协议的效力及其是否排除人民法院的管辖权。

因案涉协议中的仲裁条款并未明确约定相应的准据法，根据《涉外民事关系法律适用法》第十八条之规定，有关案涉仲裁条款效力的准据法应为瑞士法。最高人民法院在依据《最高人民法院关于仲裁司法审查案件报核问题的有关规定》第八条规定审核案涉仲裁协议效力问题期间查明，瑞士关于仲裁协议效力的法律规定为《瑞士联邦国际私法》第一百七十八条。该条就仲裁协议效力规定如下："（一）在形式上，仲裁协议如果是通过书写、电报、电传、传真或其他可构成书面证明的通讯方式作出，即为有效。（二）在实质上，仲裁协议如果符合当事人所选择的法律或支配争议标的的法律尤其是适用于主合同的法律或瑞士的法律所规定的条件，即为有效。（三）对仲裁协议的有效性不得以主合同可能无效或仲裁协议是针对尚未发生的争议为理由而提出异议。"结合查明的事实分析，《解除合同协议》第5.2条的约定符合上述瑞士法律的规定，故该仲裁条款合法有效。但依据该仲裁条款约定，只有在满足"国际足联不享有司法管辖权"的情形下，才可将案涉争议提交国际体育仲裁院进行仲裁。现球员身份委员会已经受理案涉争议并作出《单一法官裁决》，即本案争议已由国际足联行使了管辖权。因此，本案不符合案涉仲裁条款所约定的将争议提交国际体育仲裁院进行仲裁的条件，该仲裁条款不适用于本案，不能排除一审法院作为被告住所地人民法院行使管辖权。

（生效裁判审判人员：乔林、赵鹃、侯晓燕）

指导性案例223号

张某龙诉北京某蝶文化传播有限公司、程某、马某侵害作品信息网络传播权纠纷案

（最高人民法院审判委员会讨论通过　2023年12月15日发布）

关键词　民事诉讼　侵害作品信息网络传播权　管辖　侵权行为地

裁判要点

侵害作品信息网络传播权的侵权结果发生地具有不确定性，不应作为确定管辖的依据。在确定侵害作品信息网络传播权民事纠纷案件的管辖时，应当适用《最高人民法院关于审理侵害信息网络传播权民事纠纷案件适用法律若干问题的规定》第十五条的规定，即由侵权行为地或者被告住所地人民法院管辖。

相关法条

《民事诉讼法》第二十九条

《最高人民法院关于适用〈中华人民共和国民事诉讼法〉的解释》第二十四条、第二十五条

《最高人民法院关于审理侵害信息网络传播权民事纠纷案件适用法律若干问题的规定》第十五条

基本案情

原告张某龙以被告北京某蝶文化传播有限公司、程某、马某擅自在相关网站上发布、使用其享有著作权的写真艺术作品，侵害其作品信息网络传播权为由，向其住所地的河北省秦皇岛市中级人民法院提起诉讼。被告马某以本案应当适用《最高人民法院关于审理侵害信息网络传播权民事纠纷案件适用法律若干问题的规定》(以下简称《信息网络传播权规定》) 第十五条的规定确定管辖，秦皇岛市为原告住所地，不是侵权行为地或被告住所地为由，对本案管辖权提出异议，请求将本案移送侵权行为地和被告住所地的北京互联网法院审理。

裁判结果

河北省秦皇岛市中级人民法院于2021年6月2日作出〔2021〕冀03知民初27号民事裁定，驳回马某提出的管辖权异议。马某不服一审裁定，提起上诉。河北省高级人民法院于2021年8月24日作出〔2021〕冀民辖终66号民事裁定，撤销一审裁定，将本案移送北京互联网法院审理。北京互联网法院、北京市高级人民法院经审查认为，河北省高级人民法院将本案移送北京互联网法院审理不当，遂报请最高人民法院指定管辖。最高人民法院于2022年8月22日作出〔2022〕最高法民辖42号民事裁定，确定本案由北京互联网法院审理。

裁判理由

最高人民法院认为，《最高人民法院关于适用〈中华人民共和国民事诉讼法〉的解释》第二十五条规定："信息网络侵权行为实施地包括实施被诉侵权行为的计算机等信息设备所在地，侵权结果发生地包括被侵权人住所地。"该规定中的"信息网络侵权行为"针对的是通过信息网络对一般民事权利实施的侵权行为。但"信息网络传播权"，是《著作权法》第十条第一款规定的著

作权人享有的法定权利，即“以有线或者无线方式向公众提供，使公众可以在其选定的时间和地点获得作品的权利”。基于信息网络传播权的性质和特点，侵害信息网络传播权的行为一旦发生，随之导致“公众可以在其选定的时间和地点获得作品”，其侵权行为涉及的地域范围具有不确定性。故《信息网络传播权规定》第十五条规定：“侵害信息网络传播权民事纠纷案件由侵权行为地或者被告住所地人民法院管辖。侵权行为地包括实施被诉侵权行为的网络服务器、计算机终端等设备所在地。侵权行为地和被告住所地均难以确定或者在境外的，原告发现侵权内容的计算机终端等设备所在地可以视为侵权行为地。”因此，《信息网络传播权规定》第十五条是针对信息网络传播权这一特定类型的民事权利，对侵害信息网络传播权纠纷民事案件的管辖作出的特别规定。在确定侵害信息网络传播权民事纠纷案件的管辖时，应当以《信息网络传播权规定》第十五条为依据。

本案中，秦皇岛市为原告住所地，不属于《信息网络传播权规定》第十五条规定的侵权行为地或被告住所地。本案也不存在《信息网络传播权规定》第十五条规定的“侵权行为地和被告住所地均难以确定或者在境外”的例外情形。因此，河北省秦皇岛市中级人民法院对于本案没有管辖权，河北省高级人民法院将本案移送北京互联网法院并无不当。

杨某诉云南某城投公司等不当得利纠纷案

——除违反级别管辖和专属管辖外，人民法院开庭审理后不得移送管辖

裁判要旨

设立移送管辖制度的目的在于避免因案件管辖不明或管辖错误造成审理拖延，从而影响当事人的合法权益，保证民事案件依法及时得到审理。故受案人民法院发现案件不属于本院管辖，应当在开庭前将案件移送有管辖权的人民法院；在案件开庭审理之后，除非发现受理案件违反法律关于级别管辖和专属管辖的规定，不得以不具有一般地域管辖权为由移送案件，避免随时移送管辖，保证案件及时审理。

某昌公司诉某华公司买卖合同纠纷案

——合同中关于“守约方所在法院管辖”的约定无效

裁判要旨

当事人管辖协议约定的管辖法院应当明确，在起诉时能够据此确定管辖法院。由于合同双方是否遵守合同约定，是否构成违约，需要通过实体审理认定，在立案受理阶段难以确定，故当事人在合同中关于“由守约方所在地法院管辖”的约定并不明确，无法依据该约定确认管辖法院，应认定该管辖约定无效。

某交通设施公司诉某新能源科技公司确认不侵害专利权纠纷案

——确认不侵害专利权诉讼地域管辖连接点的确定

裁判要旨

确认不侵害专利权诉讼属于知识产权侵权诉讼，应当按照《民事诉讼法》第二十八条的规定确定地域管辖连接点。确认不侵害专利权诉讼中的“侵权行为”应当理解为被警告人涉嫌侵害专利权的行为；相应地，此类诉讼中作为地域管辖连接点的侵权行为地，应当是指被警告人涉嫌侵害专利权的行为实施地及其结果发生地。

南昌某企业管理有限公司重庆渝北分公司诉刘某追偿权纠纷案

——当事人签订协议管辖条款约定“原告住所地”的“原告”范围应限定为合同签订主体

裁判要旨

当事人签订合同约定“原告住所地”法院管辖，在合同签订时，“原告”虽无法具体确定，但根据合同相对性原则，能够明确的是“原告”应为合同签订主体，“原告住所地”应当限定在原债权人住所地或者债务人住所地。合同转让后，合同受让人起诉债务人的，其实质是行使原债权人对债务人的请求权，不能将合同受让人的住所地解释为合同约定的“原告住所地”。

某某公司诉赵某等侵害外观设计专利权纠纷案

——管辖连结点的确定通常以形式关联性审查为限

裁判要旨

原告对多个被告合并起诉，通常对有无初步证据证明被告与涉案事实存在一定关联进行形式审查，即可确定管辖连结点，人民法院无须对被告是否构成侵权以及承担民事责任等实体内容进行审查。

时某飞诉大连金普新区某数码通讯经营部、北京某科技有限责任公司信息网络买卖合同案

——消费者基于网络消费合同纠纷一并起诉卖家和网络平台的，应当依据网络消费合同确定管辖

裁判要旨

1. 网络购物中，通常会形成三种合同关系，即网络平台和卖家、网络平台和消费者分别形成的服务合同关系及卖家和消费者形成买卖合同关系。实践中，消费者因网购产生纠纷，通常会将卖家与网络平台一并起诉。人民法院应当根据消费者的具体诉请，判断争议背后的基础法律关系。

2. 实践中，如果平台经营者仅是为网络交易双方提供虚拟交易场所，并未参与网络交易本身，则不属于合同相对方，应当按照合同相对性原则根据消费者与卖家之间的买卖合同确定案件管辖权。如果消费者和卖家之间达成了协议管辖约定，按照约定确定管辖，如果没有协议管辖约定，则按照《民事诉讼法解释》第二十条规定确定管辖，即通过信息网络交付标的的，以买受人住所地为合同履行地；通过其他方式交付标的的，收货地为合同履行地。合同对履行地有约定的从其约定。值得注意的是，如果消费者是因使用平台服务而产生争议，则应当根据消费者与电子商务平台经营者之间的服务合同确定相应的管辖法院。

某科技公司诉某集团公司等合同纠纷案

——管辖权异议审查原则及协议管辖的适用

裁判要旨

1. 管辖权异议应采取形式审查原则。管辖权异议审查属程序问题，应根据当事人诉请所依据的法律关系以及当事人提交的诉讼材料进行形式审查确定案件管辖权，不宜在管辖权异议审查阶段，对含有协议管辖条款的案涉基

础合同真实性进行审查。

2. 协议管辖不得附条件。为保障当事人依照法律规定享有的起诉权利，在民事诉讼法没有规定协议管辖可以附条件的情况下，不得附条件。本案《资产收购协议》第 8.2 款约定“发出争议、争端或权利主张通知后 10 日内未能通过协商达成和解，可以向甲方所在地法院提起诉讼”，该协议约定的管辖法院具体明确，且不违反级别管辖和专属管辖规定，应当依照管辖协议确定管辖法院。对方当事人主张该条款系附条件的协议管辖条款没有法律依据。

3.《民事诉讼法解释》第十八条第二款规定的三种情形，分别针对争议标的为给付货币、交付不动产和其他标的，只考虑了给付之诉的情形。而“争议标的”，是指当事人诉讼请求所指向的合同义务，并非当事人未按约定履行合同义务而应承担的合同责任。不能把“争议标的”的理解等同于诉讼请求。单纯地请求解除合同的形成之诉，其争议标的并非合同中的具体义务，而是合同法律关系是否解除的问题，不能据此规定来确定合同履行地。

天某公司诉金某某公司租赁合同纠纷案

——依据当事人的诉讼请求确定民事案件的诉讼标的额

裁判要旨

民事案件诉讼标的数额，一般根据原告提出的诉讼请求情况认定。人民法院在认定民事案件诉讼标的数额时，仅需对原告提出诉讼请求的初步证据材料进行形式审查。被告主张原告虚增标的额以规避级别管辖的，应当提出相应的证据材料予以证明；被告不能提供的，应当依照原告主张的标的额确定级别管辖法院。

S公司、某股份公司申请承认和执行外国法院民事判决案

——审查外国法院判决的承认与执行应以双边司法协助协定为依据

裁判要旨

在订有双边司法协助协定的情况下，外国法院对案件的管辖权应当按照协定约定的依据进行审查。根据我国与法国签订的《中华人民共和国和法兰西共和国关于民事、商事司法协助的协定》的约定，按照被请求一方法律有关管辖权的原则，裁决由无管辖权的法院作出的，不应予以承认和执行。根据我国民事诉讼法的规定，当事人未提出管辖异议并应诉答辩的，视为接受受诉法院管辖，故当事人在法国法院参与诉讼、进行答辩且未就管辖权提出异议的，应当视为法国法院有管辖权。

某导公司诉某代公司海上、通海水域货运代理合同纠纷案

——海商事案件的案由界定优先原则及专门管辖约定条款的广义理解原则

裁判要旨

1. 人民法院应根据当事人诉讼请求、起诉时的案件事实和证据情况判定双方诉争的法律关系性质，当事人提起的民商事诉讼包含海事纠纷的，由海事法院受理。

2. 属于海事法院专门管辖的海商事案件，当事人可依据地域管辖的相关规定，依法约定管辖法院。因海事法院管辖地域范围与行政区划范围的不一致性，人民法院应对当事人的专门管辖约定条款进行广义理解。

某甲公司诉某乙公司建设工程分包合同纠纷案

——管辖协议约定违反专属管辖规定的应认定无效

裁判要旨

管辖协议违反法律关于级别管辖或者专属管辖规定的，应认定协议无效。本案系建设工程分包合同纠纷，应按照不动产纠纷确定管辖，而不动产纠纷由不动产所在地人民法院专属管辖，故本案应由案涉工程所在地人民法院专属管辖。双方当事人在案涉合同中约定发生争议由合同签订地法院管辖，该签订地并非案涉工程所在地，故该约定违反了《民事诉讼法》有关专属管辖的规定，应认定为无效。

李某诉大连某建设公司、中建某建设公司劳务合同纠纷案

——依据当事人诉请的法律关系确定案由进而确定管辖法院

裁判要旨

在民事案件起诉与受理阶段，人民法院可以根据原告诉讼请求涉及的法律关系性质，确定案由，并根据民事案件的案由确定人民法院的管辖权。

某重型装备集团股份有限公司诉烟台某核电设备有限公司侵害发明专利权纠纷案

——管辖权异议程序的审理对象是原受诉法院的管辖是否合法有据

裁判要旨

人民法院在管辖权异议程序中的审理范围不以当事人的管辖权异议理由为限；原受诉法院不具有管辖权的，案件移送也不以当事人管辖权异议所请

求的受移送法院为限。

某化学科技有限公司诉山西某化工有限公司破产管理人、运城某化学科技有限公司、陈某侵害技术秘密纠纷案

——诉讼程序出现新事实时管辖权恒定原则的适用

裁判要旨

在原审法院认定其对案件不具有管辖权的情况下，缺乏管辖权恒定原则适用的前提。此后出现可能使得原审法院具有管辖权的新事实的，应当根据该新事实确定管辖。

某贸公司诉某仓储公司仓储合同纠纷管辖异议案

——二审法院应对二审新提出的管辖异议理由进行审查

裁判要旨

管辖异议审查中，二审法院应对二审中新提出的管辖异议理由进行审查，并依法作出判断。管辖异议审查中应依法审查管辖协议的真伪，在没有证据证明管辖协议不存在或无效时，可据协议约定依法确定管辖法院。

某外国公司诉陈某、苏某保证合同纠纷案

——非对称管辖协议的效力认定问题

裁判要旨

涉外合同或者其他财产权益纠纷的当事人签订的管辖协议明确约定一方当事人可以从一个以上国家或者地区的法院中选择某国或者某地区法院提起

诉讼，而另一方当事人仅能向一个特定国家或者地区的法院提起诉讼，当事人以显失公平为由主张该管辖协议无效的，人民法院不予支持；但管辖协议涉及消费者、劳动者权益或者违反《民事诉讼法》专属管辖规定的除外。

中储某物流分公司诉潘某其他合同纠纷案
——协议管辖应当选择与争议有实际联系地点的法院

裁判要旨

协议管辖应当选择被告住所地、合同履行地、合同签订地、原告住所地、标的物所在地等与争议有实际联系的地点的人民法院。其中，与争议有实际联系应当是指有直接的、客观外在的联系，不能将仅存在偶然性联系或者间接性联系作为确定的标准。如果双方当事人协议选择的法院并非与争议有实际联系地点的法院，应当认定协议管辖无效。

溧阳某公司诉广安某化工公司承揽合同纠纷案
——如何认定“根据管辖协议，起诉时能够确定管辖法院”

裁判要旨

对于协议管辖的效力，应当结合具体案件情况，在充分保障当事人意思自治情况下，根据起诉时是否能够确定管辖法院来判断。所谓在起诉时能够确定管辖法院，既指当事人在管辖协议中已经写明的管辖法院，也指当事人在管辖协议中虽没有写明具体法院名称，但在起诉时结合起诉主体、诉讼标的额能够指向与争议有实际联系，且级别和地域均明确的法院。对于当事人仅约定某一地域，但未约定管辖法院的，如果结合诉讼标的额能够在起诉时确定具体法院的，应当认定管辖协议有效；无法确定的，则不能再通过其他联结点确定管辖法院。

唐某忠诉李某涛、王某波债权人代位析产纠纷案

——债权人代位析产纠纷涉及共有不动产确权分割的，
由不动产所在地人民法院专属管辖

裁判要旨

1. 申请执行人可代位提起析产诉讼。实践中，债权人代位析产案件多涉及债权人申请对于夫妻共有财产的析产，涉及动产或者不动产的确权分割。人民法院在确定债权人代位析产纠纷管辖时，应注意区别析产分割的共有物为不动产或者动产，分别确定管辖。

2. 析产分割的共有物为房屋、车位等不动产的，由不动产所在地人民法院专属管辖；析产分割的共有物为动产的，由被告住所地人民法院管辖。

朱某某诉李某某、某门窗公司等承揽合同纠纷案

——合同中约定“提交法院仲裁”条款的效力与管辖权的确定

裁判要旨

关于合同中约定“提交法院仲裁”条款的效力与管辖权的确定问题。虽然当事人的表述存在瑕疵，但其选择诉讼方式解决争议的意思表示是明确的，不受“仲裁”二字影响，应根据《民事诉讼法》及其司法解释的规定判断其效力，进而确定管辖法院。

中建某局公司诉兰州某开发公司等借款合同纠纷案

——债权转让后因原合同履行发生纠纷应依原合同确定案由与管辖

裁判要旨

合同债权转让后，债权受让人与债务人因合同履行发生纠纷的，应当根据原合同确定履行地与案件管辖权。

刘某鹏诉林某、贵州某能源投资有限公司第三人撤销之诉案

——第三人撤销之诉由作出原生效裁判的法院管辖

裁判要旨

1. 第三人撤销之诉的专属管辖，系基于第三人撤销之诉的特殊功能和制度属性所作的特殊规定。第三人撤销之诉虽在程序上是一个新诉，但在实体上并非针对新的法律关系，而是针对已生效裁判的纠错程序，其处理结果是对已生效裁判进行效力评价，且后续还可能涉及执行回转问题，应由作出原生效裁判的法院管辖。

2. 涉破产债务人的纠纷由受理破产申请的法院集中管辖，是基于有效推进破产程序、提升破产案件审理效率的考量。但已经发生法律效力的判决、裁定、调解书的当事人进入破产程序的，不影响第三人撤销之诉案件的管辖。

陈某诉徐某民间借贷纠纷案
——法院不得移送管辖发回重审案件

裁判要旨

上级人民法院指令再审、发回重审的案件，由原审人民法院再审或者重审。再审或者重审期间当事人提出管辖异议的，人民法院不予审查；审理法院认为没有管辖权的，也不得依职权再自行移送管辖。

诺某公司诉董某、张某借款合同纠纷案
——除违反级别管辖和专属管辖外，被告应诉答辩后人民法院不得移送管辖

裁判要旨

除了违反级别管辖和专属管辖规定之外，人民法院受理案件后，当事人未提出管辖异议，并应诉答辩的，视为受诉人民法院有管辖权。此后，受诉人民法院不能以案件不属于本院管辖，予以移送。

王某某诉康某某、河南某商务公司买卖合同纠纷案
——合同约定管辖的优先效力不因增加其他被告参与诉讼而改变

裁判要旨

在合同对管辖有明确约定的情况下，应当适用约定管辖，不因增加其他被告而改变。

中国某通讯公司等诉瑞典某通讯公司等滥用市场支配地位纠纷案

——涉境外垄断行为的垄断民事纠纷案件管辖

裁判要旨

当事人因境外垄断行为在中国境内受到损失而提起诉讼的，该被诉境外垄断行为对中国境内市场竞争产生排除、限制影响的结果地可以作为案件管辖连结点。

中国某集团三家公司诉某电信集团的瑞典公司、美国公司、中国公司不正当竞争纠纷案

——涉域外不正当竞争行为的管辖

裁判要旨

当事人因境外不正当竞争行为在中国境内受到损失而提起诉讼的，该被诉境外不正当竞争行为对中国境内市场竞争秩序产生不利影响的结果地，可以作为案件管辖连结点。

谭某诉利川市某房地产公司房屋买卖合同纠纷案

——当事人未在答辩期内提出管辖权异议的处理

裁判要旨

当事人对管辖权有异议的，应当在提交答辩状期间提出。人民法院对当事人提出的异议，应当审查。除违反级别管辖和专属管辖规定之外，当事人未提出管辖异议，并应诉答辩的，视为受诉人民法院有管辖权。

丰某公司诉梁某合同纠纷案

——法院不得移送管辖发回重审案件

裁判要旨

上级人民法院指令再审、发回重审的案件，由原审人民法院再审或者重审。再审或者重审期间当事人提出管辖异议的，人民法院不予审查；审理法院认为没有管辖权的，也不得依职权再自行移送管辖。

黄某诉德阳某建筑工程有限公司、夏某租赁合同纠纷案

——租赁合同中租赁物使用地为合同履行地并以此确定案件管辖地

裁判要旨

审理财产租赁合同纠纷要查明租赁物的权利属性和使用情况，从便利诉讼、方便执行等方面考虑，由租赁物使用地法院管辖较为妥当。《最高人民法院关于适用〈中华人民共和国民事诉讼法〉的解释》第十九条规定，财产租赁合同、融资租赁合同以租赁物使用地为合同履行地。需要注意的是，如果合同对履行地有明确约定的，应当从其约定。

杭州某公司诉东营某公司、上海某公司发明专利临时保护期使用费及侵害发明专利权纠纷案

——发明专利临时保护期使用费纠纷管辖的确定，权利人就临时保护期使用费和侵犯专利权行为一并主张权利及权利人在被诉侵权产品的销售地就制造商的行为主张权利的处理

裁判要旨

发明专利临时保护期使用费纠纷虽然不属于一般意义上的侵犯专利权纠

纷，但在本质上也是与专利有关的侵权纠纷，应当依据有关侵权诉讼的管辖确定原则确定管辖。对于被控侵权的实施行为跨越发明专利授权公告日前后的，其行为具有前后的连续性、一致性。从方便当事人诉讼出发，应当允许权利人一并就临时保护期使用费和侵犯专利权行为同时提出权利主张。

《最高人民法院关于审理专利纠纷案件适用法律问题的若干规定》关于"以制造者与销售者为共同被告起诉的，销售地人民法院有管辖权"的规定，本意在于权利人可以在被控侵权产品的销售地对该被控侵权产品制造者的全部制造以及销售被控侵权产品的行为主张权利，而并非在被控侵权产品的销售地仅能对制造者制造并销售给该销售者的那部分被控侵权产品的行为主张权利。

南昌某科技有限公司诉北京某科技有限公司侵害商标权纠纷案

——侵害商标权纠纷案件管辖权的确定

裁判要旨

《最高人民法院关于审理商标民事纠纷案件适用法律若干问题的解释》是关于审理商标民事纠纷案件的特殊规定，应当优先适用。在确定侵犯注册商标专用权纠纷案件的管辖法院时，应当适用《最高人民法院关于审理商标民事纠纷案件适用法律若干问题的解释》第六条而非《最高人民法院关于适用〈中华人民共和国民事诉讼法〉的解释》第二十五条。

广东富某建设有限公司诉广东金某集团有限公司、新兴县新某投资有限公司建设工程分包合同纠纷案

——因履行消防及空调安装工程合同引发的纠纷按照不动产纠纷确定管辖

裁判要旨

《最高人民法院关于适用〈中华人民共和国民事诉讼法〉的解释》第二十

八条第二款规定，农村土地承包经营合同纠纷、房屋租赁合同纠纷、建设工程施工合同纠纷、政策性房屋买卖合同纠纷，按照不动产纠纷确定管辖。实践中，消防及空调安装工程，不仅包括消防和空调设施设备安装，还涉及大量管网铺设等隐蔽工程，施工成果直接添附于总工程项目上，与项目工程本身的关联性高，属于建设工程范畴。因此，当事人因履行消防及空调安装工程合同发生的纠纷，不宜认定为承揽合同纠纷，应当认定为建设工程分包合同纠纷，根据《民事诉讼法解释》第二十八条的规定，按照不动产纠纷确定管辖。

中国某移动通信公司及其深圳分公司诉卢森堡某公司及其香港子公司滥用市场支配地位纠纷案

——涉境外垄断行为的管辖

裁判要旨

当事人因境外垄断行为在中国境内受到损失而提起诉讼的，该被诉境外垄断行为对中国境内市场竞争产生排除、限制影响的结果地，可以作为案件管辖连结点。

张某某诉某科创机械公司、骆某某股东资格确认纠纷案

——股东资格确认纠纷可以根据协议约定的出资数额确定案件的级别管辖

裁判要旨

股东资格确认纠纷实际解决的是当事人之间的股权归属问题。在无其他证据证明股权实际价值的情况下，可以根据当事人约定的股权价值认定案件的诉讼标的额，并据此确定案件的级别管辖。

深圳市某太阳能技术有限公司诉上海某网络科技有限公司、江苏某低碳科技有限公司侵害实用新型专利权纠纷案

——作为管辖连结点的零部件使用行为的认定

裁判要旨

如果被诉侵权产品系另一产品的零部件，使用该另一产品的行为亦使作为零部件的被诉侵权产品实现了使用价值，则该使用行为亦构成对于被诉侵权零部件产品的使用，可以作为确定案件管辖的连结点。

贵阳某电气有限公司诉贵州某科技有限公司买卖合同纠纷案

——买卖合同纠纷案件中合同履行地的认定

裁判要旨

1. 在双方未就合同履行地作出明确约定的情形下，原告诉请判令被告支付货款，该项诉讼请求所指向的合同义务，即案件争议标的为给付货币，原告作为接收货币一方，其所在地为合同履行地，该地人民法院对本案依法具有管辖权。

2. 合同虽然约定有交货地点，但并未明确约定由该交货地点法院管辖的，不能直接将该约定交货地点认定为合同履行地并据以确定管辖法院。

厦门某卫浴科技有限公司诉汾阳市某美甲店侵害实用新型专利权纠纷案

——第三方发货网络销售行为侵权行为地的确定

裁判要旨

被诉侵权产品系通过网络销售，销售者待购买者提交订单后才从第三方购买相应货物，并指示该第三方直接将货物寄送给购买者的，该第三方的交付行为应当认定为销售者的交付行为，其发货地应当认定为销售者的发货地，该发货地可以构成以该销售者为被告的侵权案件管辖连结点。

中铁某局诉四平市甲公司、四平市乙公司、中铁沈阳局某工程建设指挥部等建设工程施工合同纠纷案

——上跨铁路的公路立交桥建设工程施工合同纠纷适用不动产专属管辖

裁判要旨

“铁路附属设施”指依附归属于铁路的设备、设施以及铁路专用的建筑物、构筑物等，其存在目的是为保护、养护铁路以及为铁路运输的安全、畅通服务。公路桥梁工程虽上跨于铁路之上，但与铁路及其附属设施并不存在依附归属关系，既不属于铁路财产，也不为铁路运输、铁路安全服务，并非铁路附属设施，由此发生的建设工程施工合同纠纷，不属于铁路运输法院专门管辖范围，应当按照《民事诉讼法》第三十四条的规定，由不动产所在地人民法院专属管辖。

陈某沫诉张某亮变更抚养关系纠纷案

——对正在被监禁的人提起的诉讼由原告住所地人民法院管辖

裁判要旨

“原告就被告”是民事诉讼的一般原则。在此前提下，《民事诉讼法》第二十三条[①]规定了几种例外情况。根据该条第一款第三、第四项的规定，在被告一方当事人被监禁或者被采取强制性教育措施的情况下，由原告住所地人民法院管辖。这里的被监禁的人，包括已决犯和未决犯，其人身自由已经受到限制，被集中在特定地方，离开了其原来的住所地或者经常居住地。另，在原告、被告双方当事人均被监禁或者被采取强制性教育措施的情况下，根据《最高人民法院关于适用〈中华人民共和国民事诉讼法〉的解释》第八条的规定，由被告原住所地人民法院管辖；如被告被监禁或者被采取强制性教育措施一年以上的，则由被告被监禁地或者被采取强制性教育措施地人民法院管辖。

某光公司诉某而佳公司不当得利纠纷案

——因重整程序终止后新发生的事实引发的与债务人有关的民事诉讼不适用破产集中管辖规定

裁判要旨

《企业破产法》第二十一条关于“人民法院受理破产申请后，有关债务人的民事诉讼，只能向受理破产申请的人民法院提起”的规定，适用于人民法院受理破产申请后，在破产程序进行中发生的有关债务人的民事诉讼。根据《全国法院民商事审判工作会议纪要》第一百一十三条第二款规定，重整计划执行期间，因重整程序终止后新发生的事实或事件引发的有关债务人的民事

---

① 对应《民事诉讼法》（2023 年修正）第二十四条。

诉讼，不适用《企业破产法》第二十一条有关集中管辖的规定。因此，因重整程序终止后新发生的事实引发的与债务人有关的民事诉讼不适用破产集中管辖规定，应适用一般管辖的规定。

刘某新诉河北某管业有限公司侵权责任纠纷案
——基于产品质量引发的纠纷应依据当事人的诉求确定案件的性质和管辖

裁判要旨

1. 因购买产品而提起的诉讼，因原告的诉讼请求或争议标的不同，既可能构成产品质量损害赔偿纠纷，也可能构成买卖合同纠纷。

2. 产品质量损害赔偿纠纷与买卖合同纠纷所适用的管辖规定不同，在确定案件管辖法院时应根据当事人诉争事实及诉讼目的，正确确定诉讼的性质进而确定管辖法院。

华某技术有限公司诉亚某公司、亚某服务公司、亚某信息服务（北京）有限公司等公司侵害发明专利权纠纷案
——管辖权异议的先行裁定

裁判要旨

在一案具有多个被告的情况下，各被告可以分别行使各自的诉讼权利提出管辖权异议，受诉法院在不影响其他被告诉讼权利的前提下，可以就部分被告在先提出的管辖权异议先行作出裁定。

宁波某仪器公司诉杭州某仪器公司侵害实用新型专利权纠纷案

——作为管辖连结点的信息网络侵权行为的认定

裁判要旨

《最高人民法院关于适用〈中华人民共和国民事诉讼法〉的解释》第二十五条规定的作为管辖连结点的信息网络侵权行为系指在信息网络上完整实施的侵权行为；若侵权行为仅部分环节在线上实施，则不构成上述信息网络侵权行为，不能适用上述司法解释之规定确定管辖。

新疆某管理咨询公司等诉上海某空间管理公司因申请财产保全损害责任纠纷案

——诉中行为保全损害责任纠纷案件由作出行为保全裁定的人民法院管辖

裁判要旨

《最高人民法院关于因申请诉中财产保全损害责任纠纷管辖问题的批复》规定，诉中财产保全损害责任纠纷之诉，由作出诉中财产保全裁定的人民法院管辖。该批复在表述中虽未涉及诉中行为保全，但诉中行为保全措施与诉中财产保全措施均规定在《民事诉讼法》第一百条①中，二者在制度设置目的和功效上并无差别。故对于因诉中行为保全引起的损害责任纠纷案件，可以适用上述批复精神判定案件管辖法院。

① 对应《民事诉讼法》(2023 年修正)第一百零三条。

曲某诉某林木业开发公司林业承包合同纠纷案

——当事人未提供证据材料证明实际住所地与登记注册地不一致的，以登记注册地确定案件管辖法院

裁判要旨

法人或者其他组织的住所地是指法人或者其他组织的主要办事机构所在地。公司登记机关登记的公司住所地发生变更的，应当在迁入新住所地前申请变更登记。在无证据证明公司主要办事机构所在地与其登记的住所地不同的情况下，应当根据登记的住所地确定案件管辖法院。

中国某通讯股份有限公司诉卢森堡某无线许可有限公司专利权权属、侵权纠纷案

——涉外民事纠纷案件管辖的适当联系原则

裁判要旨

对于在中国境内没有住所和代表机构的被告提起的涉外民事纠纷案件，中国法院是否具有管辖权，应审查该纠纷与中国是否存在适当联系。判断被告在中国没有住所和办事机构的标准必要专利许可纠纷是否与中国存在适当联系，可以考虑许可标的所在地、专利实施地、合同签订地、合同履行地等是否在中国境内。前述地点之一在中国境内的，应当认为该案件与中国存在适当联系，中国法院对该案件具有管辖权。

张某武诉仪征市某材料公司、甲工程公司、乙工程公司侵害实用新型专利权纠纷案

——统筹协调具有重复诉讼因素的多起关联案件予以集中管辖的适用

裁判要旨

权利人基于同一专利权，针对同一被诉侵权产品，向同一被诉侵权产品制造商提起多起专利侵权纠纷案件，以不同使用者实际使用的被诉侵权产品作为各案中主张赔偿的事实依据，且各案中的被诉侵权产品均系在同一时期内制造，各案被诉制造行为实为同一行为，为避免重复判决、实现诉讼经济和保证裁判结果协调，上级人民法院可以视情况指定其中一个法院集中管辖。

某科技公司诉某汽车公司保证合同纠纷案

——破产案件中有关债务人的诉讼范围

裁判要旨

《企业破产法》第二十一条规定："人民法院受理破产申请后，有关债务人的民事诉讼，只能向受理破产申请的人民法院提起。"其中，"有关债务人的民事诉讼"应当理解为债务人在该诉讼提出了诉讼请求或其他当事人对债务人提出了诉讼请求，致使债务人的财产可能因该诉讼而增加或减少的民事诉讼。当事人未起诉破产案件中的债务人，也未对其提出诉讼请求，不属于破产案件中有关债务人的民事诉讼。

刘某诉林某、黄某退伙纠纷案

——除违反级别管辖和专属管辖外，人民法院开庭审理后不得移送管辖

裁判要旨

受诉人民法院发现案件不属于本院管辖，有权依据《民事诉讼法》第三十六条[①]的规定，将案件移送有管辖权的法院；同时，为了保护诉讼当事人的合法诉讼权利，避免因为法院对于管辖权的认识存在分歧而损害当事人的利益，减少当事人的诉累，对有关案件移送作了必要限制。首先，如果当事人提起管辖权异议，法院应该在管辖权异议期间解决相关管辖权争议，如果法院已经就相关管辖权争议作出裁定，即使之后认为自己没有管辖权，亦应该继续审理。其次，如果当事人没有提出管辖权异议，且已经应诉答辩，则视为当事人接受管辖，如果法院认为自己没有管辖权，应该在被告应诉前移送相关案件至有管辖权的人民法院。如果被告已经应诉答辩，即使法院认为自己没有管辖权，也不宜再行移送。最后，如果被告没有应诉答辩，则在一审开庭前，法院认为自己没有管辖权，可以移送相关案件至有管辖权的人民法院；如果案件已经开庭审理，则即使法院认为自己没有管辖权，也不宜再行移送，但违反级别管辖和专属管辖规定的除外。

王某诉马某合同纠纷案

——当事人约定某个地域法院管辖但不能对应到具体明确级别管辖法院的协议管辖无效

裁判要旨

当事人仅约定了某一地域的法院管辖，不能按照级别管辖的标准从上级

---

① 对应《民事诉讼法》（2023年修正）第三十七条。

法院往下确定具体的法院，应当按照法定管辖规定确定法院。

某某机械公司诉中铁某公司承揽合同纠纷案

——约定管辖与破产集中管辖不一致时应优先适用破产集中管辖规定

裁判要旨

《企业破产法》第二十一条之所以规定“人民法院受理破产申请后，有关债务人的民事诉讼，只能向受理破产申请的人民法院提起”，目的是便于受理破产申请的法院能够更加全面清晰掌握破产企业的债权债务关系，提高司法效率，实现对破产企业和债权人合法权益的充分保障。该规定属于特别规定，应当优先于普通管辖规定。故破产集中管辖法院与当事人协议管辖法院不一致时，应优先适用破产集中管辖规定。

过某某诉辽宁某农业综合开发有限公司种植、养殖回收合同纠纷案

——不涉及林木、林地权属确认、分割问题的林木、林地权属转让合同纠纷不适用不动产纠纷专属管辖规定

裁判要旨

当事人起诉要求解除林木所有权及林地使用权转让合同的，因诉讼标的不涉及林木、林地权属的确认、分割问题，故不属于不动产纠纷，也不符合应当按照不动产纠纷确定管辖的情形，不适用不动产纠纷专属管辖规定。

某某有限公司诉中国某某集团股份公司合同纠纷案
——非对称管辖条款的识别及效力认定

裁判要旨

人民法院判断当事人的管辖约定是否构成不对称管辖，应当以双方明确、清晰的意思表示为前提，不能推定当事人约定了不对等的诉讼权利义务。换言之，只有当事人明确约定一方只能选择某一特定法院起诉、而另一方则有权在多个法院中选择某一法院起诉的，人民法院才能认定当事人之间约定了不对称管辖条款。

蔡某某诉南京某装饰工程有限公司装饰装修合同纠纷案
——装饰装修合同纠纷应当按照不动产纠纷确定管辖

裁判要旨

当事人因履行装饰装修合同发生纠纷，应当按照不动产纠纷确定管辖。

某文化传播公司诉某文化创意公司建设工程合同纠纷案
——当事人将建设施工合同与相关的其他合同一并起诉时应依据建设施工合同确定管辖法院

裁判要旨

当事人将建设工程施工合同及相关联的其他合同一并起诉的，由于两份合同系针对同一工程项目，且同时履行，存在关联关系，原告一并起诉后，被告未提出管辖权异议且提出了反诉，在此情形下，人民法院可以一并审理，并按照不动产纠纷确定管辖法院。

张某诉北京某公司等侵害作品信息网络传播权纠纷案

——侵害作品信息网络传播权民事纠纷案件由侵权行为地或者被告住所地人民法院管辖

裁判要旨

对于侵害信息网络传播权民事纠纷案件，应当依据《最高人民法院关于审理侵害信息网络传播权民事纠纷案件适用法律若干问题的规定》第十五条的规定确定地域管辖。

某某银行诉某地产开发公司等金融借款合同纠纷案

——债权人同时起诉主债务人和担保人的，根据主合同确定案件管辖权

裁判要旨

债权人根据主合同和担保合同提起诉讼，同时向主债务人和担保人主张权利的，应当根据主合同确定案件的管辖权。

某融资租赁公司诉浙江某消防器材公司等融资租赁合同纠纷管辖权异议案

——合同是否涉嫌刑事犯罪不属于管辖权异议审查范围

裁判要旨

在合同纠纷中，在合同有约定管辖法院的情形下，常有被告以案涉合同

涉嫌经济犯罪为由对法院管辖权提出异议，认为法院应当将案件移送至公安机关处理。管辖权异议解决的问题为法院是否有管辖权，通常采取形式审查的标准，即根据双方合同约定的内容来确定法院有无管辖权。至于案涉合同是否涉嫌刑事犯罪，法院是否应当驳回起诉，向公安机关移送案卷，不在管辖权异议审查的范围之内。

某机械公司诉某建设集团买卖合同纠纷案

——合同约定的“收货地”不宜当然视为“合同履行地”

裁判要旨

《最高人民法院关于适用〈中华人民共和国民事诉讼法〉的解释》第十八条规定，合同约定履行地点的，以约定的履行地点为合同履行地。关于合同约定的履行地点，应当是书面的、明确的约定。合同仅约定收货地，没有明确约定合同履行地的，应视为没有约定合同履行地。《民事诉讼法》规定合同履行地的意义在于确定管辖法院，当事人约定合同履行地，表明双方对管辖有预期，故应尊重当事人约定。从实体法角度看，合同中仅约定“收货地”的，其目的在于指导合同当事人准确履行合同，该约定并不能当然反映当事人在管辖方面的意思表示，因而不能当然将“收货地”直接认定为诉讼法意义上的“合同履行地”，并进而据此确定管辖法院。

朝鲜某船舶会社诉某海运株式会社船舶碰撞损害责任纠纷案

——与我国无实际联系管辖权协议的效力

裁判要旨

海事纠纷的当事人系外国企业，当事人书面协议选择中华人民共和国海事法院管辖的，即使与纠纷有实际联系的地点不在中华人民共和国领域内，中华人民共和国海事法院对该纠纷也具有管辖权。

天津某环保科技有限公司诉淄博市某化工配件有限公司侵害实用新型专利权纠纷案

——是否属于本案被诉行为对于侵权行为地管辖连结点认定的影响

裁判要旨

侵权行为实施地所称的侵权行为通常应为本案被诉侵权行为，若侵权行为实施地所对应的侵权行为并非本案被诉侵权行为，则其与涉案纠纷不具有实质关联而不构成该案管辖连结点。

余某德诉肖某买卖合同纠纷案

——买方关于“退还货款”的诉请不能认定为争议标的为“给付货币”并以此确定管辖地

裁判要旨

1.《最高人民法院关于适用〈中华人民共和国民事诉讼法〉的解释》第十八条第二款按照“争议标的”种类分别确定合同履行地，人民法院在认定“争议标的”时，不能把“争议标的”等同于诉讼请求。“争议标的”应依照争议的合同义务或者合同的特征义务来确定，也即诉讼请求所指向的合同义务。当事人因合同义务的履行而发生合同纠纷，以合同履行地确定管辖法院的，以当事人争议的合同义务的履行地作为确定管辖的合同履行地。

2. 争议标的为给付货币，是指争议的合同义务是以给付货币为内容，并非诉讼请求中简单的货币金钱请求。实践中，绝大多数诉讼请求都能转化为金钱之债，人民法院不能因为当事人诉讼请求是主张金钱就认为“争议标的”是给付货币，否则将会导致法定管辖被架空。因此，争议发生后，当事人向人民法院提出“退还货款”“支付违约金、赔偿损失”等诉请的，不能认定争议标的为“给付货币”，应当认定为“其他标的”。

陈某塔、詹某仁诉某航运公司船舶碰撞损害责任纠纷案

——涉钓鱼岛海域船舶碰撞海事纠纷的准据法确定

裁判要旨

案涉船舶碰撞事故发生在中国钓鱼岛西北约37海里，属于厦门海事法院管辖范围。案涉侵权行为地在中国且当事人均同意适用中国法，故确定中华人民共和国法律为处理案涉侵权损害赔偿纠纷的准据法。中国已加入《1972年国际海上避碰规则公约》，案涉两艘船舶航行于中国钓鱼岛附近水域，故均应遵守公约所附《1972年国际海上避碰规则》，并据此判断双方对碰撞事故的过失程度比例。

三、送 达

某文化旅游投资公司诉欧某婷房屋租赁合同纠纷案

——在受送达人下落不明或者穷尽其他送达方式无法送达的情况下，方可采取公告送达方式

裁判要旨

人民法院在案件审理中，送达直接影响到当事人各项诉讼权利的行使，因此在处理送达问题时需注意在保护诉权与司法效率的价值之间做好平衡，公告送达是一种推定送达，应当严格按照法律规定的条件和程序进行，只有在受送达人下落不明或者穷尽其他送达方式无法送达的情况下，才能采取公告送达方式。

李某甲、李某乙诉卢某某、钟某丙、钟某丁民间借贷纠纷案

——原审送达存在瑕疵引起再审改判的情形

裁判要旨

受送达人下落不明，或者采民事诉讼法规定的其他方式无法送达的，公告送达。法院未穷尽送达途径即采用公告送达，程序存在瑕疵，仅依据原告单方提供的证据材料进行判决，属认定事实错误。

某尚普惠融资租赁（深圳）有限公司诉王某玲融资租赁合同纠纷案

——逾期租金违约金应当自每期逾期之日起计算，提前到期租金违约金自加速到期日起计算

裁判要旨

融资租赁合同纠纷案件中，出租人请求支付全部未付租金时，合同加速到期日为到期通知到达承租人之日；若出租人未经通知，而直接起诉要求加速到期，则以起诉状送达之日（或视为送达之日）确定为加速到期日。全部未付租金包括到期未付租金和未到期但因合同加速到期承租人应支付的租金，对这两部分租金，由于其性质不同、到期时间不同，在违约金计算时，应当分别对待：逾期租金违约金应自每期逾期之日计算；提前到期租金违约金自加速到期日起计算。

第四部分　法答网精选问答

原告向同一被告同时提出两个具有先后顺位、存在冲突但相互关联的诉讼请求，能否在一案中处理？

答疑意见：可以在一案中处理。原告向同一被告同时提出两个具有先后顺位、存在冲突但相互关联的诉讼请求的情形，理论上通常称为客观预备合并之诉。在此情形下，如果先位诉请得到支持，则不必再审理备位诉请；如果先位诉请未获支持，则需对备位诉请继续审理并作出裁判。客观预备合并之诉理论符合诉讼便利与经济原则，有利于一次性解决纠纷，已经在司法实践中得到探索和应用，并取得积极成效。例如，在〔2019〕最高法民再152号民事裁定中，作为某公司股东的再审申请人认为公司股东会决议损害其利益，为了能在一案中获得充分救济，其分别基于决议无效与有效提出前后两个不同诉讼请求，原审法院以诉讼请求相互矛盾故无法确定其具体请求为由，裁定驳回起诉。最高人民法院再审认为，申请人提出要求确认股东会决议无效与确认依据该股东会决议产生的相关股东权益归其所有的两个诉讼请求虽然矛盾，但诉讼要素齐全，均符合《民事诉讼法》规定的立案标准，当事人可以在前一个诉讼请求不被支持时，退一步选择主张后一个请求，不应以诉讼请求不明确为由驳回起诉。

除上述列举情形外，客观预备合并之诉理论还可以适用于请求返还原物与如果原物灭失请求损害赔偿、确认依交易取得所有权与如果未取得所有权请求承担违约责任等情形。目前客观预备合并之诉尚无法律、司法解释层面的明确规定，司法实践中可根据《民事诉讼法》等法律的基本精神，结合理论与实践已经取得的成果进一步加强探索，不断完善相关规则，充分发挥其应有的功能效用。

咨询人：江苏省宿迁市中级人民法院民四庭　李雨泽

答疑专家：江苏省高级人民法院民一庭　秦岸东

第五部分　相关规定

一、综　合

中华人民共和国民事诉讼法（节录）

（1991年4月9日第七届全国人民代表大会第四次会议通过　根据2007年10月28日第十届全国人民代表大会常务委员会第三十次会议《关于修改〈中华人民共和国民事诉讼法〉的决定》第一次修正　根据2012年8月31日第十一届全国人民代表大会常务委员会第二十八次会议《关于修改〈中华人民共和国民事诉讼法〉的决定》第二次修正　根据2017年6月27日第十二届全国人民代表大会常务委员会第二十八次会议《关于修改〈中华人民共和国民事诉讼法〉和〈中华人民共和国行政诉讼法〉的决定》第三次修正　根据2021年12月24日第十三届全国人民代表大会常务委员会第三十二次会议《关于修改〈中华人民共和国民事诉讼法〉的决定》第四次修正　根据2023年9月1日第十四届全国人民代表大会常务委员会第五次会议《关于修改〈中华人民共和国民事诉讼法〉的决定》第五次修正）

第一编　总　则

第二章　管　辖

第一节　级别管辖

第十八条　基层人民法院管辖第一审民事案件，但本法另有规定的除外。

第十九条 中级人民法院管辖下列第一审民事案件：

（一）重大涉外案件；

（二）在本辖区有重大影响的案件；

（三）最高人民法院确定由中级人民法院管辖的案件。

第二十条 高级人民法院管辖在本辖区有重大影响的第一审民事案件。

第二十一条 最高人民法院管辖下列第一审民事案件：

（一）在全国有重大影响的案件；

（二）认为应当由本院审理的案件。

第二节 地域管辖

第二十二条 对公民提起的民事诉讼，由被告住所地人民法院管辖；被告住所地与经常居住地不一致的，由经常居住地人民法院管辖。

对法人或者其他组织提起的民事诉讼，由被告住所地人民法院管辖。

同一诉讼的几个被告住所地、经常居住地在两个以上人民法院辖区的，各该人民法院都有管辖权。

第二十三条 下列民事诉讼，由原告住所地人民法院管辖；原告住所地与经常居住地不一致的，由原告经常居住地人民法院管辖：

（一）对不在中华人民共和国领域内居住的人提起的有关身份关系的诉讼；

（二）对下落不明或者宣告失踪的人提起的有关身份关系的诉讼；

（三）对被采取强制性教育措施的人提起的诉讼；

（四）对被监禁的人提起的诉讼。

第二十四条 因合同纠纷提起的诉讼，由被告住所地或者合同履行地人民法院管辖。

第二十五条 因保险合同纠纷提起的诉讼，由被告住所地或者保险标的物所在地人民法院管辖。

第二十六条 因票据纠纷提起的诉讼，由票据支付地或者被告住所地人民法院管辖。

第二十七条 因公司设立、确认股东资格、分配利润、解散等纠纷提起的诉讼，由公司住所地人民法院管辖。

第二十八条 因铁路、公路、水上、航空运输和联合运输合同纠纷提起的诉讼，由运输始发地、目的地或者被告住所地人民法院管辖。

第二十九条 因侵权行为提起的诉讼，由侵权行为地或者被告住所地人民法院管辖。

第三十条 因铁路、公路、水上和航空事故请求损害赔偿提起的诉讼，由事故发生地或者车辆、船舶最先到达地、航空器最先降落地或者被告住所地人民法院管辖。

第三十一条 因船舶碰撞或者其他海事损害事故请求损害赔偿提起的诉讼，由碰撞发生地、碰撞船舶最先到达地、加害船舶被扣留地或者被告住所地人民法院管辖。

第三十二条 因海难救助费用提起的诉讼，由救助地或者被救助船舶最先到达地人民法院管辖。

第三十三条 因共同海损提起的诉讼，由船舶最先到达地、共同海损理算地或者航程终止地的人民法院管辖。

第三十四条 下列案件，由本条规定的人民法院专属管辖：

（一）因不动产纠纷提起的诉讼，由不动产所在地人民法院管辖；

（二）因港口作业中发生纠纷提起的诉讼，由港口所在地人民法院管辖；

（三）因继承遗产纠纷提起的诉讼，由被继承人死亡时住所地或者主要遗产所在地人民法院管辖。

第三十五条 合同或者其他财产权益纠纷的当事人可以书面协议选择被告住所地、合同履行地、合同签订地、原告住所地、标的物所在地等与争议有实际联系的地点的人民法院管辖，但不得违反本法对级别管辖和专属管辖的规定。

第三十六条 两个以上人民法院都有管辖权的诉讼，原告可以向其中一个人民法院起诉；原告向两个以上有管辖权的人民法院起诉的，由最先立案的人民法院管辖。

第三节 移送管辖和指定管辖

第三十七条 人民法院发现受理的案件不属于本院管辖的，应当移送有管辖权的人民法院，受移送的人民法院应当受理。受移送的人民法院认为受移送的案件依照规定不属于本院管辖的，应当报请上级人民法院指定管辖，不得再自行移送。

第三十八条　有管辖权的人民法院由于特殊原因，不能行使管辖权的，由上级人民法院指定管辖。

人民法院之间因管辖权发生争议，由争议双方协商解决；协商解决不了的，报请它们的共同上级人民法院指定管辖。

第三十九条　上级人民法院有权审理下级人民法院管辖的第一审民事案件；确有必要将本院管辖的第一审民事案件交下级人民法院审理的，应当报请其上级人民法院批准。

下级人民法院对它所管辖的第一审民事案件，认为需要由上级人民法院审理的，可以报请上级人民法院审理。

第七章　期间、送达

第一节　期　间

第八十五条　期间包括法定期间和人民法院指定的期间。

期间以时、日、月、年计算。期间开始的时和日，不计算在期间内。

期间届满的最后一日是法定休假日的，以法定休假日后的第一日为期间届满的日期。

期间不包括在途时间，诉讼文书在期满前交邮的，不算过期。

第八十六条　当事人因不可抗拒的事由或者其他正当理由耽误期限的，在障碍消除后的十日内，可以申请顺延期限，是否准许，由人民法院决定。

第二节　送　达

第八十七条　送达诉讼文书必须有送达回证，由受送达人在送达回证上记明收到日期，签名或者盖章。

受送达人在送达回证上的签收日期为送达日期。

第八十八条　送达诉讼文书，应当直接送交受送达人。受送达人是公民的，本人不在交他的同住成年家属签收；受送达人是法人或者其他组织的，应当由法人的法定代表人、其他组织的主要负责人或者该法人、组织负责收件的人签收；受送达人有诉讼代理人的，可以送交其代理人签收；受送达人已向人民法院指定代收人的，送交代收人签收。

受送达人的同住成年家属，法人或者其他组织的负责收件的人，诉讼代理人或者代收人在送达回证上签收的日期为送达日期。

第八十九条 受送达人或者他的同住成年家属拒绝接收诉讼文书的，送达人可以邀请有关基层组织或者所在单位的代表到场，说明情况，在送达回证上记明拒收事由和日期，由送达人、见证人签名或者盖章，把诉讼文书留在受送达人的住所；也可以把诉讼文书留在受送达人的住所，并采用拍照、录像等方式记录送达过程，即视为送达。

第九十条 经受送达人同意，人民法院可以采用能够确认其收悉的电子方式送达诉讼文书。通过电子方式送达的判决书、裁定书、调解书，受送达人提出需要纸质文书的，人民法院应当提供。

采用前款方式送达的，以送达信息到达受送达人特定系统的日期为送达日期。

第九十一条 直接送达诉讼文书有困难的，可以委托其他人民法院代为送达，或者邮寄送达。邮寄送达的，以回执上注明的收件日期为送达日期。

第九十二条 受送达人是军人的，通过其所在部队团以上单位的政治机关转交。

第九十三条 受送达人被监禁的，通过其所在监所转交。

受送达人被采取强制性教育措施的，通过其所在强制性教育机构转交。

第九十四条 代为转交的机关、单位收到诉讼文书后，必须立即交受送达人签收，以在送达回证上的签收日期，为送达日期。

第九十五条 受送达人下落不明，或者用本节规定的其他方式无法送达的，公告送达。自发出公告之日起，经过三十日，即视为送达。

公告送达，应当在案卷中记明原因和经过。

第十一章 诉讼费用

第一百二十一条 当事人进行民事诉讼，应当按照规定交纳案件受理费。财产案件除交纳案件受理费外，并按照规定交纳其他诉讼费用。

当事人交纳诉讼费用确有困难的，可以按照规定向人民法院申请缓交、减交或者免交。

收取诉讼费用的办法另行制定。

第二编　审判程序

第十二章　第一审普通程序

第一节　起诉和受理

第一百二十二条　起诉必须符合下列条件：

（一）原告是与本案有直接利害关系的公民、法人和其他组织；

（二）有明确的被告；

（三）有具体的诉讼请求和事实、理由；

（四）属于人民法院受理民事诉讼的范围和受诉人民法院管辖。

第一百二十三条　起诉应当向人民法院递交起诉状，并按照被告人数提出副本。

书写起诉状确有困难的，可以口头起诉，由人民法院记入笔录，并告知对方当事人。

第一百二十四条　起诉状应当记明下列事项：

（一）原告的姓名、性别、年龄、民族、职业、工作单位、住所、联系方式，法人或者其他组织的名称、住所和法定代表人或者主要负责人的姓名、职务、联系方式；

（二）被告的姓名、性别、工作单位、住所等信息，法人或者其他组织的名称、住所等信息；

（三）诉讼请求和所根据的事实与理由；

（四）证据和证据来源，证人姓名和住所。

第一百二十五条　当事人起诉到人民法院的民事纠纷，适宜调解的，先行调解，但当事人拒绝调解的除外。

第一百二十六条　人民法院应当保障当事人依照法律规定享有的起诉权利。对符合本法第一百二十二条的起诉，必须受理。符合起诉条件的，应当在七日内立案，并通知当事人；不符合起诉条件的，应当在七日内作出裁定书，不予受理；原告对裁定不服的，可以提起上诉。

第一百二十七条 人民法院对下列起诉，分别情形，予以处理：

（一）依照行政诉讼法的规定，属于行政诉讼受案范围的，告知原告提起行政诉讼；

（二）依照法律规定，双方当事人达成书面仲裁协议申请仲裁、不得向人民法院起诉的，告知原告向仲裁机构申请仲裁；

（三）依照法律规定，应当由其他机关处理的争议，告知原告向有关机关申请解决；

（四）对不属于本院管辖的案件，告知原告向有管辖权的人民法院起诉；

（五）对判决、裁定、调解书已经发生法律效力的案件，当事人又起诉的，告知原告申请再审，但人民法院准许撤诉的裁定除外；

（六）依照法律规定，在一定期限内不得起诉的案件，在不得起诉的期限内起诉的，不予受理；

（七）判决不准离婚和调解和好的离婚案件，判决、调解维持收养关系的案件，没有新情况、新理由，原告在六个月内又起诉的，不予受理。

第十三章　简易程序

第一百六十条 基层人民法院和它派出的法庭审理事实清楚、权利义务关系明确、争议不大的简单的民事案件，适用本章规定。

基层人民法院和它派出的法庭审理前款规定以外的民事案件，当事人双方也可以约定适用简易程序。

第一百六十一条 对简单的民事案件，原告可以口头起诉。

当事人双方可以同时到基层人民法院或者它派出的法庭，请求解决纠纷。基层人民法院或者它派出的法庭可以当即审理，也可以另定日期审理。

第一百六十二条 基层人民法院和它派出的法庭审理简单的民事案件，可以用简便方式传唤当事人和证人、送达诉讼文书、审理案件，但应当保障当事人陈述意见的权利。

第一百六十三条 简单的民事案件由审判员一人独任审理，并不受本法第一百三十九条、第一百四十一条、第一百四十四条规定的限制。

第一百六十四条　人民法院适用简易程序审理案件，应当在立案之日起三个月内审结。有特殊情况需要延长的，经本院院长批准，可以延长一个月。

第一百六十五条　基层人民法院和它派出的法庭审理事实清楚、权利义务关系明确、争议不大的简单金钱给付民事案件，标的额为各省、自治区、直辖市上年度就业人员年平均工资百分之五十以下的，适用小额诉讼的程序审理，实行一审终审。

基层人民法院和它派出的法庭审理前款规定的民事案件，标的额超过各省、自治区、直辖市上年度就业人员年平均工资百分之五十但在二倍以下的，当事人双方也可以约定适用小额诉讼的程序。

第一百六十六条　人民法院审理下列民事案件，不适用小额诉讼的程序：

（一）人身关系、财产确权案件；

（二）涉外案件；

（三）需要评估、鉴定或者对诉前评估、鉴定结果有异议的案件；

（四）一方当事人下落不明的案件；

（五）当事人提出反诉的案件；

（六）其他不宜适用小额诉讼的程序审理的案件。

第一百六十七条　人民法院适用小额诉讼的程序审理案件，可以一次开庭审结并且当庭宣判。

第一百六十八条　人民法院适用小额诉讼的程序审理案件，应当在立案之日起两个月内审结。有特殊情况需要延长的，经本院院长批准，可以延长一个月。

第一百六十九条　人民法院在审理过程中，发现案件不宜适用小额诉讼的程序的，应当适用简易程序的其他规定审理或者裁定转为普通程序。

当事人认为案件适用小额诉讼的程序审理违反法律规定的，可以向人民法院提出异议。人民法院对当事人提出的异议应当审查，异议成立的，应当适用简易程序的其他规定审理或者裁定转为普通程序；异议不成立的，裁定驳回。

第一百七十条　人民法院在审理过程中，发现案件不宜适用简易程序的，裁定转为普通程序。

第十四章　第二审程序

第一百七十一条　当事人不服地方人民法院第一审判决的，有权在判决书送达之日起十五日内向上一级人民法院提起上诉。

当事人不服地方人民法院第一审裁定的，有权在裁定书送达之日起十日内向上一级人民法院提起上诉。

第一百七十二条　上诉应当递交上诉状。上诉状的内容，应当包括当事人的姓名，法人的名称及其法定代表人的姓名或者其他组织的名称及其主要负责人的姓名；原审人民法院名称、案件的编号和案由；上诉的请求和理由。

第一百七十三条　上诉状应当通过原审人民法院提出，并按照对方当事人或者代表人的人数提出副本。

当事人直接向第二审人民法院上诉的，第二审人民法院应当在五日内将上诉状移交原审人民法院。

第一百七十四条　原审人民法院收到上诉状，应当在五日内将上诉状副本送达对方当事人，对方当事人在收到之日起十五日内提出答辩状。人民法院应当在收到答辩状之日起五日内将副本送达上诉人。对方当事人不提出答辩状的，不影响人民法院审理。

原审人民法院收到上诉状、答辩状，应当在五日内连同全部案卷和证据，报送第二审人民法院。

第一百七十五条　第二审人民法院应当对上诉请求的有关事实和适用法律进行审查。

第一百七十六条　第二审人民法院对上诉案件应当开庭审理。经过阅卷、调查和询问当事人，对没有提出新的事实、证据或者理由，人民法院认为不需要开庭审理的，可以不开庭审理。

第二审人民法院审理上诉案件，可以在本院进行，也可以到案件发生地或者原审人民法院所在地进行。

第一百七十七条　第二审人民法院对上诉案件，经过审理，按照下列情形，分别处理：

（一）原判决、裁定认定事实清楚，适用法律正确的，以判决、裁定方式驳回上诉，维持原判决、裁定；

（二）原判决、裁定认定事实错误或者适用法律错误的，以判决、裁定方式依法改判、撤销或者变更；

（三）原判决认定基本事实不清的，裁定撤销原判决，发回原审人民法院重审，或者查清事实后改判；

（四）原判决遗漏当事人或者违法缺席判决等严重违反法定程序的，裁定撤销原判决，发回原审人民法院重审。

原审人民法院对发回重审的案件作出判决后，当事人提起上诉的，第二审人民法院不得再次发回重审。

第一百七十八条　第二审人民法院对不服第一审人民法院裁定的上诉案件的处理，一律使用裁定。

第一百七十九条　第二审人民法院审理上诉案件，可以进行调解。调解达成协议，应当制作调解书，由审判人员、书记员署名，加盖人民法院印章。调解书送达后，原审人民法院的判决即视为撤销。

第一百八十条　第二审人民法院判决宣告前，上诉人申请撤回上诉的，是否准许，由第二审人民法院裁定。

第一百八十一条　第二审人民法院审理上诉案件，除依照本章规定外，适用第一审普通程序。

第一百八十二条　第二审人民法院的判决、裁定，是终审的判决、裁定。

第一百八十三条　人民法院审理对判决的上诉案件，应当在第二审立案之日起三个月内审结。有特殊情况需要延长的，由本院院长批准。

人民法院审理对裁定的上诉案件，应当在第二审立案之日起三十日内作出终审裁定。

第十六章　审判监督程序

第二百零九条　各级人民法院院长对本院已经发生法律效力的判决、裁定、调解书，发现确有错误，认为需要再审的，应当提交审判委员会讨论决定。

最高人民法院对地方各级人民法院已经发生法律效力的判决、裁定、调解书，上级人民法院对下级人民法院已经发生法律效力的判决、裁定、调解书，发现确有错误的，有权提审或者指令下级人民法院再审。

第二百一十条 当事人对已经发生法律效力的判决、裁定，认为有错误的，可以向上一级人民法院申请再审；当事人一方人数众多或者当事人双方为公民的案件，也可以向原审人民法院申请再审。当事人申请再审的，不停止判决、裁定的执行。

第二百零一十一条 当事人的申请符合下列情形之一的，人民法院应当再审：

（一）有新的证据，足以推翻原判决、裁定的；

（二）原判决、裁定认定的基本事实缺乏证据证明的；

（三）原判决、裁定认定事实的主要证据是伪造的；

（四）原判决、裁定认定事实的主要证据未经质证的；

（五）对审理案件需要的主要证据，当事人因客观原因不能自行收集，书面申请人民法院调查收集，人民法院未调查收集的；

（六）原判决、裁定适用法律确有错误的；

（七）审判组织的组成不合法或者依法应当回避的审判人员没有回避的；

（八）无诉讼行为能力人未经法定代理人代为诉讼或者应当参加诉讼的当事人，因不能归责于本人或者其诉讼代理人的事由，未参加诉讼的；

（九）违反法律规定，剥夺当事人辩论权利的；

（十）未经传票传唤，缺席判决的；

（十一）原判决、裁定遗漏或者超出诉讼请求的；

（十二）据以作出原判决、裁定的法律文书被撤销或者变更的；

（十三）审判人员审理该案件时有贪污受贿，徇私舞弊，枉法裁判行为的。

第二百一十二条 当事人对已经发生法律效力的调解书，提出证据证明调解违反自愿原则或者调解协议的内容违反法律的，可以申请再审。经人民法院审查属实的，应当再审。

第二百一十三条 当事人对已经发生法律效力的解除婚姻关系的判决、调解书，不得申请再审。

第二百一十四条 当事人申请再审的，应当提交再审申请书等材料。人民法院应当自收到再审申请书之日起五日内将再审申请书副本发送对方当事人。对方当事人应当自收到再审申请书副本之日起十五日内提交书面意见；

不提交书面意见的，不影响人民法院审查。人民法院可以要求申请人和对方当事人补充有关材料，询问有关事项。

第二百一十五条　人民法院应当自收到再审申请书之日起三个月内审查，符合本法规定的，裁定再审；不符合本法规定的，裁定驳回申请。有特殊情况需要延长的，由本院院长批准。

因当事人申请裁定再审的案件由中级人民法院以上的人民法院审理，但当事人依照本法第二百一十条的规定选择向基层人民法院申请再审的除外。最高人民法院、高级人民法院裁定再审的案件，由本院再审或者交其他人民法院再审，也可以交原审人民法院再审。

第二百一十六条　当事人申请再审，应当在判决、裁定发生法律效力后六个月内提出；有本法第二百一十一条第一项、第三项、第十二项、第十三项规定情形的，自知道或者应当知道之日起六个月内提出。

第二百一十七条　按照审判监督程序决定再审的案件，裁定中止原判决、裁定、调解书的执行，但追索赡养费、扶养费、抚养费、抚恤金、医疗费用、劳动报酬等案件，可以不中止执行。

第二百一十八条　人民法院按照审判监督程序再审的案件，发生法律效力的判决、裁定是由第一审法院作出的，按照第一审程序审理，所作的判决、裁定，当事人可以上诉；发生法律效力的判决、裁定是由第二审法院作出的，按照第二审程序审理，所作的判决、裁定，是发生法律效力的判决、裁定；上级人民法院按照审判监督程序提审的，按照第二审程序审理，所作的判决、裁定是发生法律效力的判决、裁定。

人民法院审理再审案件，应当另行组成合议庭。

第二百一十九条　最高人民检察院对各级人民法院已经发生法律效力的判决、裁定，上级人民检察院对下级人民法院已经发生法律效力的判决、裁定，发现有本法第二百一十一条规定情形之一的，或者发现调解书损害国家利益、社会公共利益的，应当提出抗诉。

地方各级人民检察院对同级人民法院已经发生法律效力的判决、裁定，发现有本法第二百一十一条规定情形之一的，或者发现调解书损害国家利益、社会公共利益的，可以向同级人民法院提出检察建议，并报上级人民检察院备案；也可以提请上级人民检察院向同级人民法院提出抗诉。

各级人民检察院对审判监督程序以外的其他审判程序中审判人员的违法行为，有权向同级人民法院提出检察建议。

第二百二十条 有下列情形之一的，当事人可以向人民检察院申请检察建议或者抗诉：

（一）人民法院驳回再审申请的；

（二）人民法院逾期未对再审申请作出裁定的；

（三）再审判决、裁定有明显错误的。

人民检察院对当事人的申请应当在三个月内进行审查，作出提出或者不予提出检察建议或者抗诉的决定。当事人不得再次向人民检察院申请检察建议或者抗诉。

第二百二十一条 人民检察院因履行法律监督职责提出检察建议或者抗诉的需要，可以向当事人或者案外人调查核实有关情况。

第二百二十二条 人民检察院提出抗诉的案件，接受抗诉的人民法院应当自收到抗诉书之日起三十日内作出再审的裁定；有本法第二百一十一条第一项至第五项规定情形之一的，可以交下一级人民法院再审，但经该下一级人民法院再审的除外。

第二百二十三条 人民检察院决定对人民法院的判决、裁定、调解书提出抗诉的，应当制作抗诉书。

第二百二十四条 人民检察院提出抗诉的案件，人民法院再审时，应当通知人民检察院派员出席法庭。

第四编 涉外民事诉讼程序的特别规定

第二十四章 管 辖

第二百七十六条 因涉外民事纠纷，对在中华人民共和国领域内没有住所的被告提起除身份关系以外的诉讼，如果合同签订地、合同履行地、诉讼标的物所在地、可供扣押财产所在地、侵权行为地、代表机构住所地位于中华人民共和国领域内的，可以由合同签订地、合同履行地、诉讼标的物所在地、可供扣押财产所在地、侵权行为地、代表机构住所地人民法院管辖。

除前款规定外，涉外民事纠纷与中华人民共和国存在其他适当联系的，可以由人民法院管辖。

第二百七十七条　涉外民事纠纷的当事人书面协议选择人民法院管辖的，可以由人民法院管辖。

第二百七十八条　当事人未提出管辖异议，并应诉答辩或者提出反诉的，视为人民法院有管辖权。

第二百七十九条　下列民事案件，由人民法院专属管辖：

（一）因在中华人民共和国领域内设立的法人或者其他组织的设立、解散、清算，以及该法人或者其他组织作出的决议的效力等纠纷提起的诉讼；

（二）因与在中华人民共和国领域内审查授予的知识产权的有效性有关的纠纷提起的诉讼；

（三）因在中华人民共和国领域内履行中外合资经营企业合同、中外合作经营企业合同、中外合作勘探开发自然资源合同发生纠纷提起的诉讼。

第二百八十条　当事人之间的同一纠纷，一方当事人向外国法院起诉，另一方当事人向人民法院起诉，或者一方当事人既向外国法院起诉，又向人民法院起诉，人民法院依照本法有管辖权的，可以受理。当事人订立排他性管辖协议选择外国法院管辖且不违反本法对专属管辖的规定，不涉及中华人民共和国主权、安全或者社会公共利益的，人民法院可以裁定不予受理；已经受理的，裁定驳回起诉。

第二百八十一条　人民法院依据前条规定受理案件后，当事人以外国法院已经先于人民法院受理为由，书面申请人民法院中止诉讼的，人民法院可以裁定中止诉讼，但是存在下列情形之一的除外：

（一）当事人协议选择人民法院管辖，或者纠纷属于人民法院专属管辖；

（二）由人民法院审理明显更为方便。

外国法院未采取必要措施审理案件，或者未在合理期限内审结的，依当事人的书面申请，人民法院应当恢复诉讼。

外国法院作出的发生法律效力的判决、裁定，已经被人民法院全部或者部分承认，当事人对已经获得承认的部分又向人民法院起诉的，裁定不予受理；已经受理的，裁定驳回起诉。

第二百八十二条　人民法院受理的涉外民事案件，被告提出管辖异议，且同时有下列情形的，可以裁定驳回起诉，告知原告向更为方便的外国法院提起诉讼：

（一）案件争议的基本事实不是发生在中华人民共和国领域内，人民法院审理案件和当事人参加诉讼均明显不方便；

（二）当事人之间不存在选择人民法院管辖的协议；

（三）案件不属于人民法院专属管辖；

（四）案件不涉及中华人民共和国主权、安全或者社会公共利益；

（五）外国法院审理案件更为方便。

裁定驳回起诉后，外国法院对纠纷拒绝行使管辖权，或者未采取必要措施审理案件，或者未在合理期限内审结，当事人又向人民法院起诉的，人民法院应当受理。

第二十五章　送达、调查取证、期间

第二百八十三条　人民法院对在中华人民共和国领域内没有住所的当事人送达诉讼文书，可以采用下列方式：

（一）依照受送达人所在国与中华人民共和国缔结或者共同参加的国际条约中规定的方式送达；

（二）通过外交途径送达；

（三）对具有中华人民共和国国籍的受送达人，可以委托中华人民共和国驻受送达人所在国的使领馆代为送达；

（四）向受送达人在本案中委托的诉讼代理人送达；

（五）向受送达人在中华人民共和国领域内设立的独资企业、代表机构、分支机构或者有权接受送达的业务代办人送达；

（六）受送达人为外国人、无国籍人，其在中华人民共和国领域内设立的法人或者其他组织担任法定代表人或者主要负责人，且与该法人或者其他组织为共同被告的，向该法人或者其他组织送达；

（七）受送达人为外国法人或者其他组织，其法定代表人或者主要负责人在中华人民共和国领域内的，向其法定代表人或者主要负责人送达；

（八）受送达人所在国的法律允许邮寄送达的，可以邮寄送达，自邮寄之日起满三个月，送达回证没有退回，但根据各种情况足以认定已经送达的，期间届满之日视为送达；

（九）采用能够确认受送达人收悉的电子方式送达，但是受送达人所在国法律禁止的除外；

（十）以受送达人同意的其他方式送达，但是受送达人所在国法律禁止的除外。

不能用上述方式送达的，公告送达，自发出公告之日起，经过六十日，即视为送达。

第二百八十四条　当事人申请人民法院调查收集的证据位于中华人民共和国领域外，人民法院可以依照证据所在国与中华人民共和国缔结或者共同参加的国际条约中规定的方式，或者通过外交途径调查收集。

在所在国法律不禁止的情况下，人民法院可以采用下列方式调查收集：

（一）对具有中华人民共和国国籍的当事人、证人，可以委托中华人民共和国驻当事人、证人所在国的使领馆代为取证；

（二）经双方当事人同意，通过即时通讯工具取证；

（三）以双方当事人同意的其他方式取证。

第二百八十五条　被告在中华人民共和国领域内没有住所的，人民法院应当将起诉状副本送达被告，并通知被告在收到起诉状副本后三十日内提出答辩状。被告申请延期的，是否准许，由人民法院决定。

第二百八十六条　在中华人民共和国领域内没有住所的当事人，不服第一审人民法院判决、裁定的，有权在判决书、裁定书送达之日起三十日内提起上诉。被上诉人在收到上诉状副本后，应当在三十日内提出答辩状。当事人不能在法定期间提起上诉或者提出答辩状，申请延期的，是否准许，由人民法院决定。

第二百八十七条　人民法院审理涉外民事案件的期间，不受本法第一百五十二条、第一百八十三条规定的限制。

最高人民法院
关于印发修改后的《民事案件案由规定》的通知

2020 年 12 月 29 日　　　　　　　　　　　　　　　法〔2020〕346 号

各省、自治区、直辖市高级人民法院，解放军军事法院，新疆维吾尔自治区高级人民法院生产建设兵团分院：

为切实贯彻实施民法典，最高人民法院对 2011 年 2 月 18 日第一次修正的《民事案件案由规定》(以下简称 2011 年《案由规定》) 进行了修改，自 2021 年 1 月 1 日起施行。现将修改后的《民事案件案由规定》(以下简称修改后的《案由规定》) 印发给你们，请认真贯彻执行。

2011 年《案由规定》施行以来，在方便当事人进行民事诉讼，规范人民法院民事立案、审判和司法统计工作等方面，发挥了重要作用。近年来，随着民事诉讼法、邮政法、消费者权益保护法、环境保护法、反不正当竞争法、农村土地承包法、英雄烈士保护法等法律的制定或者修订，审判实践中出现了许多新类型民事案件，需要对 2011 年《案由规定》进行补充和完善。特别是民法典将于 2021 年 1 月 1 日起施行，迫切需要增补新的案由。经深入调查研究，广泛征求意见，最高人民法院对 2011 年《案由规定》进行了修改。现就各级人民法院适用修改后的《案由规定》的有关问题通知如下：

一、高度重视民事案件案由在民事审判规范化建设中的重要作用，认真学习掌握修改后的《案由规定》

民事案件案由是民事案件名称的重要组成部分，反映案件所涉及的民事法律关系的性质，是对当事人诉争的法律关系性质进行的概括，是人民法院进行民事案件管理的重要手段。建立科学、完善的民事案件案由体系，有利于方便当事人进行民事诉讼，有利于统一民事案件的法律适用标准，有利于对受理案件进行分类管理，有利于确定各民事审判业务庭的管辖分工，有利于提高民事案件司法统计的准确性和科学性，从而更好地为创新和加强民事审判管理、为人民法院司法决策服务。

各级人民法院要认真学习修改后的《案由规定》，理解案由编排体系和具体案由制定的背景、法律依据、确定标准、具体含义、适用顺序以及变更方法等问题，准确选择适用具体案由，依法维护当事人诉讼权利，创新和加强民事审判管理，不断推进民事审判工作规范化建设。

二、关于《案由规定》修改所遵循的原则

一是严格依法原则。本次修改的具体案由均具有实体法和程序法依据，符合民事诉讼法关于民事案件受案范围的有关规定。

二是必要性原则。本次修改是以保持案由运行体系稳定为前提，对于必须增加、调整的案由作相应修改，尤其是对照民法典的新增制度和重大修改内容，增加、变更部分具体案由，并根据现行立法和司法实践需要完善部分具体案由，对案由编排体系不作大的调整。民法典施行后，最高人民法院将根据工作需要，结合司法实践，继续细化完善民法典新增制度案由，特别是第四级案由。对本次未作修改的部分原有案由，届时一并修改。

三是实用性原则。案由体系是在现行有效的法律规定基础上，充分考虑人民法院民事立案、审判实践以及司法统计的需要而编排的，本次修改更加注重案由的简洁明了、方便实用，既便于当事人进行民事诉讼，也便于人民法院进行民事立案、审判和司法统计工作。

三、关于案由的确定标准

民事案件案由应当依据当事人诉争的民事法律关系的性质来确定。鉴于具体案件中当事人的诉讼请求、争议的焦点可能有多个，争议的标的也可能是多个，为保证案由的高度概括和简洁明了，修改后的《案由规定》仍沿用2011年《案由规定》关于案由的确定标准，即对民事案件案由的表述方式原则上确定为“法律关系性质”加“纠纷”，一般不包含争议焦点、标的物、侵权方式等要素。但是，实践中当事人诉争的民事法律关系的性质具有复杂多变性，单纯按照法律关系标准去划分案由体系的做法难以更好地满足民事审判实践的需要，难以更好地满足司法统计的需要。为此，修改后的《案由规

定》在坚持以法律关系性质作为确定案由的主要标准的同时，对少部分案由也依据请求权、形成权或者确认之诉、形成之诉等其他标准进行确定，对少部分案由的表述也包含了争议焦点、标的物、侵权方式等要素。另外，为了与行政案件案由进行明显区分，本次修改还对个别案由的表述进行了特殊处理。

对民事诉讼法规定的适用特别程序、督促程序、公示催告程序、公司清算、破产程序等非讼程序审理的案件案由，根据当事人的诉讼请求予以直接表述；对公益诉讼、第三人撤销之诉、执行程序中的异议之诉等特殊诉讼程序案件的案由，根据修改后民事诉讼法规定的诉讼制度予以直接表述。

四、关于案由体系的总体编排

1. 关于案由纵向和横向体系的编排设置。修改后的《案由规定》以民法学理论对民事法律关系的分类为基础，以法律关系的内容即民事权利类型来编排案由的纵向体系。在纵向体系上，结合民法典、民事诉讼法等民事立法及审判实践，将案由的编排体系划分为人格权纠纷，婚姻家庭、继承纠纷，物权纠纷，合同、准合同纠纷，劳动争议与人事争议，知识产权与竞争纠纷，海事海商纠纷，与公司、证券、保险、票据等有关的民事纠纷，侵权责任纠纷，非讼程序案件案由，特殊诉讼程序案件案由，共计十一大部分，作为第一级案由。

在横向体系上，通过总分式四级结构的设计，实现案由从高级（概括）到低级（具体）的演进。如物权纠纷（第一级案由）→所有权纠纷（第二级案由）→建筑物区分所有权纠纷（第三级案由）→业主专有权纠纷（第四级案由）。在第一级案由项下，细分为五十四类案由，作为第二级案由（以大写数字表示）；在第二级案由项下列出了473个案由，作为第三级案由（以阿拉伯数字表示）。第三级案由是司法实践中最常见和广泛使用的案由。基于审判工作指导、调研和司法统计的需要，在部分第三级案由项下又列出了391个第四级案由[以阿拉伯数字加（ ）表示]。基于民事法律关系的复杂性，不可能穷尽所有第四级案由，目前所列的第四级案由只是一些典型的、常见的或者为了司法统计需要而设立的案由。

修改后的《案由规定》采用纵向十一个部分、横向四级结构的编排设置，形成了网状结构体系，基本涵盖了民法典所涉及的民事纠纷案件类型以及人民法院当前受理的民事纠纷案件类型，有利于贯彻落实民法典等民事法律关于民事权益保护的相关规定。

2. 关于物权纠纷案由与合同纠纷案由的编排设置。修改后的《案由规定》仍然沿用 2011 年《案由规定》关于物权纠纷案由与合同纠纷案由的编排体系。按照物权变动原因与结果相区分的原则，对于涉及物权变动的原因，即债权性质的合同关系引发的纠纷案件的案由，修改后的《案由规定》将其放在合同纠纷项下；对于涉及物权变动的结果，即物权设立、权属、效力、使用、收益等物权关系产生的纠纷案件的案由，修改后的《案由规定》将其放在物权纠纷项下。前者如第三级案由“居住权合同纠纷”列在第二级案由“合同纠纷”项下；后者如第三级案由“居住权纠纷”列在第二级案由“物权纠纷”项下。

具体适用时，人民法院应根据当事人诉争的法律关系的性质，查明该法律关系涉及的是物权变动的原因关系还是物权变动的结果关系，以正确确定案由。当事人诉争的法律关系性质涉及物权变动原因的，即因债权性质的合同关系引发的纠纷案件，应当选择适用第二级案由“合同纠纷”项下的案由，如“居住权合同纠纷”案由；当事人诉争的法律关系性质涉及物权变动结果的，即因物权设立、权属、效力、使用、收益等物权关系引发的纠纷案件，应当选择第二级案由“物权纠纷”项下的案由，如“居住权纠纷”案由。

3. 关于第三部分“物权纠纷”项下“物权保护纠纷”案由与“所有权纠纷”“用益物权纠纷”“担保物权纠纷”案由的编排设置。修改后的《案由规定》仍然沿用 2011 年《案由规定》关于物权纠纷案由的编排设置。“所有权纠纷”“用益物权纠纷”“担保物权纠纷”案由既包括以上三种类型的物权确认纠纷案由，也包括以上三种类型的侵害物权纠纷案由。民法典物权编第三章“物权的保护”所规定的物权请求权或者债权请求权保护方法，即“物权保护纠纷”，在修改后的《案由规定》列举的每个物权类型（第三级案由）项下都可能部分或者全部适用，多数都可以作为第四级案由列举，但为避免使整个案由体系冗长繁杂，在各第三级案由下并未一一列出。实践中需要确定具体个案案由时，如果当事人的诉讼请求只涉及“物权保护纠纷”项下的一种物权请求权或者债权请求权，则可以选择适用“物权保护纠纷”项下的六种第三级案由；如果当事人的诉讼请求涉及“物权保护纠纷”项下的两种或者两种以上物权请求权或者债权请求权，则应按照所保护的权利种类，选择适用“所有权纠纷”“用益物权纠纷”“担保物权纠纷”项下的第三级案由（各种物权类型纠纷）。

4. 关于侵权责任纠纷案由的编排设置。修改后的《案由规定》仍然沿用2011年《案由规定》关于侵权责任纠纷案由与其他第一级案由的编排设置。根据民法典侵权责任编的相关规定，该编的保护对象为民事权益，具体范围是民法典总则编第五章所规定的人身、财产权益。这些民事权益，又分别在人格权编、物权编、婚姻家庭编、继承编等予以了细化规定，而这些民事权益纠纷往往既包括权属确认纠纷也包括侵权责任纠纷，这就为科学合理编排民事案件案由体系增加了难度。为了保持整个案由体系的完整性和稳定性，尽可能避免重复交叉，修改后的《案由规定》将这些侵害民事权益侵权责任纠纷案由仍旧分别保留在“人格权纠纷”“婚姻家庭、继承纠纷”“物权纠纷”“知识产权与竞争纠纷”等第一级案由体系项下，对照侵权责任编新规定调整第一级案由“侵权责任纠纷”项下案由；同时，将一些实践中常见的、其他第一级案由不便列出的侵权责任纠纷案由也列在第一级案由“侵权责任纠纷”项下，如“非机动车交通事故责任纠纷”。从“兜底”考虑，修改后的《案由规定》将第一级案由“侵权责任纠纷”列在其他八个民事权益纠纷类型之后，作为第九部分。

具体适用时，涉及侵权责任纠纷的，为明确和统一法律适用问题，应当先适用第九部分“侵权责任纠纷”项下根据侵权责任编相关规定列出的具体案由；没有相应案由的，再适用“人格权纠纷”“物权纠纷”“知识产权与竞争纠纷”等其他部分项下的具体案由。如环境污染、高度危险行为均可能造成人身损害和财产损害，确定案由时，应当适用第九部分“侵权责任纠纷”项下“环境污染责任纠纷”“高度危险责任纠纷”案由，而不应适用第一部分“人格权纠纷”项下的“生命权、身体权、健康权纠纷”案由，也不应适用第三部分“物权纠纷”项下的“财产损害赔偿纠纷”案由。

五、适用修改后的《案由规定》应当注意的问题

1. 在案由横向体系上应当按照由低到高的顺序选择适用个案案由。确定

个案案由时，应当优先适用第四级案由，没有对应的第四级案由的，适用相应的第三级案由；第三级案由中没有规定的，适用相应的第二级案由；第二级案由没有规定的，适用相应的第一级案由。这样处理，有利于更准确地反映当事人诉争的法律关系的性质，有利于促进分类管理科学化和提高司法统计准确性。

2．关于个案案由的变更。人民法院在民事立案审查阶段，可以根据原告诉讼请求涉及的法律关系性质，确定相应的个案案由；人民法院受理民事案件后，经审理发现当事人起诉的法律关系与实际诉争的法律关系不一致的，人民法院结案时应当根据法庭查明的当事人之间实际存在的法律关系的性质，相应变更个案案由。当事人在诉讼过程中增加或者变更诉讼请求导致当事人诉争的法律关系发生变更的，人民法院应当相应变更个案案由。

3．存在多个法律关系时个案案由的确定。同一诉讼中涉及两个以上的法律关系的，应当根据当事人诉争的法律关系的性质确定个案案由；均为诉争的法律关系的，则按诉争的两个以上法律关系并列确定相应的案由。

4．请求权竞合时个案案由的确定。在请求权竞合的情形下，人民法院应当按照当事人自主选择行使的请求权所涉及的诉争的法律关系的性质，确定相应的案由。

5．正确认识民事案件案由的性质与功能。案由体系的编排制定是人民法院进行民事审判管理的手段。各级人民法院应当依法保障当事人依照法律规定享有的起诉权利，不得将修改后的《案由规定》等同于民事诉讼法第一百一十九条规定的起诉条件，不得以当事人的诉请在修改后的《案由规定》中没有相应案由可以适用为由，裁定不予受理或者驳回起诉，损害当事人的诉讼权利。

6．案由体系中的选择性案由（即含有顿号的部分案由）的使用方法。对这些案由，应当根据具体案情，确定相应的个案案由，不应直接将该案由全部引用。如“生命权、身体权、健康权纠纷”案由，应当根据具体侵害对象来确定相应的案由。

本次民事案件案由修改工作主要基于人民法院当前司法实践经验，对照民法典等民事立法修改完善相关具体案由。2021 年 1 月 1 日民法典施行后，修改后的《案由规定》可能需要对标民法典具体施行情况作进一步调整。地方各级人民法院要密切关注民法典施行后立案审判中遇到的新情况、新问题，重点梳理汇总民法典新增制度项下可以细化规定为第四级案由的新类型案件，及时层报最高人民法院。

附：

民事案件案由规定

（2007年10月29日最高人民法院审判委员会第1438次会议通过　根据2011年2月18日《最高人民法院关于修改〈民事案件案由规定〉的决定》第一次修正　根据2020年12月14日最高人民法院审判委员会第1821次会议通过的《最高人民法院关于修改〈民事案件案由规定〉的决定》第二次修正）

目　录

十一、不当得利纠纷

十二、无因管理纠纷

第五部分　知识产权与竞争纠纷

十三、知识产权合同纠纷

十四、知识产权权属、侵权纠纷

十五、不正当竞争纠纷

十六、垄断纠纷

第六部分　劳动争议、人事争议

十七、劳动争议

十八、人事争议

第七部分　海事海商纠纷

十九、海事海商纠纷

第八部分　与公司、证券、保险、票据等有关的民事纠纷

二十、与企业有关的纠纷

二十一、与公司有关的纠纷

二十二、合伙企业纠纷

二十三、与破产有关的纠纷

二十四、证券纠纷

二十五、期货交易纠纷

二十六、信托纠纷

二十七、保险纠纷

二十八、票据纠纷

二十九、信用证纠纷

三十、独立保函纠纷

第九部分　侵权责任纠纷

三十一、侵权责任纠纷

第十部分　非讼程序案件案由

三十二、选民资格案件

三十三、宣告失踪、宣告死亡案件

三十四、认定自然人无民事行为能力、限制民事行为能力案件

为了正确适用法律，统一确定案由，根据《中华人民共和国民法典》《中华人民共和国民事诉讼法》等法律规定，结合人民法院民事审判工作实际情况，对民事案件案由规定如下：

第一部分　人格权纠纷

一、人格权纠纷

1. 生命权、身体权、健康权纠纷
2. 姓名权纠纷

3. 名称权纠纷
4. 肖像权纠纷
5. 声音保护纠纷
6. 名誉权纠纷
7. 荣誉权纠纷
8. 隐私权、个人信息保护纠纷
（1）隐私权纠纷
（2）个人信息保护纠纷
9. 婚姻自主权纠纷
10. 人身自由权纠纷
11. 一般人格权纠纷
（1）平等就业权纠纷

第二部分　婚姻家庭、继承纠纷

二、婚姻家庭纠纷

12. 婚约财产纠纷
13. 婚内夫妻财产分割纠纷
14. 离婚纠纷
15. 离婚后财产纠纷
16. 离婚后损害责任纠纷
17. 婚姻无效纠纷
18. 撤销婚姻纠纷
19. 夫妻财产约定纠纷
20. 同居关系纠纷
（1）同居关系析产纠纷
（2）同居关系子女抚养纠纷
21. 亲子关系纠纷
（1）确认亲子关系纠纷
（2）否认亲子关系纠纷

22. 抚养纠纷
（1）抚养费纠纷
（2）变更抚养关系纠纷
23. 扶养纠纷
（1）扶养费纠纷
（2）变更扶养关系纠纷
24. 赡养纠纷
（1）赡养费纠纷
（2）变更赡养关系纠纷
25. 收养关系纠纷
（1）确认收养关系纠纷
（2）解除收养关系纠纷
26. 监护权纠纷
27. 探望权纠纷
28. 分家析产纠纷

三、继承纠纷

29. 法定继承纠纷
（1）转继承纠纷
（2）代位继承纠纷
30. 遗嘱继承纠纷
31. 被继承人债务清偿纠纷
32. 遗赠纠纷
33. 遗赠扶养协议纠纷
34. 遗产管理纠纷

第三部分　物权纠纷

四、不动产登记纠纷

35. 异议登记不当损害责任纠纷

36．虚假登记损害责任纠纷

五、物权保护纠纷

37．物权确认纠纷
（1）所有权确认纠纷
（2）用益物权确认纠纷
（3）担保物权确认纠纷
38．返还原物纠纷
39．排除妨害纠纷
40．消除危险纠纷
41．修理、重作、更换纠纷
42．恢复原状纠纷
43．财产损害赔偿纠纷

六、所有权纠纷

44．侵害集体经济组织成员权益纠纷
45．建筑物区分所有权纠纷
（1）业主专有权纠纷
（2）业主共有权纠纷
（3）车位纠纷
（4）车库纠纷
46．业主撤销权纠纷
47．业主知情权纠纷
48．遗失物返还纠纷
49．漂流物返还纠纷
50．埋藏物返还纠纷
51．隐藏物返还纠纷
52．添附物归属纠纷
53．相邻关系纠纷
（1）相邻用水、排水纠纷

（2）相邻通行纠纷
（3）相邻土地、建筑物利用关系纠纷
（4）相邻通风纠纷
（5）相邻采光、日照纠纷
（6）相邻污染侵害纠纷
（7）相邻损害防免关系纠纷
54. 共有纠纷
（1）共有权确认纠纷
（2）共有物分割纠纷
（3）共有人优先购买权纠纷
（4）债权人代位析产纠纷

七、用益物权纠纷

55. 海域使用权纠纷
56. 探矿权纠纷
57. 采矿权纠纷
58. 取水权纠纷
59. 养殖权纠纷
60. 捕捞权纠纷
61. 土地承包经营权纠纷
（1）土地承包经营权确认纠纷
（2）承包地征收补偿费用分配纠纷
（3）土地承包经营权继承纠纷
62. 土地经营权纠纷
63. 建设用地使用权纠纷
64. 宅基地使用权纠纷
65. 居住权纠纷
66. 地役权纠纷

八、担保物权纠纷

67. 抵押权纠纷
（1）建筑物和其他土地附着物抵押权纠纷
（2）在建建筑物抵押权纠纷
（3）建设用地使用权抵押权纠纷
（4）土地经营权抵押权纠纷
（5）探矿权抵押权纠纷
（6）采矿权抵押权纠纷
（7）海域使用权抵押权纠纷
（8）动产抵押权纠纷
（9）在建船舶、航空器抵押权纠纷
（10）动产浮动抵押权纠纷
（11）最高额抵押权纠纷
68. 质权纠纷
（1）动产质权纠纷
（2）转质权纠纷
（3）最高额质权纠纷
（4）票据质权纠纷
（5）债券质权纠纷
（6）存单质权纠纷
（7）仓单质权纠纷
（8）提单质权纠纷
（9）股权质权纠纷
（10）基金份额质权纠纷
（11）知识产权质权纠纷
（12）应收账款质权纠纷
69. 留置权纠纷

九、占有保护纠纷

70. 占有物返还纠纷
71. 占有排除妨害纠纷
72. 占有消除危险纠纷
73. 占有物损害赔偿纠纷

第四部分　合同、准合同纠纷

十、合同纠纷

74. 缔约过失责任纠纷
75. 预约合同纠纷
76. 确认合同效力纠纷
（1）确认合同有效纠纷
（2）确认合同无效纠纷
77. 债权人代位权纠纷
78. 债权人撤销权纠纷
79. 债权转让合同纠纷
80. 债务转移合同纠纷
81. 债权债务概括转移合同纠纷
82. 债务加入纠纷
83. 悬赏广告纠纷
84. 买卖合同纠纷
（1）分期付款买卖合同纠纷
（2）凭样品买卖合同纠纷
（3）试用买卖合同纠纷
（4）所有权保留买卖合同纠纷
（5）招标投标买卖合同纠纷
（6）互易纠纷
（7）国际货物买卖合同纠纷

（8）信息网络买卖合同纠纷
85．拍卖合同纠纷
86．建设用地使用权合同纠纷
（1）建设用地使用权出让合同纠纷
（2）建设用地使用权转让合同纠纷
87．临时用地合同纠纷
88．探矿权转让合同纠纷
89．采矿权转让合同纠纷
90．房地产开发经营合同纠纷
（1）委托代建合同纠纷
（2）合资、合作开发房地产合同纠纷
（3）项目转让合同纠纷
91．房屋买卖合同纠纷
（1）商品房预约合同纠纷
（2）商品房预售合同纠纷
（3）商品房销售合同纠纷
（4）商品房委托代理销售合同纠纷
（5）经济适用房转让合同纠纷
（6）农村房屋买卖合同纠纷
92．民事主体间房屋拆迁补偿合同纠纷
93．供用电合同纠纷
94．供用水合同纠纷
95．供用气合同纠纷
96．供用热力合同纠纷
97．排污权交易纠纷
98．用能权交易纠纷
99．用水权交易纠纷
100．碳排放权交易纠纷
101．碳汇交易纠纷
102．赠与合同纠纷

（1）公益事业捐赠合同纠纷

（2）附义务赠与合同纠纷

103．借款合同纠纷

（1）金融借款合同纠纷

（2）同业拆借纠纷

（3）民间借贷纠纷

（4）小额借款合同纠纷

（5）金融不良债权转让合同纠纷

（6）金融不良债权追偿纠纷

104．保证合同纠纷

105．抵押合同纠纷

106．质押合同纠纷

107．定金合同纠纷

108．进出口押汇纠纷

109．储蓄存款合同纠纷

110．银行卡纠纷

（1）借记卡纠纷

（2）信用卡纠纷

111．租赁合同纠纷

（1）土地租赁合同纠纷

（2）房屋租赁合同纠纷

（3）车辆租赁合同纠纷

（4）建筑设备租赁合同纠纷

112．融资租赁合同纠纷

113．保理合同纠纷

114．承揽合同纠纷

（1）加工合同纠纷

（2）定作合同纠纷

（3）修理合同纠纷

（4）复制合同纠纷

（5）测试合同纠纷
（6）检验合同纠纷
（7）铁路机车、车辆建造合同纠纷
115．建设工程合同纠纷
（1）建设工程勘察合同纠纷
（2）建设工程设计合同纠纷
（3）建设工程施工合同纠纷
（4）建设工程价款优先受偿权纠纷
（5）建设工程分包合同纠纷
（6）建设工程监理合同纠纷
（7）装饰装修合同纠纷
（8）铁路修建合同纠纷
（9）农村建房施工合同纠纷
116．运输合同纠纷
（1）公路旅客运输合同纠纷
（2）公路货物运输合同纠纷
（3）水路旅客运输合同纠纷
（4）水路货物运输合同纠纷
（5）航空旅客运输合同纠纷
（6）航空货物运输合同纠纷
（7）出租汽车运输合同纠纷
（8）管道运输合同纠纷
（9）城市公交运输合同纠纷
（10）联合运输合同纠纷
（11）多式联运合同纠纷
（12）铁路货物运输合同纠纷
（13）铁路旅客运输合同纠纷
（14）铁路行李运输合同纠纷
（15）铁路包裹运输合同纠纷
（16）国际铁路联运合同纠纷

117. 保管合同纠纷

118. 仓储合同纠纷

119. 委托合同纠纷

（1）进出口代理合同纠纷

（2）货运代理合同纠纷

（3）民用航空运输销售代理合同纠纷

（4）诉讼、仲裁、人民调解代理合同纠纷

（5）销售代理合同纠纷

120. 委托理财合同纠纷

（1）金融委托理财合同纠纷

（2）民间委托理财合同纠纷

121. 物业服务合同纠纷

122. 行纪合同纠纷

123. 中介合同纠纷

124. 补偿贸易纠纷

125. 借用合同纠纷

126. 典当纠纷

127. 合伙合同纠纷

128. 种植、养殖回收合同纠纷

129. 彩票、奖券纠纷

130. 中外合作勘探开发自然资源合同纠纷

131. 农业承包合同纠纷

132. 林业承包合同纠纷

133. 渔业承包合同纠纷

134. 牧业承包合同纠纷

135. 土地承包经营权合同纠纷

（1）土地承包经营权转让合同纠纷

（2）土地承包经营权互换合同纠纷

（3）土地经营权入股合同纠纷

（4）土地经营权抵押合同纠纷

（5）土地经营权出租合同纠纷

136. 居住权合同纠纷

137. 服务合同纠纷

（1）电信服务合同纠纷

（2）邮政服务合同纠纷

（3）快递服务合同纠纷

（4）医疗服务合同纠纷

（5）法律服务合同纠纷

（6）旅游合同纠纷

（7）房地产咨询合同纠纷

（8）房地产价格评估合同纠纷

（9）旅店服务合同纠纷

（10）财会服务合同纠纷

（11）餐饮服务合同纠纷

（12）娱乐服务合同纠纷

（13）有线电视服务合同纠纷

（14）网络服务合同纠纷

（15）教育培训合同纠纷

（16）家政服务合同纠纷

（17）庆典服务合同纠纷

（18）殡葬服务合同纠纷

（19）农业技术服务合同纠纷

（20）农机作业服务合同纠纷

（21）保安服务合同纠纷

（22）银行结算合同纠纷

138. 演出合同纠纷

139. 劳务合同纠纷

140. 离退休人员返聘合同纠纷

141. 广告合同纠纷

142. 展览合同纠纷

143．追偿权纠纷

十一、不当得利纠纷

144．不当得利纠纷

十二、无因管理纠纷

145．无因管理纠纷

第五部分　知识产权与竞争纠纷

十三、知识产权合同纠纷

146．著作权合同纠纷

（1）委托创作合同纠纷

（2）合作创作合同纠纷

（3）著作权转让合同纠纷

（4）著作权许可使用合同纠纷

（5）出版合同纠纷

（6）表演合同纠纷

（7）音像制品制作合同纠纷

（8）广播电视播放合同纠纷

（9）邻接权转让合同纠纷

（10）邻接权许可使用合同纠纷

（11）计算机软件开发合同纠纷

（12）计算机软件著作权转让合同纠纷

（13）计算机软件著作权许可使用合同纠纷

147．商标合同纠纷

（1）商标权转让合同纠纷

（2）商标使用许可合同纠纷

（3）商标代理合同纠纷

148．专利合同纠纷

（1）专利申请权转让合同纠纷
（2）专利权转让合同纠纷
（3）发明专利实施许可合同纠纷
（4）实用新型专利实施许可合同纠纷
（5）外观设计专利实施许可合同纠纷
（6）专利代理合同纠纷
149．植物新品种合同纠纷
（1）植物新品种育种合同纠纷
（2）植物新品种申请权转让合同纠纷
（3）植物新品种权转让合同纠纷
（4）植物新品种实施许可合同纠纷
150．集成电路布图设计合同纠纷
（1）集成电路布图设计创作合同纠纷
（2）集成电路布图设计专有权转让合同纠纷
（3）集成电路布图设计许可使用合同纠纷
151．商业秘密合同纠纷
（1）技术秘密让与合同纠纷
（2）技术秘密许可使用合同纠纷
（3）经营秘密让与合同纠纷
（4）经营秘密许可使用合同纠纷
152．技术合同纠纷
（1）技术委托开发合同纠纷
（2）技术合作开发合同纠纷
（3）技术转化合同纠纷
（4）技术转让合同纠纷
（5）技术许可合同纠纷
（6）技术咨询合同纠纷
（7）技术服务合同纠纷
（8）技术培训合同纠纷
（9）技术中介合同纠纷

（10）技术进口合同纠纷
（11）技术出口合同纠纷
（12）职务技术成果完成人奖励、报酬纠纷
（13）技术成果完成人署名权、荣誉权、奖励权纠纷
153. 特许经营合同纠纷
154. 企业名称（商号）合同纠纷
（1）企业名称（商号）转让合同纠纷
（2）企业名称（商号）使用合同纠纷
155. 特殊标志合同纠纷
156. 网络域名合同纠纷
（1）网络域名注册合同纠纷
（2）网络域名转让合同纠纷
（3）网络域名许可使用合同纠纷
157. 知识产权质押合同纠纷

十四、知识产权权属、侵权纠纷

158. 著作权权属、侵权纠纷
（1）著作权权属纠纷
（2）侵害作品发表权纠纷
（3）侵害作品署名权纠纷
（4）侵害作品修改权纠纷
（5）侵害保护作品完整权纠纷
（6）侵害作品复制权纠纷
（7）侵害作品发行权纠纷
（8）侵害作品出租权纠纷
（9）侵害作品展览权纠纷
（10）侵害作品表演权纠纷
（11）侵害作品放映权纠纷
（12）侵害作品广播权纠纷
（13）侵害作品信息网络传播权纠纷

（14）侵害作品摄制权纠纷

（15）侵害作品改编权纠纷

（16）侵害作品翻译权纠纷

（17）侵害作品汇编权纠纷

（18）侵害其他著作财产权纠纷

（19）出版者权权属纠纷

（20）表演者权权属纠纷

（21）录音录像制作者权权属纠纷

（22）广播组织权权属纠纷

（23）侵害出版者权纠纷

（24）侵害表演者权纠纷

（25）侵害录音录像制作者权纠纷

（26）侵害广播组织权纠纷

（27）计算机软件著作权权属纠纷

（28）侵害计算机软件著作权纠纷

159. 商标权权属、侵权纠纷

（1）商标权权属纠纷

（2）侵害商标权纠纷

160. 专利权权属、侵权纠纷

（1）专利申请权权属纠纷

（2）专利权权属纠纷

（3）侵害发明专利权纠纷

（4）侵害实用新型专利权纠纷

（5）侵害外观设计专利权纠纷

（6）假冒他人专利纠纷

（7）发明专利临时保护期使用费纠纷

（8）职务发明创造发明人、设计人奖励、报酬纠纷

（9）发明创造发明人、设计人署名权纠纷

（10）标准必要专利使用费纠纷

161. 植物新品种权权属、侵权纠纷

（1）植物新品种申请权权属纠纷

（2）植物新品种权权属纠纷

（3）侵害植物新品种权纠纷

（4）植物新品种临时保护期使用费纠纷

162．集成电路布图设计专有权权属、侵权纠纷

（1）集成电路布图设计专有权权属纠纷

（2）侵害集成电路布图设计专有权纠纷

163．侵害企业名称（商号）权纠纷

164．侵害特殊标志专有权纠纷

165．网络域名权属、侵权纠纷

（1）网络域名权属纠纷

（2）侵害网络域名纠纷

166．发现权纠纷

167．发明权纠纷

168．其他科技成果权纠纷

169．确认不侵害知识产权纠纷

（1）确认不侵害专利权纠纷

（2）确认不侵害商标权纠纷

（3）确认不侵害著作权纠纷

（4）确认不侵害植物新品种权纠纷

（5）确认不侵害集成电路布图设计专用权纠纷

（6）确认不侵害计算机软件著作权纠纷

170．因申请知识产权临时措施损害责任纠纷

（1）因申请诉前停止侵害专利权损害责任纠纷

（2）因申请诉前停止侵害注册商标专用权损害责任纠纷

（3）因申请诉前停止侵害著作权损害责任纠纷

（4）因申请诉前停止侵害植物新品种权损害责任纠纷

（5）因申请海关知识产权保护措施损害责任纠纷

（6）因申请诉前停止侵害计算机软件著作权损害责任纠纷

（7）因申请诉前停止侵害集成电路布图设计专用权损害责任纠纷

171. 因恶意提起知识产权诉讼损害责任纠纷

172. 专利权宣告无效后返还费用纠纷

十五、不正当竞争纠纷

173. 仿冒纠纷

（1）擅自使用与他人有一定影响的商品名称、包装、装潢等相同或者近似的标识纠纷

（2）擅自使用他人有一定影响的企业名称、社会组织名称、姓名纠纷

（3）擅自使用他人有一定影响的域名主体部分、网站名称、网页纠纷

174. 商业贿赂不正当竞争纠纷

175. 虚假宣传纠纷

176. 侵害商业秘密纠纷

（1）侵害技术秘密纠纷

（2）侵害经营秘密纠纷

177. 低价倾销不正当竞争纠纷

178. 捆绑销售不正当竞争纠纷

179. 有奖销售纠纷

180. 商业诋毁纠纷

181. 串通投标不正当竞争纠纷

182. 网络不正当竞争纠纷

十六、垄断纠纷

183. 垄断协议纠纷

（1）横向垄断协议纠纷

（2）纵向垄断协议纠纷

184. 滥用市场支配地位纠纷

（1）垄断定价纠纷

（2）掠夺定价纠纷

（3）拒绝交易纠纷

（4）限定交易纠纷

（5）捆绑交易纠纷

（6）差别待遇纠纷

185．经营者集中纠纷

第六部分　劳动争议、人事争议

十七、劳动争议

186．劳动合同纠纷

（1）确认劳动关系纠纷

（2）集体合同纠纷

（3）劳务派遣合同纠纷

（4）非全日制用工纠纷

（5）追索劳动报酬纠纷

（6）经济补偿金纠纷

（7）竞业限制纠纷

187．社会保险纠纷

（1）养老保险待遇纠纷

（2）工伤保险待遇纠纷

（3）医疗保险待遇纠纷

（4）生育保险待遇纠纷

（5）失业保险待遇纠纷

188．福利待遇纠纷

十八、人事争议

189．聘用合同纠纷

190．聘任合同纠纷

191．辞职纠纷

192．辞退纠纷

第七部分　海事海商纠纷

十九、海事海商纠纷

193．船舶碰撞损害责任纠纷

194．船舶触碰损害责任纠纷

195．船舶损坏空中设施、水下设施损害责任纠纷

196．船舶污染损害责任纠纷

197．海上、通海水域污染损害责任纠纷

198．海上、通海水域养殖损害责任纠纷

199．海上、通海水域财产损害责任纠纷

200．海上、通海水域人身损害责任纠纷

201．非法留置船舶、船载货物、船用燃油、船用物料损害责任纠纷

202．海上、通海水域货物运输合同纠纷

203．海上、通海水域旅客运输合同纠纷

204．海上、通海水域行李运输合同纠纷

205．船舶经营管理合同纠纷

206．船舶买卖合同纠纷

207．船舶建造合同纠纷

208．船舶修理合同纠纷

209．船舶改建合同纠纷

210．船舶拆解合同纠纷

211．船舶抵押合同纠纷

212．航次租船合同纠纷

213．船舶租用合同纠纷

（1）定期租船合同纠纷

（2）光船租赁合同纠纷

214．船舶融资租赁合同纠纷

215．海上、通海水域运输船舶承包合同纠纷

216．渔船承包合同纠纷

217. 船舶属具租赁合同纠纷
218. 船舶属具保管合同纠纷
219. 海运集装箱租赁合同纠纷
220. 海运集装箱保管合同纠纷
221. 港口货物保管合同纠纷
222. 船舶代理合同纠纷
223. 海上、通海水域货运代理合同纠纷
224. 理货合同纠纷
225. 船舶物料和备品供应合同纠纷
226. 船员劳务合同纠纷
227. 海难救助合同纠纷
228. 海上、通海水域打捞合同纠纷
229. 海上、通海水域拖航合同纠纷
230. 海上、通海水域保险合同纠纷
231. 海上、通海水域保赔合同纠纷
232. 海上、通海水域运输联营合同纠纷
233. 船舶营运借款合同纠纷
234. 海事担保合同纠纷
235. 航道、港口疏浚合同纠纷
236. 船坞、码头建造合同纠纷
237. 船舶检验合同纠纷
238. 海事请求担保纠纷
239. 海上、通海水域运输重大责任事故责任纠纷
240. 港口作业重大责任事故责任纠纷
241. 港口作业纠纷
242. 共同海损纠纷
243. 海洋开发利用纠纷
244. 船舶共有纠纷
245. 船舶权属纠纷
246. 海运欺诈纠纷

247．海事债权确权纠纷

第八部分　与公司、证券、保险、票据等有关的民事纠纷

二十、与企业有关的纠纷

248．企业出资人权益确认纠纷
249．侵害企业出资人权益纠纷
250．企业公司制改造合同纠纷
251．企业股份合作制改造合同纠纷
252．企业债权转股权合同纠纷
253．企业分立合同纠纷
254．企业租赁经营合同纠纷
255．企业出售合同纠纷
256．挂靠经营合同纠纷
257．企业兼并合同纠纷
258．联营合同纠纷
259．企业承包经营合同纠纷
（1）中外合资经营企业承包经营合同纠纷
（2）中外合作经营企业承包经营合同纠纷
（3）外商独资企业承包经营合同纠纷
（4）乡镇企业承包经营合同纠纷
260．中外合资经营企业合同纠纷
261．中外合作经营企业合同纠纷

二十一、与公司有关的纠纷

262．股东资格确认纠纷
263．股东名册记载纠纷
264．请求变更公司登记纠纷
265．股东出资纠纷
266．新增资本认购纠纷

267．股东知情权纠纷

268．请求公司收购股份纠纷

269．股权转让纠纷

270．公司决议纠纷

（1）公司决议效力确认纠纷

（2）公司决议撤销纠纷

271．公司设立纠纷

272．公司证照返还纠纷

273．发起人责任纠纷

274．公司盈余分配纠纷

275．损害股东利益责任纠纷

276．损害公司利益责任纠纷

277．损害公司债权人利益责任纠纷

（1）股东损害公司债权人利益责任纠纷

（2）实际控制人损害公司债权人利益责任纠纷

278．公司关联交易损害责任纠纷

279．公司合并纠纷

280．公司分立纠纷

281．公司减资纠纷

282．公司增资纠纷

283．公司解散纠纷

284．清算责任纠纷

285．上市公司收购纠纷

二十二、合伙企业纠纷

286．入伙纠纷

287．退伙纠纷

288．合伙企业财产份额转让纠纷

二十三、与破产有关的纠纷

289．请求撤销个别清偿行为纠纷
290．请求确认债务人行为无效纠纷
291．对外追收债权纠纷
292．追收未缴出资纠纷
293．追收抽逃出资纠纷
294．追收非正常收入纠纷
295．破产债权确认纠纷
（1）职工破产债权确认纠纷
（2）普通破产债权确认纠纷
296．取回权纠纷
（1）一般取回权纠纷
（2）出卖人取回权纠纷
297．破产抵销权纠纷
298．别除权纠纷
299．破产撤销权纠纷
300．损害债务人利益赔偿纠纷
301．管理人责任纠纷

二十四、证券纠纷

302．证券权利确认纠纷
（1）股票权利确认纠纷
（2）公司债券权利确认纠纷
（3）国债权利确认纠纷
（4）证券投资基金权利确认纠纷
303．证券交易合同纠纷
（1）股票交易纠纷
（2）公司债券交易纠纷
（3）国债交易纠纷

（4）证券投资基金交易纠纷

304. 金融衍生品种交易纠纷

305. 证券承销合同纠纷

（1）证券代销合同纠纷

（2）证券包销合同纠纷

306. 证券投资咨询纠纷

307. 证券资信评级服务合同纠纷

308. 证券回购合同纠纷

（1）股票回购合同纠纷

（2）国债回购合同纠纷

（3）公司债券回购合同纠纷

（4）证券投资基金回购合同纠纷

（5）质押式证券回购纠纷

309. 证券上市合同纠纷

310. 证券交易代理合同纠纷

311. 证券上市保荐合同纠纷

312. 证券发行纠纷

（1）证券认购纠纷

（2）证券发行失败纠纷

313. 证券返还纠纷

314. 证券欺诈责任纠纷

（1）证券内幕交易责任纠纷

（2）操纵证券交易市场责任纠纷

（3）证券虚假陈述责任纠纷

（4）欺诈客户责任纠纷

315. 证券托管纠纷

316. 证券登记、存管、结算纠纷

317. 融资融券交易纠纷

318. 客户交易结算资金纠纷

二十五、期货交易纠纷

319. 期货经纪合同纠纷
320. 期货透支交易纠纷
321. 期货强行平仓纠纷
322. 期货实物交割纠纷
323. 期货保证合约纠纷
324. 期货交易代理合同纠纷
325. 侵占期货交易保证金纠纷
326. 期货欺诈责任纠纷
327. 操纵期货交易市场责任纠纷
328. 期货内幕交易责任纠纷
329. 期货虚假信息责任纠纷

二十六、信托纠纷

330. 民事信托纠纷
331. 营业信托纠纷
332. 公益信托纠纷

二十七、保险纠纷

333. 财产保险合同纠纷
（1）财产损失保险合同纠纷
（2）责任保险合同纠纷
（3）信用保险合同纠纷
（4）保证保险合同纠纷
（5）保险人代位求偿权纠纷
334. 人身保险合同纠纷
（1）人寿保险合同纠纷
（2）意外伤害保险合同纠纷
（3）健康保险合同纠纷

335．再保险合同纠纷
336．保险经纪合同纠纷
337．保险代理合同纠纷
338．进出口信用保险合同纠纷
339．保险费纠纷

二十八、票据纠纷

340．票据付款请求权纠纷
341．票据追索权纠纷
342．票据交付请求权纠纷
343．票据返还请求权纠纷
344．票据损害责任纠纷
345．票据利益返还请求权纠纷
346．汇票回单签发请求权纠纷
347．票据保证纠纷
348．确认票据无效纠纷
349．票据代理纠纷
350．票据回购纠纷

二十九、信用证纠纷

351．委托开立信用证纠纷
352．信用证开证纠纷
353．信用证议付纠纷
354．信用证欺诈纠纷
355．信用证融资纠纷
356．信用证转让纠纷

三十、独立保函纠纷

357．独立保函开立纠纷
358．独立保函付款纠纷

359. 独立保函追偿纠纷
360. 独立保函欺诈纠纷
361. 独立保函转让纠纷
362. 独立保函通知纠纷
363. 独立保函撤销纠纷

第九部分 侵权责任纠纷

三十一、侵权责任纠纷

364. 监护人责任纠纷
365. 用人单位责任纠纷
366. 劳务派遣工作人员侵权责任纠纷
367. 提供劳务者致害责任纠纷
368. 提供劳务者受害责任纠纷
369. 网络侵权责任纠纷
（1）网络侵害虚拟财产纠纷
370. 违反安全保障义务责任纠纷
（1）经营场所、公共场所的经营者、管理者责任纠纷
（2）群众性活动组织者责任纠纷
371. 教育机构责任纠纷
372. 性骚扰损害责任纠纷
373. 产品责任纠纷
（1）产品生产者责任纠纷
（2）产品销售者责任纠纷
（3）产品运输者责任纠纷
（4）产品仓储者责任纠纷
374. 机动车交通事故责任纠纷
375. 非机动车交通事故责任纠纷
376. 医疗损害责任纠纷
（1）侵害患者知情同意权责任纠纷

（2）医疗产品责任纠纷

377．环境污染责任纠纷

（1）大气污染责任纠纷

（2）水污染责任纠纷

（3）土壤污染责任纠纷

（4）电子废物污染责任纠纷

（5）固体废物污染责任纠纷

（6）噪声污染责任纠纷

（7）光污染责任纠纷

（8）放射性污染责任纠纷

378．生态破坏责任纠纷

379．高度危险责任纠纷

（1）民用核设施、核材料损害责任纠纷

（2）民用航空器损害责任纠纷

（3）占有、使用高度危险物损害责任纠纷

（4）高度危险活动损害责任纠纷

（5）遗失、抛弃高度危险物损害责任纠纷

（6）非法占有高度危险物损害责任纠纷

380．饲养动物损害责任纠纷

381．建筑物和物件损害责任纠纷

（1）物件脱落、坠落损害责任纠纷

（2）建筑物、构筑物倒塌、塌陷损害责任纠纷

（3）高空抛物、坠物损害责任纠纷

（4）堆放物倒塌、滚落、滑落损害责任纠纷

（5）公共道路妨碍通行损害责任纠纷

（6）林木折断、倾倒、果实坠落损害责任纠纷

（7）地面施工、地下设施损害责任纠纷

382．触电人身损害责任纠纷

383．义务帮工人受害责任纠纷

384．见义勇为人受害责任纠纷

385．公证损害责任纠纷

386．防卫过当损害责任纠纷

387．紧急避险损害责任纠纷

388．驻香港、澳门特别行政区军人执行职务侵权责任纠纷

389．铁路运输损害责任纠纷

（1）铁路运输人身损害责任纠纷

（2）铁路运输财产损害责任纠纷

390．水上运输损害责任纠纷

（1）水上运输人身损害责任纠纷

（2）水上运输财产损害责任纠纷

391．航空运输损害责任纠纷

（1）航空运输人身损害责任纠纷

（2）航空运输财产损害责任纠纷

392．因申请财产保全损害责任纠纷

393．因申请行为保全损害责任纠纷

394．因申请证据保全损害责任纠纷

395．因申请先予执行损害责任纠纷

第十部分　非讼程序案件案由

三十二、选民资格案件

396．申请确定选民资格

三十三、宣告失踪、宣告死亡案件

397．申请宣告自然人失踪

398．申请撤销宣告失踪判决

399．申请为失踪人财产指定、变更代管人

400．申请宣告自然人死亡

401．申请撤销宣告自然人死亡判决

三十四、认定自然人无民事行为能力、限制民事行为能力案件

402. 申请宣告自然人无民事行为能力
403. 申请宣告自然人限制民事行为能力
404. 申请宣告自然人恢复限制民事行为能力
405. 申请宣告自然人恢复完全民事行为能力

三十五、指定遗产管理人案件

406. 申请指定遗产管理人

三十六、认定财产无主案件

407. 申请认定财产无主
408. 申请撤销认定财产无主判决

三十七、确认调解协议案件

409. 申请司法确认调解协议
410. 申请撤销确认调解协议裁定

三十八、实现担保物权案件

411. 申请实现担保物权
412. 申请撤销准许实现担保物权裁定

三十九、监护权特别程序案件

413. 申请确定监护人
414. 申请指定监护人
415. 申请变更监护人
416. 申请撤销监护人资格
417. 申请恢复监护人资格

四十、督促程序案件

418. 申请支付令

四十一、公示催告程序案件

419. 申请公示催告

四十二、公司清算案件

420. 申请公司清算

四十三、破产程序案件

421. 申请破产清算
422. 申请破产重整
423. 申请破产和解
424. 申请对破产财产追加分配

四十四、申请诉前停止侵害知识产权案件

425. 申请诉前停止侵害专利权
426. 申请诉前停止侵害注册商标专用权
427. 申请诉前停止侵害著作权
428. 申请诉前停止侵害植物新品种权
429. 申请诉前停止侵害计算机软件著作权
430. 申请诉前停止侵害集成电路布图设计专用权

四十五、申请保全案件

431. 申请诉前财产保全
432. 申请诉前行为保全
433. 申请诉前证据保全
434. 申请仲裁前财产保全
435. 申请仲裁前行为保全

436. 申请仲裁前证据保全
437. 仲裁程序中的财产保全
438. 仲裁程序中的证据保全
439. 申请执行前财产保全
440. 申请中止支付信用证项下款项
441. 申请中止支付保函项下款项

四十六、申请人身安全保护令案件

442. 申请人身安全保护令

四十七、申请人格权侵害禁令案件

443. 申请人格权侵害禁令

四十八、仲裁程序案件

444. 申请确认仲裁协议效力
445. 申请撤销仲裁裁决

四十九、海事诉讼特别程序案件

446. 申请海事请求保全
（1）申请扣押船舶
（2）申请拍卖扣押船舶
（3）申请扣押船载货物
（4）申请拍卖扣押船载货物
（5）申请扣押船用燃油及船用物料
（6）申请拍卖扣押船用燃油及船用物料
447. 申请海事支付令
448. 申请海事强制令
449. 申请海事证据保全
450. 申请设立海事赔偿责任限制基金
451. 申请船舶优先权催告

452．申请海事债权登记与受偿

五十、申请承认与执行法院判决、仲裁裁决案件

453．申请执行海事仲裁裁决
454．申请执行知识产权仲裁裁决
455．申请执行涉外仲裁裁决
456．申请认可和执行香港特别行政区法院民事判决
457．申请认可和执行香港特别行政区仲裁裁决
458．申请认可和执行澳门特别行政区法院民事判决
459．申请认可和执行澳门特别行政区仲裁裁决
460．申请认可和执行台湾地区法院民事判决
461．申请认可和执行台湾地区仲裁裁决
462．申请承认和执行外国法院民事判决、裁定
463．申请承认和执行外国仲裁裁决

第十一部分　特殊诉讼程序案件案由

五十一、与宣告失踪、宣告死亡案件

有关的纠纷
464．失踪人债务支付纠纷
465．被撤销死亡宣告人请求返还财产纠纷

五十二、公益诉讼

466．生态环境保护民事公益诉讼
（1）环境污染民事公益诉讼
（2）生态破坏民事公益诉讼
（3）生态环境损害赔偿诉讼
467．英雄烈士保护民事公益诉讼
468．未成年人保护民事公益诉讼
469．消费者权益保护民事公益诉讼

五十三、第三人撤销之诉

470. 第三人撤销之诉

五十四、执行程序中的异议之诉

471. 执行异议之诉

（1）案外人执行异议之诉

（2）申请执行人执行异议之诉

472. 追加、变更被执行人异议之诉

473. 执行分配方案异议之诉

诉讼费用交纳办法

（2006年12月8日国务院第159次常务会议通过
2006年12月19日中华人民共和国国务院令
第481号公布　自2007年4月1日起施行）

第一章　总　则

第一条　根据《民事诉讼法》和《中华人民共和国行政诉讼法》(以下简称《行政诉讼法》)的有关规定，制定本办法。

第二条　当事人进行民事诉讼、行政诉讼，应当依照本办法交纳诉讼费用。

本办法规定可以不交纳或者免予交纳诉讼费用的除外。

第三条　在诉讼过程中不得违反本办法规定的范围和标准向当事人收取费用。

第四条　国家对交纳诉讼费用确有困难的当事人提供司法救助，保障其依法行使诉讼权利，维护其合法权益。

第五条　外国人、无国籍人、外国企业或者组织在人民法院进行诉讼，适用本办法。

外国法院对中华人民共和国公民、法人或者其他组织，与其本国公民、法人或者其他组织在诉讼费用交纳上实行差别对待的，按照对等原则处理。

第二章　诉讼费用交纳范围

第六条　当事人应当向人民法院交纳的诉讼费用包括：

（一）案件受理费；

（二）申请费；

（三）证人、鉴定人、翻译人员、理算人员在人民法院指定日期出庭发生的交通费、住宿费、生活费和误工补贴。

第七条　案件受理费包括：

（一）第一审案件受理费；

（二）第二审案件受理费；

（三）再审案件中，依照本办法规定需要交纳的案件受理费。

第八条　下列案件不交纳案件受理费：

（一）依照民事诉讼法规定的特别程序审理的案件；

（二）裁定不予受理、驳回起诉、驳回上诉的案件；

（三）对不予受理、驳回起诉和管辖权异议裁定不服，提起上诉的案件；

（四）行政赔偿案件。

第九条　根据民事诉讼法和行政诉讼法规定的审判监督程序审理的案件，当事人不交纳案件受理费。但是，下列情形除外：

（一）当事人有新的证据，足以推翻原判决、裁定，向人民法院申请再审，人民法院经审查决定再审的案件；

（二）当事人对人民法院第一审判决或者裁定未提出上诉，第一审判决、裁定或者调解书发生法律效力后又申请再审，人民法院经审查决定再审的案件。

第十条　当事人依法向人民法院申请下列事项，应当交纳申请费：

（一）申请执行人民法院发生法律效力的判决、裁定、调解书，仲裁机构依法作出的裁决和调解书，公证机构依法赋予强制执行效力的债权文书；

（二）申请保全措施；

（三）申请支付令；

（四）申请公示催告；

（五）申请撤销仲裁裁决或者认定仲裁协议效力；

（六）申请破产；

（七）申请海事强制令、共同海损理算、设立海事赔偿责任限制基金、海事债权登记、船舶优先权催告；

（八）申请承认和执行外国法院判决、裁定和国外仲裁机构裁决。

第十一条 证人、鉴定人、翻译人员、理算人员在人民法院指定日期出庭发生的交通费、住宿费、生活费和误工补贴，由人民法院按照国家规定标准代为收取。

当事人复制案件卷宗材料和法律文书应当按实际成本向人民法院交纳工本费。

第十二条 诉讼过程中因鉴定、公告、勘验、翻译、评估、拍卖、变卖、仓储、保管、运输、船舶监管等发生的依法应当由当事人负担的费用，人民法院根据谁主张、谁负担的原则，决定由当事人直接支付给有关机构或者单位，人民法院不得代收代付。

人民法院依照《民事诉讼法》第十一条第三款规定提供当地民族通用语言、文字翻译的，不收取费用。

第三章　诉讼费用交纳标准

第十三条 案件受理费分别按照下列标准交纳：

（一）财产案件根据诉讼请求的金额或者价额，按照下列比例分段累计交纳：

1. 不超过 1 万元的，每件交纳 50 元；
2. 超过 1 万元至 10 万元的部分，按照 2.5% 交纳；
3. 超过 10 万元至 20 万元的部分，按照 2% 交纳；
4. 超过 20 万元至 50 万元的部分，按照 1.5% 交纳；
5. 超过 50 万元至 100 万元的部分，按照 1% 交纳；
6. 超过 100 万元至 200 万元的部分，按照 0.9% 交纳；
7. 超过 200 万元至 500 万元的部分，按照 0.8% 交纳；

8．超过 500 万元至 1000 万元的部分，按照 0.7% 交纳；

9．超过 1000 万元至 2000 万元的部分，按照 0.6% 交纳；

10．超过 2000 万元的部分，按照 0.5% 交纳。

（二）非财产案件按照下列标准交纳：

1．离婚案件每件交纳 50 元至 300 元。涉及财产分割，财产总额不超过 20 万元的，不另行交纳；超过 20 万元的部分，按照 0.5% 交纳。

2．侵害姓名权、名称权、肖像权、名誉权、荣誉权以及其他人格权的案件，每件交纳 100 元至 500 元。涉及损害赔偿，赔偿金额不超过 5 万元的，不另行交纳；超过 5 万元至 10 万元的部分，按照 1% 交纳；超过 10 万元的部分，按照 0.5% 交纳。

3．其他非财产案件每件交纳 50 元至 100 元。

（三）知识产权民事案件，没有争议金额或者价额的，每件交纳 500 元至 1000 元；有争议金额或者价额的，按照财产案件的标准交纳。

（四）劳动争议案件每件交纳 10 元。

（五）行政案件按照下列标准交纳：

1．商标、专利、海事行政案件每件交纳 100 元；

2．其他行政案件每件交纳 50 元。

（六）当事人提出案件管辖权异议，异议不成立的，每件交纳 50 元至 100 元。省、自治区、直辖市人民政府可以结合本地实际情况在本条第（二）项、第（三）项、第（六）项规定的幅度内制定具体交纳标准。

第十四条 申请费分别按照下列标准交纳：

（一）依法向人民法院申请执行人民法院发生法律效力的判决、裁定、调解书，仲裁机构依法作出的裁决和调解书，公证机关依法赋予强制执行效力的债权文书，申请承认和执行外国法院判决、裁定以及国外仲裁机构裁决的，按照下列标准交纳：

1．没有执行金额或者价额的，每件交纳 50 元至 500 元。

2．执行金额或者价额不超过 1 万元的，每件交纳 50 元；超过 1 万元至 50 万元的部分，按照 1.5% 交纳；超过 50 万元至 500 万元的部分，按照 1% 交纳；超过 500 万元至 1000 万元的部分，按照 0.5% 交纳；超过 1000 万元的部分，按照 0.1% 交纳。

3．符合《民事诉讼法》第五十五条[①]第四款规定，未参加登记的权利人向人民法院提起诉讼的，按照本项规定的标准交纳申请费，不再交纳案件受理费。

（二）申请保全措施的，根据实际保全的财产数额按照下列标准交纳：

财产数额不超过1000元或者不涉及财产数额的，每件交纳30元；超过1000元至10万元的部分，按照1%交纳；超过10万元的部分，按照0.5%交纳。但是，当事人申请保全措施交纳的费用最多不超过5000元。

（三）依法申请支付令的，比照财产案件受理费标准的1/3交纳。

（四）依法申请公示催告的，每件交纳100元。

（五）申请撤销仲裁裁决或者认定仲裁协议效力的，每件交纳400元。

（六）破产案件依据破产财产总额计算，按照财产案件受理费标准减半交纳，但是，最高不超过30万元。

（七）海事案件的申请费按照下列标准交纳：

1．申请设立海事赔偿责任限制基金的，每件交纳1000元至1万元；

2．申请海事强制令的，每件交纳1000元至5000元；

3．申请船舶优先权催告的，每件交纳1000元至5000元；

4．申请海事债权登记的，每件交纳1000元；

5．申请共同海损理算的，每件交纳1000元。

第十五条　以调解方式结案或者当事人申请撤诉的，减半交纳案件受理费。

第十六条　适用简易程序审理的案件减半交纳案件受理费。

第十七条　对财产案件提起上诉的，按照不服一审判决部分的上诉请求数额交纳案件受理费。

第十八条　被告提起反诉、有独立请求权的第三人提出与本案有关的诉讼请求，人民法院决定合并审理的，分别减半交纳案件受理费。

第十九条　依照本办法第九条规定需要交纳案件受理费的再审案件，按照不服原判决部分的再审请求数额交纳案件受理费。

---

① 对应《民事诉讼法》（2023年修正）第五十七条。

第四章　诉讼费用的交纳和退还

第二十条　案件受理费由原告、有独立请求权的第三人、上诉人预交。被告提起反诉，依照本办法规定需要交纳案件受理费的，由被告预交。追索劳动报酬的案件可以不预交案件受理费。

申请费由申请人预交。但是，本办法第十条第（一）项、第（六）项规定的申请费不由申请人预交，执行申请费执行后交纳，破产申请费清算后交纳。

本办法第十一条规定的费用，待实际发生后交纳。

第二十一条　当事人在诉讼中变更诉讼请求数额，案件受理费依照下列规定处理：

（一）当事人增加诉讼请求数额的，按照增加后的诉讼请求数额计算补交；

（二）当事人在法庭调查终结前提出减少诉讼请求数额的，按照减少后的诉讼请求数额计算退还。

第二十二条　原告自接到人民法院交纳诉讼费用通知次日起 7 日内交纳案件受理费；反诉案件由提起反诉的当事人自提起反诉次日起 7 日内交纳案件受理费。

上诉案件的案件受理费由上诉人向人民法院提交上诉状时预交。双方当事人都提起上诉的，分别预交。上诉人在上诉期内未预交诉讼费用的，人民法院应当通知其在 7 日内预交。

申请费由申请人在提出申请时或者在人民法院指定的期限内预交。

当事人逾期不交纳诉讼费用又未提出司法救助申请，或者申请司法救助未获批准，在人民法院指定期限内仍未交纳诉讼费用的，由人民法院依照有关规定处理。

第二十三条　依照本办法第九条规定需要交纳案件受理费的再审案件，由申请再审的当事人预交。双方当事人都申请再审的，分别预交。

第二十四条　依照《民事诉讼法》第三十六条①、第三十七条②、第三十八

① 对应《民事诉讼法》(2023 年修正）第三十七条。
② 对应《民事诉讼法》(2023 年修正）第三十八条。

条[①]、第三十九条规定移送、移交的案件，原受理人民法院应当将当事人预交的诉讼费用随案移交接收案件的人民法院。

第二十五条 人民法院审理民事案件过程中发现涉嫌刑事犯罪并将案件移送有关部门处理的，当事人交纳的案件受理费予以退还；移送后民事案件需要继续审理的，当事人已交纳的案件受理费不予退还。

第二十六条 中止诉讼、中止执行的案件，已交纳的案件受理费、申请费不予退还。

中止诉讼、中止执行的原因消除，恢复诉讼、执行的，不再交纳案件受理费、申请费。

第二十七条 第二审人民法院决定将案件发回重审的，应当退还上诉人已交纳的第二审案件受理费。第一审人民法院裁定不予受理或者驳回起诉的，应当退还当事人已交纳的案件受理费；当事人对第一审人民法院不予受理、驳回起诉的裁定提起上诉，第二审人民法院维持第一审人民法院作出的裁定的，第一审人民法院应当退还当事人已交纳的案件受理费。

第二十八条 依照《民事诉讼法》第一百三十七条[②]规定终结诉讼的案件，依照本办法规定已交纳的案件受理费不予退还。

第五章 诉讼费用的负担

第二十九条 诉讼费用由败诉方负担，胜诉方自愿承担的除外。

部分胜诉、部分败诉的，人民法院根据案件的具体情况决定当事人各自负担的诉讼费用数额。

共同诉讼当事人败诉的，人民法院根据其对诉讼标的的利害关系，决定当事人各自负担的诉讼费用数额。

第三十条 第二审人民法院改变第一审人民法院作出的判决、裁定的，应当相应变更第一审人民法院对诉讼费用负担的决定。

第三十一条 经人民法院调解达成协议的案件，诉讼费用的负担由双方当事人协商解决；协商不成的，由人民法院决定。

---

① 对应《民事诉讼法》（2023 年修正）第一百三十条。

② 对应《民事诉讼法》（2023 年修正）第一百五十四条。

第三十二条　依照本办法第九条第（一）项、第（二）项的规定应当交纳案件受理费的再审案件，诉讼费用由申请再审的当事人负担；双方当事人都申请再审的，诉讼费用依照本办法第二十九条的规定负担。原审诉讼费用的负担由人民法院根据诉讼费用负担原则重新确定。

第三十三条　离婚案件诉讼费用的负担由双方当事人协商解决；协商不成的，由人民法院决定。

第三十四条　民事案件的原告或者上诉人申请撤诉，人民法院裁定准许的，案件受理费由原告或者上诉人负担。

行政案件的被告改变或者撤销具体行政行为，原告申请撤诉，人民法院裁定准许的，案件受理费由被告负担。

第三十五条　当事人在法庭调查终结后提出减少诉讼请求数额的，减少请求数额部分的案件受理费由变更诉讼请求的当事人负担。

第三十六条　债务人对督促程序未提出异议的，申请费由债务人负担。债务人对督促程序提出异议致使督促程序终结的，申请费由申请人负担；申请人另行起诉的，可以将申请费列入诉讼请求。

第三十七条　公示催告的申请费由申请人负担。

第三十八条　本办法第十条第（一）项、第（八）项规定的申请费由被执行人负担。

执行中当事人达成和解协议的，申请费的负担由双方当事人协商解决；协商不成的，由人民法院决定。

本办法第十条第（二）项规定的申请费由申请人负担，申请人提起诉讼的，可以将该申请费列入诉讼请求。

本办法第十条第（五）项规定的申请费，由人民法院依照本办法第二十九条规定决定申请费的负担。

第三十九条　海事案件中的有关诉讼费用依照下列规定负担：

（一）诉前申请海事请求保全、海事强制令的，申请费由申请人负担；申请人就有关海事请求提起诉讼的，可将上述费用列入诉讼请求；

（二）诉前申请海事证据保全的，申请费由申请人负担；

（三）诉讼中拍卖、变卖被扣押船舶、船载货物、船用燃油、船用物料发生的合理费用，由申请人预付，从拍卖、变卖价款中先行扣除，退还申请人；

（四）申请设立海事赔偿责任限制基金、申请债权登记与受偿、申请船舶优先权催告案件的申请费，由申请人负担；

（五）设立海事赔偿责任限制基金、船舶优先权催告程序中的公告费用由申请人负担。

第四十条 当事人因自身原因未能在举证期限内举证，在二审或者再审期间提出新的证据致使诉讼费用增加的，增加的诉讼费用由该当事人负担。

第四十一条 依照特别程序审理案件的公告费，由起诉人或者申请人负担。

第四十二条 依法向人民法院申请破产的，诉讼费用依照有关法律规定从破产财产中拨付。

第四十三条 当事人不得单独对人民法院关于诉讼费用的决定提起上诉。

当事人单独对人民法院关于诉讼费用的决定有异议的，可以向作出决定的人民法院院长申请复核。复核决定应当自收到当事人申请之日起15日内作出。

当事人对人民法院决定诉讼费用的计算有异议的，可以向作出决定的人民法院请求复核。计算确有错误的，作出决定的人民法院应当予以更正。

第六章　司法救助

第四十四条 当事人交纳诉讼费用确有困难的，可以依照本办法向人民法院申请缓交、减交或者免交诉讼费用的司法救助。

诉讼费用的免交只适用于自然人。

第四十五条 当事人申请司法救助，符合下列情形之一的，人民法院应当准予免交诉讼费用：

（一）残疾人无固定生活来源的；

（二）追索赡养费、扶养费、抚育费、抚恤金的；

（三）最低生活保障对象、农村特困定期救济对象、农村五保供养对象或者领取失业保险金人员，无其他收入的；

（四）因见义勇为或者为保护社会公共利益致使自身合法权益受到损害，本人或者其近亲属请求赔偿或者补偿的；

（五）确实需要免交的其他情形。

第四十六条　当事人申请司法救助，符合下列情形之一的，人民法院应当准予减交诉讼费用：

（一）因自然灾害等不可抗力造成生活困难，正在接受社会救济，或者家庭生产经营难以为继的；

（二）属于国家规定的优抚、安置对象的；

（三）社会福利机构和救助管理站；

（四）确实需要减交的其他情形。

人民法院准予减交诉讼费用的，减交比例不得低于30%。

第四十七条　当事人申请司法救助，符合下列情形之一的，人民法院应当准予缓交诉讼费用：

（一）追索社会保险金、经济补偿金的；

（二）海上事故、交通事故、医疗事故、工伤事故、产品质量事故或者其他人身伤害事故的受害人请求赔偿的；

（三）正在接受有关部门法律援助的；

（四）确实需要缓交的其他情形。

第四十八条　当事人申请司法救助，应当在起诉或者上诉时提交书面申请、足以证明其确有经济困难的证明材料以及其他相关证明材料。

因生活困难或者追索基本生活费用申请免交、减交诉讼费用的，还应当提供本人及其家庭经济状况符合当地民政、劳动保障等部门规定的公民经济困难标准的证明。

人民法院对当事人的司法救助申请不予批准的，应当向当事人书面说明理由。

第四十九条　当事人申请缓交诉讼费用经审查符合本办法第四十七条规定的，人民法院应当在决定立案之前作出准予缓交的决定。

第五十条　人民法院对一方当事人提供司法救助，对方当事人败诉的，诉讼费用由对方当事人负担；对方当事人胜诉的，可以视申请司法救助的当事人的经济状况决定其减交、免交诉讼费用。

第五十一条　人民法院准予当事人减交、免交诉讼费用的，应当在法律文书中载明。

第七章　诉讼费用的管理和监督

第五十二条　诉讼费用的交纳和收取制度应当公示。人民法院收取诉讼费用按照其财务隶属关系使用国务院财政部门或者省级人民政府财政部门印制的财政票据。案件受理费、申请费全额上缴财政，纳入预算，实行收支两条线管理。

人民法院收取诉讼费用应当向当事人开具缴费凭证，当事人持缴费凭证到指定代理银行交费。依法应当向当事人退费的，人民法院应当按照国家有关规定办理。诉讼费用缴库和退费的具体办法由国务院财政部门商最高人民法院另行制定。

在边远、水上、交通不便地区，基层巡回法庭当场审理案件，当事人提出向指定代理银行交纳诉讼费用确有困难的，基层巡回法庭可以当场收取诉讼费用，并向当事人出具省级人民政府财政部门印制的财政票据；不出具省级人民政府财政部门印制的财政票据的，当事人有权拒绝交纳。

第五十三条　案件审结后，人民法院应当将诉讼费用的详细清单和当事人应当负担的数额书面通知当事人，同时在判决书、裁定书或者调解书中写明当事人各方应当负担的数额。

需要向当事人退还诉讼费用的，人民法院应当自法律文书生效之日起15日内退还有关当事人。

第五十四条　价格主管部门、财政部门按照收费管理的职责分工，对诉讼费用进行管理和监督；对违反本办法规定的乱收费行为，依照法律、法规和国务院相关规定予以查处。

第八章　附　则

第五十五条　诉讼费用以人民币为计算单位。以外币为计算单位的，依照人民法院决定受理案件之日国家公布的汇率换算成人民币计算交纳；上诉案件和申请再审案件的诉讼费用，按照第一审人民法院决定受理案件之日国家公布的汇率换算。

第五十六条　本办法自2007年4月1日起施行。

二、立　案

最高人民法院
关于对与证券交易所监管职能相关的诉讼案件管辖与受理问题的规定

（2004年11月18日最高人民法院审判委员会第1333次会议通过
根据2020年12月23日最高人民法院审判委员会第1823次会议通过的《最高人民法院关于修改〈最高人民法院关于人民法院民事调解工作若干问题的规定〉等十九件民事诉讼类司法解释的决定》修正）

为正确及时地管辖、受理与证券交易所监管职能相关的诉讼案件，特作出以下规定：

一、根据《中华人民共和国民事诉讼法》第三十七条和《中华人民共和国行政诉讼法》第二十三条的有关规定，指定上海证券交易所和深圳证券交易所所在地的中级人民法院分别管辖以上海证券交易所和深圳证券交易所为被告或第三人的与证券交易所监管职能相关的第一审民事和行政案件。

二、与证券交易所监管职能相关的诉讼案件包括：

（一）证券交易所根据《中华人民共和国公司法》《中华人民共和国证券法》《中华人民共和国证券投资基金法》《证券交易所管理办法》等法律、法规、规章的规定，对证券发行人及其相关人员、证券交易所会员及其相关人员、证券上市和交易活动作出处理决定引发的诉讼；

（二）证券交易所根据国务院证券监督管理机构的依法授权，对证券发行人及其相关人员、证券交易所会员及其相关人员、证券上市和交易活动作出处理决定引发的诉讼；

（三）证券交易所根据其章程、业务规则、业务合同的规定，对证券发行人及其相关人员、证券交易所会员及其相关人员、证券上市和交易活动作出处理决定引发的诉讼；

（四）证券交易所在履行监管职能过程中引发的其他诉讼。

三、投资者对证券交易所履行监管职责过程中对证券发行人及其相关人员、证券交易所会员及其相关人员、证券上市和交易活动作出的不直接涉及投资者利益的行为提起的诉讼，人民法院不予受理。

四、本规定自发布之日起施行。

最高人民法院
印发《关于为跨境诉讼当事人提供网上立案服务的若干规定》的通知

2021年1月22日　　法发〔2021〕7号

各省、自治区、直辖市高级人民法院，解放军军事法院，新疆维吾尔自治区高级人民法院生产建设兵团分院；本院各单位：

现将《最高人民法院关于为跨境诉讼当事人提供网上立案服务的若干规定》印发给你们，请认真贯彻执行。

附：

最高人民法院
关于为跨境诉讼当事人提供网上立案服务的若干规定

为让中外当事人享受到同等便捷高效的立案服务，根据《中华人民共和国民事诉讼法》《最高人民法院关于人民法院登记立案若干问题的规定》等法律和司法解释，结合人民法院工作实际，制定本规定。

第一条　人民法院为跨境诉讼当事人提供网上立案指引、查询、委托代理视频见证、登记立案服务。

本规定所称跨境诉讼当事人，包括外国人、香港特别行政区、澳门特别行政区（以下简称港澳特区）和台湾地区居民、经常居所地位于国外或者港澳台地区的我国内地公民以及在国外或者港澳台地区登记注册的企业和组织。

第二条　为跨境诉讼当事人提供网上立案服务的案件范围包括第一审民事、商事起诉。

第三条　人民法院通过中国移动微法院为跨境诉讼当事人提供网上立案服务。

第四条　跨境诉讼当事人首次申请网上立案的，应当由受诉法院先行开展身份验证。身份验证主要依托国家移民管理局出入境证件身份认证平台等进行线上验证；无法线上验证的，由受诉法院在线对当事人身份证件以及公证、认证、转递、寄送核验等身份证明材料进行人工验证。

身份验证结果应当在3个工作日内在线告知跨境诉讼当事人。

第五条　跨境诉讼当事人进行身份验证应当向受诉法院在线提交以下材料：

（一）外国人应当提交护照等用以证明自己身份的证件；企业和组织应当提交身份证明文件和代表该企业和组织参加诉讼的人有权作为代表人参加诉讼的证明文件，证明文件应当经所在国公证机关公证，并经我国驻该国使领馆认证。外国人、外国企业和组织所在国与我国没有建立外交关系的，可以经过该国公证机关公证，经与我国有外交关系的第三国驻该国使领馆认证，再转由我国驻第三国使领馆认证。如我国与外国人、外国企业和组织所在国订立、缔结或者参加的国际条约、公约中对证明手续有具体规定，从其规定，但我国声明保留的条款除外；

（二）港澳特区居民应当提交港澳特区身份证件或者港澳居民居住证、港澳居民来往内地通行证等用以证明自己身份的证件；企业和组织应当提交身份证明文件和代表该企业和组织参加诉讼的人有权作为代表人参加诉讼的证明文件，证明文件应当经过内地认可的公证人公证，并经中国法律服务（香港）有限公司或者中国法律服务（澳门）有限公司加章转递；

（三）台湾地区居民应当提交台湾地区身份证件或者台湾居民居住证、台湾居民来往大陆通行证等用以证明自己身份的证件；企业和组织应当提交身份证明文件和代表该企业和组织参加诉讼的人有权作为代表人参加诉讼的证明。证明文件应当通过两岸公证书使用查证渠道办理；

（四）经常居所地位于国外或者港澳台地区的我国内地公民应当提交我国公安机关制发的居民身份证、户口簿或者普通护照等用以证明自己身份的证件，并提供工作签证、常居证等证明其在国外或者港澳台地区合法连续居住超过一年的证明材料。

第六条 通过身份验证的跨境诉讼当事人委托我国内地律师代理诉讼，可以向受诉法院申请线上视频见证。

线上视频见证由法官在线发起，法官、跨境诉讼当事人和受委托律师三方同时视频在线。跨境诉讼当事人应当使用中华人民共和国通用语言或者配备翻译人员，法官应当确认受委托律师和其所在律师事务所以及委托行为是否确为跨境诉讼当事人真实意思表示。在法官视频见证下，跨境诉讼当事人、受委托律师签署有关委托代理文件，无需再办理公证、认证、转递等手续。线上视频见证后，受委托律师可以代为开展网上立案、网上交费等事项。

线上视频见证的过程将由系统自动保存。

第七条 跨境诉讼当事人申请网上立案应当在线提交以下材料：

（一）起诉状；

（二）当事人的身份证明及相应的公证、认证、转递、寄送核验等材料；

（三）证据材料。

上述材料应当使用中华人民共和国通用文字或者有相应资质翻译公司翻译的译本。

第八条 跨境诉讼当事人委托代理人进行诉讼的授权委托材料包括：

（一）外国人、外国企业和组织的代表人在我国境外签署授权委托书，应当经所在国公证机关公证，并经我国驻该国使领馆认证；所在国与我国没有建立外交关系的，可以经过该国公证机关公证，经与我国有外交关系的第三国驻该国使领馆认证，再转由我国驻第三国使领馆认证；在我国境内签署授权委托书，应当在法官见证下签署或者经内地公证机构公证；如我国与外国人、外国企业和组织所在国订立、缔结或者参加的国际条约、公约中对证明手续有具体规定，从其规定，但我国声明保留的条款除外；

（二）港澳特区居民、港澳特区企业和组织的代表人在我国内地以外签署授权委托书，应当经过内地认可的公证人公证，并经中国法律服务（香港）

有限公司或者中国法律服务（澳门）有限公司加章转递；在我国内地签署授权委托书，应当在法官见证下签署或者经内地公证机构公证；

（三）台湾地区居民在我国大陆以外签署授权委托书，应当通过两岸公证书使用查证渠道办理；在我国大陆签署授权委托书，应当在法官见证下签署或者经大陆公证机构公证；

（四）经常居所地位于国外的我国内地公民从国外寄交或者托交授权委托书，必须经我国驻该国的使领馆证明；没有使领馆的，由与我国有外交关系的第三国驻该国的使领馆证明，再转由我国驻该第三国使领馆证明，或者由当地爱国华侨团体证明。

第九条　受诉法院收到网上立案申请后，应当作出以下处理：

（一）符合法律规定的，及时登记立案；

（二）提交诉状和材料不符合要求的，应当一次性告知当事人在 15 日内补正。当事人难以在 15 日内补正材料，可以向受诉法院申请延长补正期限至 30 日。当事人未在指定期限内按照要求补正，又未申请延长补正期限的，立案材料作退回处理；

（三）不符合法律规定的，可在线退回材料并释明具体理由；

（四）无法即时判定是否符合法律规定的，应当在 7 个工作日内决定是否立案。

跨境诉讼当事人可以在线查询处理进展以及立案结果。

第十条　跨境诉讼当事人提交的立案材料中包含以下内容的，受诉法院不予登记立案：

（一）危害国家主权、领土完整和安全；

（二）破坏国家统一、民族团结和宗教政策；

（三）违反法律法规，泄露国家秘密，损害国家利益；

（四）侮辱诽谤他人，进行人身攻击、谩骂、诋毁，经法院告知仍拒不修改；

（五）所诉事项不属于人民法院管辖范围；

（六）其他不符合法律规定的起诉。

第十一条　其他诉讼事项，依据《中华人民共和国民事诉讼法》的规定办理。

第十二条 本规定自2021年2月3日起施行。

最高人民法院
关于破产案件立案受理有关问题的通知

2016年7月28日　　法明传〔2016〕469号

中央经济工作会议提出推进供给侧结构性改革，这是适应我国经济发展新常态作出的重大战略部署。为供给侧结构性改革提供有力的司法保障，是当前和今后一段时期人民法院的重要任务。破产审判工作具有依法促进市场主体再生或有序退出，优化社会资源配置、完善优胜劣汰机制的独特功能，是人民法院保障供给侧结构性改革、推动过剩产能化解的重要途径。因此，各级法院要高度重视、大力加强破产审判工作，认真研究解决影响破产审判职能发挥的体制性、机制性障碍。当前，尤其要做好破产案件的立案受理工作，这是加强破产审判工作的首要环节。为此，特就人民法院破产案件立案受理的有关问题通知如下：

一、破产案件的立案受理事关当事人破产申请权保障，决定破产程序能否顺利启动，是审理破产案件的基础性工作，各级法院要充分认识其重要意义，依照本通知要求，切实做好相关工作，不得在法定条件之外设置附加条件，限制剥夺当事人的破产申请权，阻止破产案件立案受理，影响破产程序正常启动。

二、自2016年8月1日起，对于债权人、债务人等法定主体提出的破产申请材料，人民法院立案部门一律接收并出具书面凭证，然后根据《中华人民共和国企业破产法》第八条的规定进行形式审查。立案部门经审查认为申请人提交的材料符合法律规定的，应按2016年8月1日起实施的《强制清算与破产案件类型及代字标准》，以“破申”作为案件类型代字编制案号，当场登记立案。不符合法律规定的，应予释明，并以书面形式一次性告知应当补充、补正的材料，补充、补正期间不计入审查期限。申请人按要求补充、补正的，应当登记立案。

立案部门登记立案后，应及时将案件移送负责审理破产案件的审判业务部门。

三、审判业务部门应当在五日内将立案及合议庭组成情况通知债务人及提出申请的债权人。对于债权人提出破产申请的，应在通知中向债务人释明，如对破产申请有异议，应当自收到通知之日起七日内向人民法院提出。

四、债权人提出破产申请的，审判业务部门应当自债务人异议期满之日起十日内裁定是否受理。其他情形的，审判业务部门应当自人民法院收到破产申请之日起十五日内裁定是否受理。

有特殊情况需要延长上述审限的，经上一级人民法院批准，可以延长十五日。

五、破产案件涉及的矛盾错综复杂，协调任务繁重，审理周期长，对承办法官的绩效考评应充分考虑这种特殊性。各高级法院要根据本地实际，积极探索建立能够全面客观反映审理破产案件工作量的考评指标体系和科学合理的绩效考评机制，充分调动法官承办破产案件的积极性。

六、各级法院要在地方党委的领导下，同地方政府建立破产工作统一协调机制，积极争取机构、编制、财政、税收等方面的支持，根据审判任务变化情况合理设置机构、配置人员，建立破产援助基金，协调政府解决职工安置问题，妥善化解影响社会稳定的各类风险。

七、请各高级法院、解放军军事法院、新疆维吾尔自治区高级人民法院生产建设兵团分院对本辖区、本系统各级法院今年上半年立案的破产案件数量和破产审判庭设置情况进行统计汇总，于2016年8月20日之前报最高人民法院民二庭。

各级人民法院对本通知执行中发现的新情况、新问题，应逐级报最高人民法院。

最高人民法院
关于印发《关于人民法院推行立案登记制改革的意见》的通知

2015 年 4 月 15 日　　　　　　　　　　　　　　法发〔2015〕6 号

各省、自治区、直辖市高级人民法院，解放军军事法院，新疆维吾尔自治区高级人民法院生产建设兵团分院：

2015 年 4 月 1 日，中央全面深化改革领导小组第十一次会议审议通过了《关于人民法院推行立案登记制改革的意见》(以下简称《意见》)，现予印发，请认真贯彻执行。该《意见》自 2015 年 5 月 1 日起施行。执行中发现情况和问题请及时报告最高人民法院。

附：

关于人民法院推行立案登记制改革的意见

（2015 年 4 月 1 日中央全面深化改革领导小组第十一次会议审议通过　自 2015 年 5 月 1 日起施行）

为充分保障当事人诉权，切实解决人民群众反映的“立案难”问题，改革法院案件受理制度，变立案审查制为立案登记制，依照《中华人民共和国民事诉讼法》《中华人民共和国行政诉讼法》《中华人民共和国刑事诉讼法》等有关法律，提出如下意见。

一、立案登记制改革的指导思想

（一）坚持正确政治方向。深入贯彻党的十八届四中全会精神，坚持党的群众路线，坚持司法为民公正司法，通过立案登记制改革，推动加快建设公正高效权威的社会主义司法制度。

（二）坚持以宪法和法律为依据。依法保障当事人行使诉讼权利，方便当事人诉讼，做到公开、透明、高效。

（三）坚持有案必立、有诉必理。对符合法律规定条件的案件，法院必须依法受理，任何单位和个人不得以任何借口阻挠法院受理案件。

二、登记立案范围

有下列情形之一的，应当登记立案：

（一）与本案有直接利害关系的公民、法人和其他组织提起的民事诉讼，有明确的被告、具体的诉讼请求和事实依据，属于人民法院主管和受诉人民法院管辖的；

（二）行政行为的相对人以及其他与行政行为有利害关系的公民、法人或者其他组织提起的行政诉讼，有明确的被告、具体的诉讼请求和事实根据，属于人民法院受案范围和受诉人民法院管辖的；

（三）属于告诉才处理的案件，被害人有证据证明的轻微刑事案件，以及被害人有证据证明应当追究被告人刑事责任而公安机关、人民检察院不予追究的案件，被害人告诉，且有明确的被告人、具体的诉讼请求和证明被告人犯罪事实的证据，属于受诉人民法院管辖的；

（四）生效法律文书有给付内容且执行标的和被执行人明确，权利人或其继承人、权利承受人在法定期限内提出申请，属于受申请人民法院管辖的；

（五）赔偿请求人向作为赔偿义务机关的人民法院提出申请，对人民法院、人民检察院、公安机关等作出的赔偿、复议决定或者对逾期不作为不服，提出赔偿申请的。

有下列情形之一的，不予登记立案：

（一）违法起诉或者不符合法定起诉条件的；

（二）诉讼已经终结的；

（三）涉及危害国家主权和领土完整、危害国家安全、破坏国家统一和民族团结、破坏国家宗教政策的；

（四）其他不属于人民法院主管的所诉事项。

三、登记立案程序

（一）实行当场登记立案。对符合法律规定的起诉、自诉和申请，一律接收诉状，当场登记立案。对当场不能判定是否符合法律规定的，应当在法律规定的期限内决定是否立案。

（二）实行一次性全面告知和补正。起诉、自诉和申请材料不符合形式要件的，应当及时释明，以书面形式一次性全面告知应当补正的材料和期限。在指定期限内经补正符合法律规定条件的，人民法院应当登记立案。

（三）不符合法律规定的起诉、自诉和申请的处理。对不符合法律规定的起诉、自诉和申请，应当依法裁决不予受理或者不予立案，并载明理由。当事人不服的，可以提起上诉或者申请复议。禁止不收材料、不予答复、不出具法律文书。

（四）严格执行立案标准。禁止在法律规定之外设定受理条件，全面清理和废止不符合法律规定的立案“土政策”。

四、健全配套机制

（一）健全多元化纠纷解决机制。进一步完善调解、仲裁、行政裁决、行政复议、诉讼等有机衔接、相互协调的多元化纠纷解决机制，加强诉前调解与诉讼调解的有效衔接，为人民群众提供更多纠纷解决方式。

（二）建立完善庭前准备程序。完善繁简分流、先行调解工作机制。探索建立庭前准备程序，召集庭前会议，明确诉辩意见，归纳争议焦点，固定相关证据，促进纠纷通过调解、和解、速裁和判决等方式高效解决。

（三）强化立案服务措施。加强人民法院诉讼服务中心和信息化建设，实现公开、便捷立案。推行网上立案、预约立案、巡回立案，为当事人行使诉权提供便利。加大法律援助、司法救助力度，让经济确有困难的当事人打得起官司。

五、制裁违法滥诉

（一）依法惩治虚假诉讼。当事人之间恶意串通，或者冒充他人提起诉讼，企图通过诉讼、调解等方式侵害他人合法权益的，人民法院应当驳回其请求，并予以罚款、拘留；构成犯罪的，依法追究刑事责任。

（二）依法制裁违法行为。对哄闹、滞留、冲击法庭等不听从司法工作人员劝阻的，以暴力、威胁或者其他方法阻碍司法工作人员执行职务的，或者编造事实、侮辱诽谤审判人员，严重扰乱登记立案工作的，予以罚款、拘留；构成犯罪的，依法追究刑事责任。

（三）依法维护立案秩序。对违法围攻、静坐、缠访闹访、冲击法院等，干扰人民法院依法立案的，由公安机关依照治安管理处罚法，予以警告、罚款、行政拘留等处罚；构成犯罪的，依法追究刑事责任。

（四）健全相关法律制度。加强诉讼诚信建设，规范行使诉权行为。推动完善相关立法，对虚假诉讼、恶意诉讼、无理缠诉等滥用诉权行为，明确行政处罚、司法处罚、刑事处罚标准，加大惩治力度。

六、切实加强立案监督

（一）加强内部监督。人民法院应当公开立案程序，规范立案行为，加强对立案流程的监督。上级人民法院应充分发挥审级监督职能，对下级法院有案不立的，责令其及时纠正。必要时，可提级管辖或者指定其他下级法院立案审理。

（二）加强外部监督。人民法院要自觉接受监督，对各级人民代表大会及其常务委员会督查法院登记立案工作反馈的问题和意见，要及时提出整改和落实措施；对检察机关针对不予受理、不予立案、驳回起诉的裁定依法提出的抗诉，要依法审理，对检察机关提出的检察建议要及时处理，并书面回复；自觉接受新闻媒体和人民群众的监督，对反映和投诉的问题，要及时回应，确实存在问题的，要依法纠正。

（三）强化责任追究。人民法院监察部门对立案工作应加大执纪监督力度。发现有案不立、拖延立案、人为控制立案、“年底不立案”、干扰依法立案等违法行为，对有关责任人员和主管领导，依法依纪严肃追究责任。造成严重后果或者恶劣社会影响，构成犯罪的，依法追究刑事责任。

各级人民法院要认真贯彻本意见精神，切实加强领导，明确责任，周密部署，精心组织，确保立案登记制改革顺利进行。

最高人民法院
印发《关于规范人民法院再审立案的若干意见（试行）》的通知

2002 年 9 月 10 日　　　　法发〔2002〕13 号

各省、自治区、直辖市高级人民法院，解放军军事法院，新疆维吾尔自治区高级人民法院生产建设兵团分院：

《最高人民法院关于规范人民法院再审立案的若干意见（试行）》已经最高人民法院审判委员会第 1230 次会议讨论通过，现印发给你们试行，请认真遵照执行。

附

最高人民法院
关于规范人民法院再审立案的若干意见（试行）

为加强审判监督，规范再审立案工作，根据《中华人民共和国刑事诉讼法》、《中华人民共和国民事诉讼法》和《中华人民共和国行政诉讼法》的有关规定，结合审判实际，制定本规定。

第一条　各级人民法院、专门人民法院对本院或者上级人民法院对下级人民法院作出的终审裁判，经复查认为符合再审立案条件的，应当决定或裁定再审。

人民检察院依照法律规定对人民法院作出的终审裁判提出抗诉的，应当再审立案。

第二条　地方各级人民法院、专门人民法院负责下列案件的再审立案：

（一）本院作出的终审裁判，符合再审立案条件的；

（二）下一级人民法院复查驳回或者再审改判，符合再审立案条件的；

（三）上级人民法院指令再审的；

（四）人民检察院依法提出抗诉的。

第三条　最高人民法院负责下列案件的再审立案：

（一）本院作出的终审裁判，符合再审立案条件的；

（二）高级人民法院复查驳回或者再审改判，符合再审立案条件的；

（三）最高人民检察院依法提出抗诉的；

（四）最高人民法院认为应由自己再审的。

第四条　上级人民法院对下级人民法院作出的终审裁判，认为确有必要的，可以直接立案复查，经复查认为符合再审立案条件的，可以决定或裁定再审。

第五条　再审申请人或申诉人向人民法院申请再审或申诉，应当提交以下材料：

（一）再审申请书或申诉状，应当载明当事人的基本情况、申请再审或申诉的事实与理由；

（二）原一、二审判决书、裁定书等法律文书，经过人民法院复查或再审的，应当附有驳回通知书、再审判决书或裁定书；

（三）以有新的证据证明原裁判认定的事实确有错误为由申请再审或申诉的，应当同时附有证据目录、证人名单和主要证据复印件或者照片；需要人民法院调查取证的，应当附有证据线索。

申请再审或申诉不符合前款规定的，人民法院不予审查。

第六条　申请再审或申诉一般由终审人民法院审查处理。

上一级人民法院对未经终审人民法院审查处理的申请再审或申诉，一般交终审人民法院审查；对经终审人民法院审查处理后仍坚持申请再审或申诉的，应当受理。

对未经终审人民法院及其上一级人民法院审查处理，直接向上级人民法院申请再审或申诉的，上级人民法院应当交下一级人民法院处理。

第七条　对终审刑事裁判的申诉，具备下列情形之一的，人民法院应当决定再审：

（一）有审判时未收集到的或者未被采信的证据，可能推翻原定罪量

刑的;

（二）主要证据不充分或者不具有证明力的;

（三）原裁判的主要事实依据被依法变更或撤销的;

（四）据以定罪量刑的主要证据自相矛盾的;

（五）引用法律条文错误或者违反刑法第十二条的规定适用失效法律的;

（六）违反法律关于溯及力规定的;

（七）量刑明显不当的;

（八）审判程序不合法，影响案件公正裁判的;

（九）审判人员在审理案件时索贿受贿、徇私舞弊并导致枉法裁判的。

第八条 对终审民事裁判、调解的再审申请，具备下列情形之一的，人民法院应当裁定再审:

（一）有再审申请人以前不知道或举证不能的证据，可能推翻原裁判的;

（二）主要证据不充分或者不具有证明力的;

（三）原裁判的主要事实依据被依法变更或撤销的;

（四）就同一法律事实或同一法律关系，存在两个相互矛盾的生效法律文书，再审申请人对后一生效法律文书提出再审申请的;

（五）引用法律条文错误或者适用失效、尚未生效法律的;

（六）违反法律关于溯及力规定的;

（七）调解协议明显违反自愿原则，内容违反法律或者损害国家利益、公共利益和他人利益的;

（八）审判程序不合法，影响案件公正裁判的;

（九）审判人员在审理案件时索贿受贿、徇私舞弊并导致枉法裁判的。

第九条 对终审行政裁判的申诉，具备下列情形之一的，人民法院应当裁定再审:

（一）依法应当受理而不予受理或驳回起诉的;

（二）有新的证据可能改变原裁判的;

（三）主要证据不充分或不具有证明力的;

（四）原裁判的主要事实依据被依法变更或撤销的;

（五）引用法律条文错误或者适用失效、尚未生效法律的;

（六）违反法律关于溯及力规定的;

（七）行政赔偿调解协议违反自愿原则，内容违反法律或损害国家利益、公共利益和他人利益的；

（八）审判程序不合法，影响案件公正裁判的；

（九）审判人员在审理案件时索贿受贿、徇私舞弊并导致枉法裁判的。

第十条 人民法院对刑事案件的申诉人在刑罚执行完毕后两年内提出的申诉，应当受理；超过两年提出申诉，具有下列情形之一的，应当受理：

（一）可能对原审被告人宣告无罪的；

（二）原审被告人在本条规定的期限内向人民法院提出申诉，人民法院未受理的；

（三）属于疑难、复杂、重大案件的。

不符合前款规定的，人民法院不予受理。

第十一条 人民法院对刑事附带民事案件中仅就民事部分提出申诉的，一般不予再审立案。但有证据证明民事部分明显失当且原审被告人有赔偿能力的除外。

第十二条 人民法院对民事、行政案件的再审申请人或申诉人超过两年提出再审申请或申诉的，不予受理。

第十三条 人民法院对不符合法定主体资格的再审申请或申诉，不予受理。

第十四条 人民法院对下列民事案件的再审申请不予受理：

（一）人民法院依照督促程序、公示催告程序和破产还债程序审理的案件；

（二）人民法院裁定撤销仲裁裁决和裁定不予执行仲裁裁决的案件；

（三）人民法院判决、调解解除婚姻关系的案件，但当事人就财产分割问题申请再审的除外。

第十五条 上级人民法院对经终审法院的上一级人民法院依照审判监督程序审理后维持原判或者经两级人民法院依照审判监督程序复查均驳回的申请再审或申诉案件，一般不予受理。

但再审申请人或申诉人提出新的理由，且符合《中华人民共和国刑事诉讼法》第二百零四条、《中华人民共和国民事诉讼法》第一百七十九条、《中华人民共和国行政诉讼法》第六十二条及本规定第七、八、九条规定条件的，以及刑事案件的原审被告人可能被宣告无罪的除外。

第十六条 最高人民法院再审裁判或者复查驳回的案件，再审申请人或申诉人仍不服提出再审申请或申诉的，不予受理。

第十七条 本意见自2002年11月1日起施行。以前有关再审立案的规定与本意见不一致的，按本意见执行。

最高人民法院
关于统一再审立案阶段和再审审理阶段民事案件编号的通知

2008年4月7日　　法〔2008〕127号

各省、自治区、直辖市高级人民法院，解放军军事法院，新疆维吾尔自治区高级人民法院生产建设兵团分院：

为配合修改后的民事诉讼法的实施，现就再审立案阶段和再审审理阶段民事案件编号通知如下：

一、再审立案阶段民事案件编号

1. 当事人不服生效一审或者二审判决、裁定、调解书，向上一级人民法院申请再审，且符合申请再审受理条件的案件，编立“民申字”案号；

2. 当事人不服生效再审判决、裁定、调解书，向上一级人民法院申请再审，且符合申请再审受理条件的案件，编立“民再申字”案号；

3. 人民法院依据民事诉讼法第一百七十七条[①]依职权进行审查的案件，编立“民监字”案号；

4. 人民检察院依法提出抗诉的案件，编立“民抗字”案号。

二、再审审理阶段民事案件编号

1. 上级人民法院提审的再审案件，编立“民提字”案号；

① 对应《民事诉讼法》（2023年修正）第二百零九条。

2．下列案件，编立“民再字”案号：

（1）各级人民法院依据民事诉讼法第一百七十七条第一款对于本院生效判决、裁定决定再审的案件；

（2）最高人民法院对地方各级人民法院生效判决、裁定，上级人民法院对下级人民法院生效判决、裁定，依据民事诉讼法第一百七十七条第二款指令再审的案件。

（3）最高人民法院、高级人民法院依据民事诉讼法第一百八十一条[①]第二款指令原审人民法院再审的案件；

（4）最高人民法院、高级人民法院依据民事诉讼法第一百八十一条第二款指令其他人民法院再审的案件；

（5）上级人民法院对于人民检察院提出抗诉的案件，依据民事诉讼法第一百八十八条指令下一级人民法院再审的案件。

本通知自下发之日起施行。本院以前发布的有关规定与本通知不一致的，以本通知为准。

最高人民法院
关于人民法院立案、审判与执行工作协调运行的意见

2018年5月28日　　　　法发〔2018〕9号

为了进一步明确人民法院内部分工协作的工作职责，促进立案、审判与执行工作的顺利衔接和高效运行，保障当事人及时实现合法权益，根据《中华人民共和国民事诉讼法》《中华人民共和国刑事诉讼法》《中华人民共和国行政诉讼法》等有关法律规定，制定本意见。

一、立案工作

1．立案部门在收取起诉材料时，应当发放诉讼风险提示书，告知当事人

① 对应《民事诉讼法》(2023年修正）第二百一十二条。

诉讼风险，就申请财产保全作必要的说明，告知当事人申请财产保全的具体流程、担保方式及风险承担等信息，引导当事人及时向人民法院申请保全。

立案部门在收取申请执行材料时，应发放执行风险提示书，告知申请执行人向人民法院提供财产线索的义务，以及无财产可供执行导致执行不能的风险。

2. 立案部门在立案时与执行机构共享信息，做好以下信息的采集工作：

（1）立案时间；

（2）当事人姓名、性别、民族、出生日期、身份证件号码；

（3）当事人名称、法定代表人或者主要负责人、统一社会信用代码或者组织机构代码；

（4）送达地址；

（5）保全信息；

（6）当事人电话及其他联系方式；

（7）其他应当采集的信息。

立案部门在立案时应充分采集原告或者申请执行人的前款信息，提示原告或者申请执行人尽可能提供被告或者被执行人的前款信息。

3. 在执行案件立案时，有字号的个体工商户为被执行人的，立案部门应当将生效法律文书注明的该字号个体工商户经营者一并列为被执行人。

4. 立案部门在对刑事裁判涉财产部分移送执行立案审查时，重点审查《移送执行表》载明的以下内容：

（1）被执行人、被害人的基本信息；

（2）已查明的财产状况或者财产线索；

（3）随案移送的财产和已经处置财产的情况；

（4）查封、扣押、冻结财产的情况；

（5）移送执行的时间；

（6）其他需要说明的情况。

《移送执行表》信息存在缺漏的，应要求刑事审判部门及时补充完整。

5. 立案部门在受理申请撤销仲裁裁决、执行异议之诉、变更追加执行当事人异议之诉、参与分配异议之诉、履行执行和解协议之诉等涉及执行的案件后，应提示当事人及时向执行法院或者本院执行机构告知有关情况。

6. 人民法院在判决生效后退还当事人预交但不应负担的诉讼费用时，不得以立执行案件的方式退还。

二、审判工作

7. 审判部门在审理案件时，应当核实立案部门在立案时采集的有关信息。信息发生变化或者记录不准确的，应当及时予以更正、补充。

8. 审判部门在审理确权诉讼时，应当查询所要确权的财产权属状况。需要确权的财产已经被人民法院查封、扣押、冻结的，应当裁定驳回起诉，并告知当事人可以依照民事诉讼法第二百二十七条的规定主张权利。

9. 审判部门在审理涉及交付特定物、恢复原状、排除妨碍等案件时，应当查明标的物的状态。特定标的物已经灭失或者不宜恢复原状、排除妨碍的，应告知当事人可申请变更诉讼请求。

10. 审判部门在审理再审裁定撤销原判决、裁定发回重审的案件时，应当注意审查诉讼标的物是否存在灭失或者发生变化致使原诉讼请求无法实现的情形。存在该情形的，应告知当事人可申请变更诉讼请求。

11. 法律文书主文应当明确具体：

（1）给付金钱的，应当明确数额。需要计算利息、违约金数额的，应当有明确的计算基数、标准、起止时间等；

（2）交付特定标的物的，应当明确特定物的名称、数量、具体特征等特定信息，以及交付时间、方式等；

（3）确定继承的，应当明确遗产的名称、数量、数额等；

（4）离婚案件分割财产的，应当明确财产名称、数量、数额等；

（5）继续履行合同的，应当明确当事人继续履行合同的内容、方式等；

（6）排除妨碍、恢复原状的，应当明确排除妨碍、恢复原状的标准、时间等；

（7）停止侵害的，应当明确停止侵害行为的具体方式，以及被侵害权利的具体内容或者范围等；

（8）确定子女探视权的，应当明确探视的方式、具体时间和地点，以及交接办法等；

（9）当事人之间互负给付义务的，应当明确履行顺序。

对前款规定中财产数量较多的，可以在法律文书后另附清单。

12. 审判部门在民事调解中，应当审查双方意思的真实性、合法性，注重调解书的可执行性。能即时履行的，应要求当事人即时履行完毕。

13. 刑事裁判涉财产部分的裁判内容，应当明确、具体。涉案财物或者被害人人数较多，不宜在判决主文中详细列明的，可以概括叙明并另附清单。判处没收部分财产的，应当明确没收的具体财物或者金额。判处追缴或者责令退赔的，应当明确追缴或者退赔的金额或财物的名称、数量等有关情况。

三、执行工作

14. 执行标的物为特定物的，应当执行原物。原物已经毁损或者灭失的，经双方当事人同意，可以折价赔偿。双方对折价赔偿不能协商一致的，按照下列方法处理：

（1）原物毁损或者灭失发生在最后一次法庭辩论结束前的，执行机构应当告知当事人可通过审判监督程序救济；

（2）原物毁损或者灭失发生在最后一次法庭辩论结束后的，执行机构应当终结执行程序并告知申请执行人可另行起诉。

无法确定原物在最后一次法庭辩论结束前还是结束后毁损或者灭失的，按照前款第二项规定处理。

15. 执行机构发现本院作出的生效法律文书执行内容不明确的，应书面征询审判部门的意见。审判部门应在15日内作出书面答复或者裁定予以补正。审判部门未及时答复或者不予答复的，执行机构可层报院长督促审判部门答复。

执行内容不明确的生效法律文书是上级法院作出的，执行法院的执行机构应当层报上级法院执行机构，由上级法院执行机构向审判部门征询意见。审判部门应在15日内作出书面答复或者裁定予以补正。上级法院的审判部门未及时答复或者不予答复的，上级法院执行机构层报院长督促审判部门答复。

执行内容不明确的生效法律文书是其他法院作出的，执行法院的执行机构可以向作出生效法律文书的法院执行机构发函，由该法院执行机构向审判部门征询意见。审判部门应在15日内作出书面答复或者裁定予以补正。审判部门未及时答复或者不予答复的，作出生效法律文书的法院执行机构层报院长督促审判部门答复。

四、财产保全工作

16. 下列财产保全案件一般由立案部门编立“财保”字案号进行审查并作出裁定：

（1）利害关系人在提起诉讼或者申请仲裁前申请财产保全的案件；

（2）当事人在仲裁过程中通过仲裁机构向人民法院提交申请的财产保全案件；

（3）当事人在法律文书生效后进入执行程序前申请财产保全的案件。

当事人在诉讼中申请财产保全的案件，一般由负责审理案件的审判部门沿用诉讼案号进行审查并作出裁定。

当事人在上诉后二审法院立案受理前申请财产保全的案件，由一审法院审判部门审查并作出裁定。

17. 立案、审判部门作出的财产保全裁定，应当及时送交立案部门编立“执保”字案号的执行案件，立案后送交执行。

上级法院可以将财产保全裁定指定下级法院立案执行。

18. 财产保全案件的下列事项，由作出财产保全裁定的部门负责审查：

（1）驳回保全申请；

（2）准予撤回申请、按撤回申请处理；

（3）变更保全担保；

（4）续行保全、解除保全；

（5）准许被保全人根据《最高人民法院关于人民法院办理财产保全案件若干问题的规定》第二十条第一款规定申请自行处分被保全财产；

（6）首先采取查封、扣押、冻结措施的保全法院将被保全财产移送给在先轮候查封、扣押、冻结的执行法院；

（7）当事人或者利害关系人对财产保全裁定不服，申请复议；

（8）对保全内容或者措施需要处理的其他事项。

采取保全措施后，案件进入下一程序的，由有关程序对应的受理部门负责审查前款规定的事项。判决生效后申请执行前进行续行保全的，由作出该判决的审判部门作出续行保全裁定。

19. 实施保全的部门负责执行财产保全案件的下列事项：

（1）实施、续行、解除查封、扣押、冻结措施；

（2）监督被保全人根据《最高人民法院关于人民法院办理财产保全案件若干问题的规定》第二十条第一款规定自行处分被保全财产，并控制相应价款；

（3）其他需要实施的保全措施。

20. 保全措施实施后，实施保全的部门应当及时将财产保全情况通报作出财产保全裁定的部门，并将裁定、协助执行通知书副本等移送入卷。“执保”字案件单独立卷归档。

21. 保全财产不是诉讼争议标的物，案外人基于实体权利对保全裁定或者执行行为不服提出异议的，由负责审查案外人异议的部门根据民事诉讼法第二百二十七条的规定审查该异议。

五、机制运行

22. 各级人民法院可以根据本院机构设置，明确负责立案、审判、执行衔接工作的部门，制定和细化立案、审判、执行工作衔接的有关制度，并结合本院机构设置的特点，建立和完善本院立案、审判、执行工作衔接的长效机制。

23. 审判人员、审判辅助人员在立案、审判、执行等环节中，因故意或者重大过失致使立案、审判、执行工作脱节，导致生效法律文书难以执行的，应当依照有关规定，追究相应责任。

三、受　理

最高人民法院
印发《关于受理审查民事申请再审案件的若干意见》的通知

2009年4月27日　　法发〔2009〕26号

各省、自治区、直辖市高级人民法院，解放军军事法院，新疆维吾尔自治区高级人民法院生产建设兵团分院：

为依法保障当事人申请再审权利，规范人民法院受理审查民事申请再审案件工作，最高人民法院制定了《关于受理审查民事申请再审案件的若干意见》，现印发给你们，请结合审判实际，认真贯彻执行。

附：

关于受理审查民事申请再审案件的若干意见

为依法保障当事人申请再审权利，规范人民法院受理审查民事申请再审案件工作，根据《中华人民共和国民事诉讼法》和《最高人民法院关于适用〈中华人民共和国民事诉讼法〉审判监督程序若干问题的解释》的有关规定，结合审判工作实际，现就受理审查民事申请再审案件工作提出以下意见：

一、民事申请再审案件的受理

第一条　当事人或案外人申请再审，应当提交再审申请书等材料，并按照被申请人及原审其他当事人人数提交再审申请书副本。

第二条 人民法院应当审查再审申请书是否载明下列事项：

（一）申请再审人、被申请人及原审其他当事人的基本情况。当事人是自然人的，应列明姓名、性别、年龄、民族、职业、工作单位、住所及有效联系电话、邮寄地址；当事人是法人或者其他组织的，应列明名称、住所和法定代表人或者主要负责人的姓名、职务及有效联系电话、邮寄地址；

（二）原审法院名称，原判决、裁定、调解文书案号；

（三）具体的再审请求；

（四）申请再审的法定事由及具体事实、理由；

（五）受理再审申请的法院名称；

（六）申请再审人的签名或者盖章。

第三条 申请再审人申请再审，除应提交符合前条规定的再审申请书外，还应当提交以下材料：

（一）申请再审人是自然人的，应提交身份证明复印件；申请再审人是法人或其他组织的，应提交营业执照复印件、法定代表人或主要负责人身份证明书。委托他人代为申请的，应提交授权委托书和代理人身份证明；

（二）申请再审的生效裁判文书原件，或者经核对无误的复印件；生效裁判系二审、再审裁判的，应同时提交一审、二审裁判文书原件，或者经核对无误的复印件；

（三）在原审诉讼过程中提交的主要证据复印件；

（四）支持申请再审事由和再审诉讼请求的证据材料。

第四条 申请再审人提交再审申请书等材料的同时，应提交材料清单一式两份，并可附申请再审材料的电子文本，同时填写送达地址确认书。

第五条 申请再审人提交的再审申请书等材料不符合上述要求，或者有人身攻击等内容，可能引起矛盾激化的，人民法院应将材料退回申请再审人并告知其补充或改正。

再审申请书等材料符合上述要求的，人民法院应在申请再审人提交的材料清单上注明收到日期，加盖收件章，并将其中一份清单返还申请再审人。

第六条 申请再审人提出的再审申请符合以下条件的，人民法院应当在5日内受理并向申请再审人发送受理通知书，同时向被申请人及原审其他当事人发送受理通知书、再审申请书副本及送达地址确认书：

（一）申请再审人是生效裁判文书列明的当事人，或者符合法律和司法解释规定的案外人；

（二）受理再审申请的法院是作出生效裁判法院的上一级法院；

（三）申请再审的裁判属于法律和司法解释允许申请再审的生效裁判；

（四）申请再审的事由属于民事诉讼法第一百七十九条规定的情形。

再审申请不符合上述条件的，应当及时告知申请再审人。

第七条　申请再审人向原审法院申请再审的，原审法院应针对申请再审事由并结合原裁判理由作好释明工作。申请再审人坚持申请再审的，告知其可以向上一级法院提出。

第八条　申请再审人越级申请再审的，有关上级法院应告知其向原审法院的上一级法院提出。

第九条　人民法院认为再审申请不符合民事诉讼法第一百八十四条规定的期间要求的，应告知申请再审人。申请再审人认为未超过法定期间的，人民法院可以限期要求其提交生效裁判文书的送达回证复印件或其他能够证明裁判文书实际生效日期的相应证据材料。

二、民事申请再审案件的审查

第十条　人民法院受理申请再审案件后，应当组成合议庭进行审查。

第十一条　人民法院审查申请再审案件，应当围绕申请再审事由是否成立进行，申请再审人未主张的事由不予审查。

第十二条　人民法院审查申请再审案件，应当审查当事人诉讼主体资格的变化情况。

第十三条　人民法院审查申请再审案件，采取以下方式：

（一）审查当事人提交的再审申请书、书面意见等材料；

（二）审阅原审卷宗；

（三）询问当事人；

（四）组织当事人听证。

第十四条　人民法院经审查申请再审人提交的再审申请书、对方当事人提交的书面意见、原审裁判文书和证据等材料，足以确定申请再审事由不能成立的，可以径行裁定驳回再审申请。

第十五条 对于以下列事由申请再审，且根据当事人提交的申请材料足以确定再审事由成立的案件，人民法院可以径行裁定再审：

（一）违反法律规定，管辖错误的；

（二）审判组织的组成不合法或者依法应当回避的审判人员没有回避的；

（三）无诉讼行为能力人未经法定代理人代为诉讼，或者应当参加诉讼的当事人因不能归责于本人或者其诉讼代理人的事由未参加诉讼的；

（四）据以作出原判决、裁定的法律文书被撤销或者变更的；

（五）审判人员在审理该案件时有贪污受贿、徇私舞弊、枉法裁判行为，并经相关刑事法律文书或者纪律处分决定确认的。

第十六条 人民法院决定调卷审查的，原审法院应当在收到调卷函后 15 日内按要求报送卷宗。

调取原审卷宗的范围可根据审查工作需要决定。必要时，在保证真实的前提下，可要求原审法院以传真件、复印件、电子文档等方式及时报送相关卷宗材料。

第十七条 人民法院可根据审查工作需要询问一方或者双方当事人。

第十八条 人民法院对以下列事由申请再审的案件，可以组织当事人进行听证：

（一）有新的证据，足以推翻原判决、裁定的；

（二）原判决、裁定认定的基本事实缺乏证据证明的；

（三）原判决、裁定认定事实的主要证据是伪造的；

（四）原判决、裁定适用法律确有错误的。

第十九条 合议庭决定听证的案件，应在听证 5 日前通知当事人。

第二十条 听证由审判长主持，围绕申请再审事由是否成立进行。

第二十一条 申请再审人经传票传唤，无正当理由拒不参加询问、听证或未经许可中途退出的，裁定按撤回再审申请处理。被申请人及原审其他当事人不参加询问、听证或未经许可中途退出的，视为放弃在询问、听证过程中陈述意见的权利。

第二十二条 人民法院在审查申请再审案件过程中，被申请人或者原审其他当事人提出符合条件的再审申请的，应当将其列为申请再审人，对于其申请再审事由一并审查，审查期限重新计算。经审查，其中一方申请再审人主张的再审事由成立的，人民法院即应裁定再审。各方申请再审人主张的再审事由均不成立的，一并裁定驳回。

第二十三条　申请再审人在审查过程中撤回再审申请的，是否准许，由人民法院裁定。

第二十四条　审查过程中，申请再审人、被申请人及原审其他当事人自愿达成和解协议，当事人申请人民法院出具调解书且能够确定申请再审事由成立的，人民法院应当裁定再审并制作调解书。

第二十五条　审查过程中，申请再审人或者被申请人死亡或者终止的，按下列情形分别处理：

（一）申请再审人有权利义务继受人且该权利义务继受人申请参加审查程序的，变更其为申请再审人；

（二）被申请人有权利义务继受人的，变更其权利义务继受人为被申请人；

（三）申请再审人无权利义务继受人或其权利义务继受人未申请参加审查程序的，裁定终结审查程序；

（四）被申请人无权利义务继受人且无可供执行财产的，裁定终结审查程序。

第二十六条　人民法院经审查认为再审申请超过民事诉讼法第一百八十四条规定期间的，裁定驳回申请。

第二十七条　人民法院经审查认为申请再审事由成立的，一般应由本院提审。

第二十八条　最高人民法院、高级人民法院审查的下列案件，可以指令原审法院再审：

（一）依据民事诉讼法第一百七十九条第一款第（八）至第（十三）项事由提起再审的；

（二）因违反法定程序可能影响案件正确判决、裁定提起再审的；

（三）上一级法院认为其他应当指令原审法院再审的。

第二十九条　提审和指令再审的裁定书应当包括以下内容：

（一）申请再审人、被申请人及原审其他当事人基本情况；

（二）原审法院名称、申请再审的生效裁判文书名称、案号；

（三）裁定再审的法律依据；

（四）裁定结果。

裁定书由院长署名，加盖人民法院印章。

第三十条 驳回再审申请的裁定书，应当包括以下内容：

（一）申请再审人、被申请人及原审其他当事人基本情况；

（二）原审法院名称、申请再审的生效裁判文书名称、案号；

（三）申请再审人主张的再审事由、被申请人的意见；

（四）驳回再审申请的理由、法律依据；

（五）裁定结果。

裁定书由审判人员、书记员署名，加盖人民法院印章。

第三十一条 再审申请被裁定驳回后，申请再审人以相同理由再次申请再审的，不作为申请再审案件审查处理。

申请再审人不服驳回其再审申请的裁定，向作出驳回裁定法院的上一级法院申请再审的，不作为申请再审案件审查处理。

第三十二条 人民法院应当自受理再审申请之日起3个月内审查完毕，但鉴定期间等不计入审查期限。有特殊情况需要延长的，报经本院院长批准。

第三十三条 2008年4月1日之前受理，尚未审结的案件，符合申请再审条件的，由受理再审申请的人民法院继续审查处理并作出裁定。

最高人民法院
关于人民法院受理共同诉讼案件问题的通知

2005年12月30日　　　　法〔2005〕270号

各省、自治区、直辖市高级人民法院，新疆维吾尔自治区高级人民法院生产建设兵团分院：

为方便当事人诉讼和人民法院就地进行案件调解工作，提高审判效率，节省诉讼资源，进一步加强最高人民法院对下级人民法院民事审判工作的监督和指导，根据民事诉讼法的有关规定，现就人民法院受理共同诉讼案件问题通知如下：

一、当事人一方或双方人数众多的共同诉讼，依法由基层人民法院受理。受理法院认为不宜作为共同诉讼受理的，可分别受理。

在高级人民法院辖区内有重大影响的上述案件，由中级人民法院受理。如情况特殊，确需高级人民法院作为一审民事案件受理的，应当在受理前报最高人民法院批准。

法律、司法解释对知识产权，海事、海商，涉外等民事纠纷案件的级别管辖另有规定的，从其规定。

二、各级人民法院应当加强对共同诉讼案件涉及问题的调查研究，上级人民法院应当加强对下级人民法院审理此类案件的指导工作。

本通知执行过程中有何问题及建议，请及时报告我院。

本通知自2006年1月1日起施行。

最高人民法院
关于当事人申请承认澳大利亚法院出具的离婚证明书人民法院应否受理问题的批复

法释〔2005〕8号

（2005年7月11日最高人民法院审判委员会第1359次会议通过
根据2020年12月23日最高人民法院审判委员会第1823次
会议通过的《最高人民法院关于修改〈最高人民法院
关于人民法院民事调解工作若干问题的规定〉等
十九件民事诉讼类司法解释的决定》修正）

广东省高级人民法院：

你院报送的粤高法民一他字〔2004〕9号“关于当事人申请承认澳大利亚法院出具的离婚证明书有关问题”的请示收悉。经研究，答复如下：

当事人持澳大利亚法院出具的离婚证明书向人民法院申请承认其效力的，

人民法院应予受理，并依照《中华人民共和国民事诉讼法》第二百八十一条[①]和第二百八十二条[②]以及最高人民法院《关于中国公民申请承认外国法院离婚判决程序问题的规定》的有关规定进行审查，依法作出承认或者不予承认的裁定。

此复

最高人民法院
关于人民法院受理申请承认外国法院离婚判决案件有关问题的规定

法释〔2000〕6号

（1999年12月1日最高人民法院审判委员会第1090次会议通过 根据2020年12月23日最高人民法院审判委员会第1823次会议通过的《最高人民法院关于修改〈最高人民法院关于人民法院民事调解工作若干问题的规定〉等十九件民事诉讼类司法解释的决定》修正）

1998年9月17日，我院以法〔1998〕86号通知印发了《关于人民法院受理申请承认外国法院离婚判决案件几个问题的意见》，现根据新的情况，对人民法院受理申请承认外国法院离婚判决案件的有关问题重新作如下规定：

一、中国公民向人民法院申请承认外国法院离婚判决，人民法院不应以其未在国内缔结婚姻关系而拒绝受理；中国公民申请承认外国法院在其缺席情况下作出的离婚判决，应同时向人民法院提交作出该判决的外国法院已合法传唤其出庭的有关证明文件。

二、外国公民向人民法院申请承认外国法院离婚判决，如果其离婚的原配偶是中国公民的，人民法院应予受理；如果其离婚的原配偶是外国公民的，

① 对应《民事诉讼法》（2023年修正）第二百九十八条。

② 对应《民事诉讼法》（2023年修正）第二百九十九条。

人民法院不予受理，但可告知其直接向婚姻登记机关申请结婚登记。

三、当事人向人民法院申请承认外国法院离婚调解书效力的，人民法院应予受理，并根据《关于中国公民申请承认外国法院离婚判决程序问题的规定》进行审查，作出承认或不予承认的裁定。

自本规定公布之日起，我院法〔1998〕86号通知印发的《关于人民法院受理申请承认外国法院离婚判决案件几个问题的意见》同时废止。

四、管　辖

最高人民法院
关于调整部分高级人民法院和中级人民法院管辖第一审民商事案件标准的通知

2018年7月17日　　　　法发〔2018〕13号

贵州省、陕西省、甘肃省、青海省、宁夏回族自治区、新疆维吾尔自治区高级人民法院，新疆维吾尔自治区高级人民法院生产建设兵团分院：

为适应新时期经济社会发展和民事诉讼需要，准确适用民事诉讼法关于级别管辖的相关规定，合理定位四级法院民商事审判职能，现就调整部分高级人民法院和中级人民法院管辖第一审民商事案件标准问题，通知如下：

一、当事人住所地均在受理法院所处省级行政辖区的第一审民商事案件

贵州省、陕西省、新疆维吾尔自治区高级人民法院和新疆维吾尔自治区高级人民法院生产建设兵团分院管辖诉讼标的额3亿元以上一审民商事案件，所辖中级人民法院管辖诉讼标的额3000万元以上一审民商事案件。

甘肃省、青海省、宁夏回族自治区高级人民法院管辖诉讼标的额2亿元以上一审民商事案件，所辖中级人民法院管辖诉讼标的额1000万元以上一审民商事案件。

二、当事人一方住所地不在受理法院所处省级行政辖区的第一审民商事

案件

贵州省、陕西省、新疆维吾尔自治区高级人民法院和新疆维吾尔自治区高级人民法院生产建设兵团分院管辖诉讼标的额1亿元以上一审民商事案件，所辖中级人民法院管辖诉讼标的额2000万元以上一审民商事案件。

甘肃省、青海省、宁夏回族自治区高级人民法院管辖诉讼标的额5000万元以上一审民商事案件，所辖中级人民法院管辖诉讼标的额1000万元以上一审民商事案件。

三、本通知未作调整的，按照《最高人民法院关于调整高级人民法院和中级人民法院管辖第一审民商事案件标准的通知》（法发〔2015〕7号）执行。

本通知自2018年8月1日起实施，执行过程中遇到的问题，请及时报告我院。

最高人民法院
关于明确第一审涉外民商事案件级别管辖标准以及归口办理有关问题的通知

2017年12月7日　　法〔2017〕359号

各省、自治区、直辖市高级人民法院、解放军军事法院、新疆维吾尔自治区高级人民法院生产建设兵团分院：

为合理定位四级法院涉外民商事审判职能，统一裁判尺度，维护当事人的合法权益，保障开放型经济的发展，现就第一审涉外民商事案件级别管辖标准以及归口办理的有关问题，通知如下：

一、关于第一审涉外民商事案件的级别管辖标准

北京、上海、江苏、浙江、广东高级人民法院管辖诉讼标的额人民币2亿元以上的第一审涉外民商事案件；直辖市中级人民以及省会城市、计划单列市、经济特区所在地的市中级人民法院管辖诉讼标的额人民币2000万元以上的第一审涉外民商事案件，其他中级人民法院管辖诉讼标的额人民币1000万元以上的第一审涉外民商事案件。

天津、河北、山西、内蒙古、辽宁、安徽、福建、山东、河南、湖北、湖南、广西、海南、四川、重庆高级人民法院管辖诉讼标的额人民币8000万元以上的第一审涉外民商事案件；直辖市中级人民法院以及省会城市、计划单列市、经济特区所在地的市中级人民法院管辖诉讼标的额人民币1000万元以上的第一审涉外民商事案件，其他中级人民法院管辖诉讼标的额人民币500万元以上的第一审涉外民商事案件。

吉林、黑龙江、江西、云南、陕西、新疆高级人民法院和新疆生产建设兵团分院管辖诉讼标的额人民币4000万元以上的第一审涉外民商事案件；省会城市、计划单列市中级人民法院，管辖诉讼标的额人民币500万元以上的第一审涉外民商事案件，其他中级人民法院管辖诉讼标的额人民币200万元以上的第一审涉外民商事案件。

贵州、西藏、甘肃、青海、宁夏高级人民法院管辖诉讼标的额人民币2000万元以上的第一审涉外民商事案件；省会城市、计划单列市中级人民法院，管辖诉讼标的额人民币200万元以上的第一审涉外民商事案件，其他中级人民法院管辖诉讼标的额人民币100万元以上的第一审涉外民商事案件。

各高级人民法院发布的本辖区级别管辖标准，除于2011年1月后经我院批复同意的外，不再作为确定第一审涉外民商事案件级别管辖的依据。

二、下列案件由涉外审判庭或专门合议庭审理：

（一）当事人一方或者双方是外国人、无国籍人、外国企业或者组织，或者当事人一方或者双方的经常居所地在中华人民共和国领域外的民商事案件；

（二）产生、变更或者消灭民事关系的法律事实发生在中华人民共和国领域外，或者标的物在中华人民共和国领域外的民商事案件；

（三）外商投资企业设立、出资、确认股东资格、分配利润、合并、分立、解散等与该企业有关的民商事案件；

（四）一方当事人为外商独资企业的民商事案件；

（五）信用证、保函纠纷案件，包括申请止付保全案件；

（六）对第一项至第五项案件的管辖权异议裁定提起上诉的案件；

（七）对第一项至第五项案件的生效裁判申请再审的案件，但当事人依法向原审人民法院申请再审的除外；

（八）跨境破产协助案件；

（九）民商事司法协助案件；

（十）最高人民法院《关于仲裁司法审查案件归口办理有关问题的通知》确定的仲裁司法审查案件。

前款规定的民商事案件不包括婚姻家庭纠纷、继承纠纷、劳动争议、人事争议、环境污染侵权纠纷及环境公益诉讼。

三、海事海商及知识产权纠纷案件，不适用本通知。

四、涉及香港、澳门特别行政区和台湾地区的民商事案件参照适用本通知。

五、本通知自2018年1月1日起执行。之前已经受理的案件不适用本通知。

本通知执行过程中遇到的问题，请及时报告我院。

最高人民法院
关于调整高级人民法院和中级人民法院管辖第一审民商事案件标准的通知

2015年4月30日　　法发〔2015〕7号

各省、自治区、直辖市高级人民法院，解放军军事法院，新疆维吾尔自治区高级人民法院生产建设兵团分院：

为适应经济社会发展和民事诉讼需要，准确适用修改后的民事诉讼法关于级别管辖的相关规定，合理定位四级法院民商事审判职能，现就调整高级人民法院和中级人民法院管辖第一审民商事案件标准问题，通知如下：

一、当事人住所地均在受理法院所处省级行政辖区的第一审民商事案件

北京、上海、江苏、浙江、广东高级人民法院，管辖诉讼标的额5亿元以上一审民商事案件，所辖中级人民法院管辖诉讼标的额1亿元以上一审民商事案件。

天津、河北、山西、内蒙古、辽宁、安徽、福建、山东、河南、湖北、湖南、广西、海南、四川、重庆高级人民法院，管辖诉讼标的额3亿元以上

一审民商事案件，所辖中级人民法院管辖诉讼标的额3000万元以上一审民商事案件。

吉林、黑龙江、江西、云南、陕西、新疆高级人民法院和新疆生产建设兵团分院，管辖诉讼标的额2亿元以上一审民商事案件，所辖中级人民法院管辖诉讼标的额1000万元以上一审民商事案件。

贵州、西藏、甘肃、青海、宁夏高级人民法院，管辖诉讼标的额1亿元以上一审民商事案件，所辖中级人民法院管辖诉讼标的额500万元以上一审民商事案件。

二、当事人一方住所地不在受理法院所处省级行政辖区的第一审民商事案件

北京、上海、江苏、浙江、广东高级人民法院，管辖诉讼标的额3亿元以上一审民商事案件，所辖中级人民法院管辖诉讼标的额5000万元以上一审民商事案件。

天津、河北、山西、内蒙古、辽宁、安徽、福建、山东、河南、湖北、湖南、广西、海南、四川、重庆高级人民法院，管辖诉讼标的额1亿元以上一审民商事案件，所辖中级人民法院管辖诉讼标的额2000万元以上一审民商事案件。

吉林、黑龙江、江西、云南、陕西、新疆高级人民法院和新疆生产建设兵团分院，管辖诉讼标的额5000万元以上一审民商事案件，所辖中级人民法院管辖诉讼标的额1000万元以上一审民商事案件。

贵州、西藏、甘肃、青海、宁夏高级人民法院，管辖诉讼标的额2000万元以上一审民商事案件，所辖中级人民法院管辖诉讼标的额500万元以上一审民商事案件。

三、解放军军事法院管辖诉讼标的额1亿元以上一审民商事案件，大单位军事法院管辖诉讼标的额2000万元以上一审民商事案件。

四、婚姻、继承、家庭、物业服务、人身损害赔偿、名誉权、交通事故、劳动争议等案件，以及群体性纠纷案件，一般由基层人民法院管辖。

五、对重大疑难、新类型和在适用法律上有普遍意义的案件，可以依照

民事诉讼法第三十八条[①]的规定，由上级人民法院自行决定由其审理，或者根据下级人民法院报请决定由其审理。

六、本通知调整的级别管辖标准不涉及知识产权案件、海事海商案件和涉外涉港澳台民商事案件。

七、本通知规定的第一审民商事案件标准，包含本数。

本通知自2015年5月1日起实施，执行过程中遇到的问题，请及时报告我院。

最高人民法院
关于军事法院管辖民事案件若干问题的规定

（2012年8月20日最高人民法院审判委员会第1553次会议通过
根据2020年12月23日最高人民法院审判委员会第1823次会议通过的
《最高人民法院关于修改〈最高人民法院关于人民法院民事调解工作若干
问题的规定〉等十九件民事诉讼类司法解释的决定》修正）

根据《中华人民共和国人民法院组织法》《中华人民共和国民事诉讼法》等法律规定，结合人民法院民事审判工作实际，对军事法院管辖民事案件有关问题作如下规定：

第一条 下列民事案件，由军事法院管辖：

（一）双方当事人均为军人或者军队单位的案件，但法律另有规定的除外；

（二）涉及机密级以上军事秘密的案件；

（三）军队设立选举委员会的选民资格案件；

（四）认定营区内无主财产案件。

第二条 下列民事案件，地方当事人向军事法院提起诉讼或者提出申请的，军事法院应当受理：

① 对应《民事诉讼法》（2023年修正）第三十九条。

（一）军人或者军队单位执行职务过程中造成他人损害的侵权责任纠纷案件；

（二）当事人一方为军人或者军队单位，侵权行为发生在营区内的侵权责任纠纷案件；

（三）当事人一方为军人的婚姻家庭纠纷案件；

（四）民事诉讼法第三十三条规定的不动产所在地、港口所在地、被继承人死亡时住所地或者主要遗产所在地在营区内，且当事人一方为军人或者军队单位的案件；

（五）申请宣告军人失踪或者死亡的案件；

（六）申请认定军人无民事行为能力或者限制民事行为能力的案件。

第三条　当事人一方是军人或者军队单位，且合同履行地或者标的物所在地在营区内的合同纠纷，当事人书面约定由军事法院管辖，不违反法律关于级别管辖、专属管辖和专门管辖规定的，可以由军事法院管辖。

第四条　军事法院受理第一审民事案件，应当参照民事诉讼法关于地域管辖、级别管辖的规定确定。

当事人住所地省级行政区划内没有可以受理案件的第一审军事法院，或者处于交通十分不便的边远地区，双方当事人同意由地方人民法院管辖的，地方人民法院可以管辖，但本规定第一条第（二）项规定的案件除外。

第五条　军事法院发现受理的民事案件属于地方人民法院管辖的，应当移送有管辖权的地方人民法院，受移送的地方人民法院应当受理。地方人民法院认为受移送的案件不属于本院管辖的，应当报请上级地方人民法院处理，不得再自行移送。

地方人民法院发现受理的民事案件属于军事法院管辖的，参照前款规定办理。

第六条　军事法院与地方人民法院之间因管辖权发生争议，由争议双方协商解决；协商不成的，报请各自的上级法院协商解决；仍然协商不成的，报请最高人民法院指定管辖。

第七条　军事法院受理案件后，当事人对管辖权有异议的，应当在提交答辩状期间提出。军事法院对当事人提出的异议，应当审查。异议成立的，裁定将案件移送有管辖权的军事法院或者地方人民法院；异议不成立的，裁定驳回。

第八条 本规定所称军人是指中国人民解放军的现役军官、文职干部、士兵及具有军籍的学员，中国人民武装警察部队的现役警官、文职干部、士兵及具有军籍的学员。军队中的文职人员、非现役公勤人员、正式职工，由军队管理的离退休人员，参照军人确定管辖。

军队单位是指中国人民解放军现役部队和预备役部队、中国人民武装警察部队及其编制内的企业事业单位。

营区是指由军队管理使用的区域，包括军事禁区、军事管理区。

第九条 本解释施行前本院公布的司法解释以及司法解释性文件与本解释不一致的，以本解释为准。

最高人民法院
关于铁路运输法院案件管辖范围的若干规定

法释〔2012〕10号

（2012年7月2日最高人民法院审判委员会第1551次会议通过
2012年7月17日最高人民法院公告公布　自2012年8月1日起施行）

为确定铁路运输法院管理体制改革后的案件管辖范围，根据《中华人民共和国刑事诉讼法》、《中华人民共和国民事诉讼法》，规定如下：

第一条 铁路运输法院受理同级铁路运输检察院依法提起公诉的刑事案件。

下列刑事公诉案件，由犯罪地的铁路运输法院管辖：

（一）车站、货场、运输指挥机构等铁路工作区域发生的犯罪；

（二）针对铁路线路、机车车辆、通讯、电力等铁路设备、设施的犯罪；

（三）铁路运输企业职工在执行职务中发生的犯罪。

在列车上的犯罪，由犯罪发生后该列车最初停靠的车站所在地或者目的地的铁路运输法院管辖；但在国际列车上的犯罪，按照我国与相关国家签订的有关管辖协定确定管辖，没有协定的，由犯罪发生后该列车最初停靠的中国车站所在地或者目的地的铁路运输法院管辖。

第二条　本规定第一条第二、三款范围内发生的刑事自诉案件，自诉人向铁路运输法院提起自诉的，铁路运输法院应当受理。

第三条　下列涉及铁路运输、铁路安全、铁路财产的民事诉讼，由铁路运输法院管辖：

（一）铁路旅客和行李、包裹运输合同纠纷；

（二）铁路货物运输合同和铁路货物运输保险合同纠纷；

（三）国际铁路联运合同和铁路运输企业作为经营人的多式联运合同纠纷；

（四）代办托运、包装整理、仓储保管、接取送达等铁路运输延伸服务合同纠纷；

（五）铁路运输企业在装卸作业、线路维修等方面发生的委外劳务、承包等合同纠纷；

（六）与铁路及其附属设施的建设施工有关的合同纠纷；

（七）铁路设备、设施的采购、安装、加工承揽、维护、服务等合同纠纷；

（八）铁路行车事故及其他铁路运营事故造成的人身、财产损害赔偿纠纷；

（九）违反铁路安全保护法律、法规，造成铁路线路、机车车辆、安全保障设施及其他财产损害的侵权纠纷；

（十）因铁路建设及铁路运输引起的环境污染侵权纠纷；

（十一）对铁路运输企业财产权属发生争议的纠纷。

第四条　铁路运输基层法院就本规定第一条至第三条所列案件作出的判决、裁定，当事人提起上诉或铁路运输检察院提起抗诉的二审案件，由相应的铁路运输中级法院受理。

第五条　省、自治区、直辖市高级人民法院可以指定辖区内的铁路运输基层法院受理本规定第三条以外的其他第一审民事案件，并指定该铁路运输基层法院驻在地的中级人民法院或铁路运输中级法院受理对此提起上诉的案件。此类案件发生管辖权争议的，由该高级人民法院指定管辖。

省、自治区、直辖市高级人民法院可以指定辖区内的铁路运输中级法院受理对其驻在地基层人民法院一审民事判决、裁定提起上诉的案件。

省、自治区、直辖市高级人民法院对本院及下级人民法院的执行案件，认为需要指定执行的，可以指定辖区内的铁路运输法院执行。

第六条 各高级人民法院指定铁路运输法院受理案件的范围，报最高人民法院批准后实施。

第七条 本院以前作出的有关规定与本规定不一致的，以本规定为准。

本规定施行前，各铁路运输法院依照此前的规定已经受理的案件，不再调整。

最高人民法院
关于涉及驰名商标认定的民事纠纷案件管辖问题的通知

2009年1月5日　　法〔2009〕1号

各省、自治区、直辖市高级人民法院，解放军军事法院，新疆维吾尔自治区高级人民法院生产建设兵团分院：

为进一步加强人民法院对驰名商标的司法保护，完善司法保护制度，规范司法保护行为，增强司法保护的权威性和公信力，维护公平竞争的市场经济秩序，为国家经济发展大局服务，从本通知下发之日起，涉及驰名商标认定的民事纠纷案件，由省、自治区人民政府所在地的市、计划单列市中级人民法院，以及直辖市辖区内的中级人民法院管辖。其他中级人民法院管辖此类民事纠纷案件，需报经最高人民法院批准；未经批准的中级人民法院不再受理此类案件。

以上通知，请遵照执行。

全国各省、自治区、直辖市高级人民法院和中级人民法院管辖第一审民商事案件标准

（最高人民法院于2008年3月31日公布，自4月1日起执行）

北京市

一、高级人民法院管辖诉讼标的额在2亿元以上的第一审民商事案件，以及诉讼标的额在1亿元以上且当事人一方住所地不在本辖区或者涉外、涉港澳台的第一审民商事案件。

二、中级人民法院、北京铁路运输中级法院管辖诉讼标的额在5000万元以上的第一审民商事案件，以及诉讼标的额在2000万元以上且当事人一方住所地不在本辖区或者涉外、涉港澳台的第一审民商事案件。

上海市

一、高级人民法院管辖诉讼标的额在2亿元以上的第一审民商事案件，以及诉讼标的额在1亿元以上且当事人一方住所地不在本辖区的第一审民商事案件或者涉外、涉港澳台的第一审民事案件。

二、中级人民法院管辖诉讼标的额在5000万元以上的第一审民商事案件，以及诉讼标的额在2000万元以上且当事人一方住所地不在本辖区的第一审民商事案件或者涉外、涉港澳台的第一审民事案件。

广东省

一、高级人民法院管辖下列第一审民商事案件

1. 诉讼标的额在3亿元以上的案件，以及诉讼标的额在2亿元以上且当事人一方住所地不在本辖区或者涉外、涉港澳台的案件；

2. 在全省有重大影响的案件；

3. 认为应由本院受理的案件。

二、中级人民法院管辖下列第一审民商事案件

1. 广州、深圳、佛山、东莞市中级人民法院管辖诉讼标的额在 3 亿元以下 5000 万元以上的第一审民商事案件，以及诉讼标的额在 2 亿元以下 4000 万元以上且当事人一方住所地不在本辖区或者涉外、涉港澳台的第一审民商事案件；

2. 珠海、中山、江门、惠州市中级人民法院管辖诉讼标的额在 3 亿元以下 3000 万元以上的第一审民商事案件，以及诉讼标的额在 2 亿元以下 2000 万元以上且当事人一方住所地不在本辖区或者涉外、涉港澳台的第一审民商事案件；

3. 汕头、潮州、揭阳、汕尾、梅州、河源、韶关、清远、肇庆、云浮、阳江、茂名、湛江市中级人民法院管辖诉讼标的额在 3 亿元以下 2000 万元以上的第一审民商事案件，以及诉讼标的额在 2 亿元以下 1000 万元以上且当事人一方住所地不在本辖区或者涉外、涉港澳台的第一审民商事案件。

江苏省

一、高级人民法院管辖诉讼标的额在 2 亿元以上的第一审民商事案件，以及诉讼标的额在 1 亿元以上且当事人一方住所地不在本辖区或者涉外、涉港澳台的第一审民商事案件。

二、中级人民法院管辖下列第一审民商事案件

1. 南京、苏州、无锡市中级人民法院管辖诉讼标的额在 3000 万元以上，以及诉讼标的额在 1000 万元以上且当事人一方住所地不在本辖区或者涉外、涉港澳台的第一审民商事案件；

2. 扬州、南通、泰州、镇江、常州市中级人民法院管辖诉讼标的额在 800 万元以上，以及诉讼标的额在 300 万元以上且当事人一方住所地不在本辖区或者涉外、涉港澳台的第一审民商事案件；

3. 连云港、盐城、徐州、淮安市中级人民法院管辖诉讼标的额在 500 万元以上，以及诉讼标的额在 200 万元以上且当事人一方住所地不在本辖区或者涉外、涉港澳台的第一审民商事案件；

4. 宿迁市中级人民法院管辖诉讼标的额在 300 万元以上，以及诉讼标的额在 200 万元以上且当事人一方住所地不在本辖区或者涉外、涉港澳台的第

一审民商事案件。

浙江省

一、高级人民法院管辖诉讼标的额在2亿元以上的第一审民商事案件，以及诉讼标的额在1亿元以上且当事人一方住所地不在本辖区或者涉外、涉港澳台的第一审民商事案件。

二、中级人民法院管辖下列第一审民商事案件

1. 杭州市、宁波市中级人民法院管辖诉讼标的额在3000万元以上的第一审民商事案件，以及诉讼标的额在1000万元以上且当事人一方住所地不在本辖区或者涉外、涉港澳台的第一审民商事案件；

2. 温州市、嘉兴市、绍兴市、台州市、金华市中级人民法院管辖诉讼标的额在1000万元以上的第一审民商事案件，以及诉讼标的额在500万元以上且当事人一方住所地不在本辖区或者涉外、涉港澳台的第一审民商事案件；

3. 其他中级人民法院管辖诉讼标的额在500万元以上的第一审民商事案件，以及诉讼标的额在200万元以上且当事人一方住所地不在本辖区或者涉外、涉港澳台的第一审民商事案件。

天津市

一、高级人民法院管辖诉讼标的额在1亿元以上的第一审民商事案件，以及诉讼标的额在5000万元以上且当事人一方住所地不在本辖区或者涉外、涉港澳台的第一审民商事案件。

二、中级人民法院管辖诉讼标的额在800万元以上的第一审民商事案件，以及诉讼标的额在500万元以上且当事人一方住所地不在本辖区或者涉外、涉港澳台的第一审民商事案件。

重庆市

一、高级人民法院管辖诉讼标的额在1亿元以上的第一审民商事案件，以及诉讼标的额在5000万元以上且当事人一方住所地不在本辖区或者涉外、涉港澳台的第一审民商事案件。

二、第一、第五中级人民法院管辖诉讼标的额在800万元以上的第一审

民商事案件，以及诉讼标的额在300万元以上且当事人一方住所地不在本辖区或者涉外以上、涉港澳台的第一审民商事案件。

三、第二、三、四中级人民法院管辖诉讼标的额在500万元以上的第一审民商事案件，以及诉讼标的额在200万元以上且当事人一方住所地不在本辖区或者涉外、涉港澳台的第一审民商事案件。

山东省

一、高级人民法院管辖诉讼标的额在1亿元以上的民商事案件，以及诉讼标的额在5000万元以上且当事人一方住所地不在本辖区或者涉外、涉港澳台的第一审民商事案件。

二、中级人民法院管辖下列第一审民商事案件

1. 济南、青岛市中级人民法院管辖诉讼标的额在1000万元以上的第一审民商事案件，以及诉讼标的额在500万元以上且当事人一方住所地不在本辖区或者涉外、涉港澳台的第一审民商事案件；

2. 烟台、临沂、淄博、潍坊市中级人民法院管辖诉讼标的额在500万元以上的第一审民商事案件，以及诉讼标的额在200万元以上且当事人一方住所地不在本辖区或者涉外、涉港澳台的第一审民商事案件；

3. 济宁、威海、泰安、滨州、日照、东营市中级人民法院管辖诉讼标的额在300万元以上的第一审民商事案件，以及诉讼标的额在200万元以上且当事人一方住所地不在本辖区或者涉外、涉港澳台的第一审民商事案件；

德州、聊城、枣庄、菏泽、莱芜市中级人民法院管辖诉讼标的额在300万元以上的第一审民商事案件，以及诉讼标的额在200万元以上且当事人一方住所地不在本辖区的第一审国内民商事案件；

4. 济南铁路运输中级法院依照专门管辖规定，管辖诉讼标的额在300万元以上的第一审民商事案件。青岛海事法院管辖第一审海事纠纷和海商纠纷案件，不受争议金额限制。

福建省

一、高级人民法院管辖下列第一审民商事案件

诉讼标的额在1亿元以上的第一审民商事案件，以及诉讼标的额在5000

万元以上且当事人一方住所地不在本辖区或者涉外、涉港澳台的第一审民商事案件。

二、中级人民法院管辖下列第一审民商事案件

1. 福州、厦门、泉州市中级人民法院管辖除省高级人民法院管辖以外的、诉讼标的额在800万元以上的第一审民商事案件，以及诉讼标的额在300万元以上且当事人一方住所地不在本辖区或者涉外、涉港澳台的第一审民商事案件；

2. 漳州、莆田、三明、南平、龙岩、宁德市中级人民法院管辖除省高级人民法院管辖以外的、诉讼标的额在500万元以上的第一审民商事案件，以及诉讼标的额在200万元以上且当事人一方住所地不在本辖区的第一审民商事案件或者涉外、涉港澳台的第一审民商事案件。

湖北省

一、高级人民法院管辖下列案件

1. 诉讼标的额在1亿元以上，以及诉讼标的额在5000万元以上且当事人一方住所地不在本辖区的第一审民商事案件。

2. 上级人民法院指定管辖的案件。

二、中级人民法院管辖下列第一审民商事案件

1. 武汉、汉江中级人民法院管辖诉讼标的额在800万元以上的第一审民商事案件，以及诉讼标的额在300万元以上且当事人一方住所地不在本辖区的民商事案件；

2. 其他中级人民法院管辖诉讼标的额在500万元以上的第一审民商事案件，以及诉讼标的额在200万元以上且当事人一方住所地不在本辖区的第一审民商事案件；

3. 在本辖区有重大影响的案件；

4. 一方当事人为县（市、市辖区）人民政府的案件；

5. 上级人民法院指定本院管辖的案件。

湖南省

一、高级人民法院管辖下列第一审民商事案件

1. 诉讼标的额在 1 亿元以上的案件；

2. 当事人一方住所地不在本辖区，诉讼标的额在 5000 万元以上的案件；

3. 在本辖区内有重大影响的案件；

4. 根据法律规定提审的案件；

5. 最高人民法院指定管辖、根据民事诉讼法第三十九条指令管辖（交办）的案件或其他人民法院依法移送的民商事案件。

二、中级人民法院管辖下列第一审民商事案件

1. 长沙市中级人民法院管辖诉讼标的额在 800 万元以上 1 亿元以下的第一审民商事案件，以及诉讼标的额在 300 万元以上 5000 万元以下且当事人一方住所地不在本辖区或者涉外、涉港澳台的第一审民商事案件；

2. 岳阳市、湘潭市、株洲市、衡阳市、郴州市、常德市中级人民法院管辖诉讼标的额在 400 万元以上 1 亿元以下的第一审民商事案件，以及诉讼标的额在 200 万元以上 5000 万元以下且当事人一方住所地不在本辖区或者涉外、涉港澳台的第一审民商事案件；

3. 益阳市、邵阳市、永州市、娄底市、怀化市、张家界市中级人民法院管辖诉讼标的额在 300 万元以上 1 亿元以下的第一审民商事案件，以及诉讼标的额在 200 万元以上 5000 万元以下且当事人一方住所地不在本辖区或者涉外、涉港澳台的第一审民商事案件；

4. 湘西土家族苗族自治州中级人民法院管辖诉讼标的额在 200 万元以上 1 亿元以下的第一审民商事案件，以及诉讼标的额在 150 万元以上 5000 万元以下且当事人一方住所地不在本辖区或者涉外、涉港澳台的第一审民商事案件；

5. 根据法律规定提审的案件；

6. 上级人民法院指定管辖、根据民事诉讼法第三十九条指令管辖（交办）或其他人民法院依法移送的民商事案件。

河南省

一、高级人民法院管辖诉讼标的额在 1 亿元以上的第一审民商事案件，以及诉讼标的额在 5000 万元以上且当事人一方住所地不在本辖区的案件。

二、中级人民法院管辖下列第一审民商事案件

1. 郑州市中级人民法院管辖诉讼标的额在 800 万元以上 1 亿元以下的第

一审民商事案件，以及诉讼标的额在500万元以上且当事人一方住所地不在本辖区的第一审民商事案件；

2. 洛阳市、新乡市、安阳市、焦作市、平顶山市、南阳市中级人民法院管辖诉讼标的额在500万元以上1亿元以下的第一审民商事案件，以及诉讼标的额在300万元以上且当事人一方住所地不在本辖区的第一审民商事案件；

3. 其他中级人民法院管辖诉讼标的额在300万元以上1亿元以下的第一审民商事案件，以及诉讼标的额在200万元以上且当事人一方住所地不在本辖区的第一审民商事案件。

辽宁省

一、高级人民法院管辖诉讼标的额在1亿元以上的第一审民商事案件，以及诉讼标的额在5000万元以上且当事人一方住所地不在本辖区或者涉外、涉港澳台的第一审民商事案件。

二、中级人民法院管辖下列第一审民商事案件

1. 沈阳、大连中级人民法院管辖诉讼标的额在800万元以上的第一审民商事案件，以及诉讼标的额在300万元以上且当事人一方住所地不在本辖区或者涉外、涉港澳台的第一审民商事案件；

2. 鞍山、抚顺、本溪、丹东、锦州、营口、辽阳、葫芦岛中级人民法院管辖诉讼标的额在500万元以上的第一审民商事案件，以及诉讼标的额在200万元以上且当事人一方住所地不在本辖区或者涉外、涉港澳台的第一审民商事案件；

3. 其他中级人民法院管辖诉讼标的额在300万元以上的第一审民商事案件，以及诉讼标的额在100万元以上且当事人一方住所地不在本辖区或者涉外、涉港澳台的第一审民商事案件。

吉林省

一、高级人民法院管辖诉讼标的额在1亿元以上的第一审民商事案件，以及诉讼标的额在5000万元以上且当事人一方住所地不在本辖区或者涉外、涉港澳台的第一审民商事案件。

二、中级人民法院管辖下列第一审民商事案件

1. 长春市中级人民法院管辖诉讼标的额在800万元以上的第一审民商事案件，以及诉讼标的额在300万元以上且当事人一方住所地不在本辖区的第一审民商事案件；

2. 吉林市中级人民法院管辖诉讼标的额在500万元以上的第一审民商事案件，以及诉讼标的额在200万元以上且当事人一方住所地不在本辖区的第一审民商事案件；

3. 延边州中级人民法院、四平市、通化市、松原市、白山市、白城市、辽源市中级人民法院以及吉林市中级人民法院分院、延边州中级人民法院分院管辖诉讼标的额在300万元以上的第一审民商事案件，以及诉讼标的额在100万元以上且当事人一方住所地不在本辖区的第一审民商事案件。

黑龙江省

一、高级人民法院管辖诉讼标的额在1亿元以上的第一审民商事案件，以及诉讼标的额在5000万元以上且当事人一方住所地不在本辖区或者涉外、涉港澳台的第一审民商事案件。

二、中级人民法院管辖下列第一审民商事案件

1. 哈尔滨市中级人民法院管辖诉讼标的额在800万元以上的第一审民商事案件，以及诉讼标的额在300万元以上且当事人一方住所地不在本辖区或者涉外、涉港澳台的第一审民商事案件；

2. 齐齐哈尔市、牡丹江市、佳木斯市、大庆市中级人民法院管辖诉讼标的额在500万元以上的第一审民商事案件，以及诉讼标的额在200万元以上且当事人一方住所地不在本辖区或者涉外、涉港澳台的第一审民商事案件；

3. 绥化、鸡西、伊春、鹤岗、七台河、双鸭山、黑河、大兴安岭、黑龙江省农垦、哈尔滨铁路、黑龙江省林区中级人民法院管辖诉讼标的额在300万元以上的第一审民商事案件，以及诉讼标的额在100万元以上且当事人一方住所地不在本辖区或者涉外、涉港澳台的第一审民商事案件。

广西壮族自治区

一、高级人民法院管辖下列第一审民商事案件

高级法院管辖诉讼标的额在1亿元以上的第一审民商事案件，以及诉讼

标的额在5000万元以上且当事人一方住所地不在本辖区或者涉外、涉港澳台的第一审民商事案件。

二、中级人民法院管辖下列第一审民商事案件

1. 南宁市中级人民法院管辖诉讼标的额在800万元以上的第一审民商事案件，以及诉讼标的额在300万元以上且当事人一方住所地不在本辖区或者涉外、涉港澳台的第一审民商事案件；

2. 柳州、桂林、北海、梧州市中级人民法院管辖诉讼标的额在500万元以上的第一审民商事案件，以及诉讼标的额在200万元以上且当事人一方住所地不在本辖区或者涉外、涉港澳台的第一审民商事案件；

3. 玉林、贵港、钦州、防城港市中级人民法院管辖诉讼标的额在300万元以上的第一审民商事案件，以及诉讼标的额在200万元以上且当事人一方住所地不在本辖区或者涉外、涉港澳台的第一审民商事案件；

4. 百色、河池、崇左、来宾、贺州市中级人民法院和南宁铁路运输中级法院管辖诉讼标的额在150万元以上的第一审民商事案件，以及诉讼标的额在100万元以上且当事人一方住所地不在本辖区或者涉外、涉港澳台的第一审民商事案件。

安徽省

一、高级人民法院管辖诉讼标的额在1亿元以上的第一审民商事案件，以及诉讼标的额在5000万元以上且当事人一方住所地不在本辖区或者涉外、涉港澳台的第一审民商事案件。

二、中级人民法院管辖下列第一审民商事案件

1. 合肥市中级人民法院管辖诉讼标的额在800万元以上1亿元以下的第一审民商事案件，以及诉讼标的额在300万元以上5000万元以下且当事人一方住所地不在本辖区或者涉外、涉港澳台的第一审民商事案件；

2. 芜湖市、马鞍山市、铜陵市中级人民法院管辖诉讼标的额在300万元以上1亿元以下的第一审民商事案件，以及诉讼标的额在200万元以上5000万元以下且当事人一方住所地不在本辖区或者涉外、涉港澳台的第一审民商事案件；

3. 其他中级人民法院管辖诉讼标的额在150万元以上1亿元以下的第一

审民商事案件，以及诉讼标的额在 80 万元以上 5000 万元以下且当事人一方住所地不在本辖区或者涉外、涉港澳台的第一审民商事案件。

江西省

一、高级人民法院管辖诉讼标的额在 1 亿元以上的第一审民商事案件，以及诉讼标的额在 5000 万元以上且当事人一方住所地不在本辖区或者涉外、涉港澳台的第一审民商事案件。

二、南昌市中级人民法院管辖诉讼标的额在 500 万元以上的第一审民商事案件，以及诉讼标的额在 200 万元以上且当事人一方住所地不在本辖区或者涉外、涉港澳台的第一审民商事案件。

其他中级人民法院管辖诉讼标的额在 300 万元以上的第一审民商事案件，以及诉讼标的额在 200 万元以上且当事人一方住所地不在本辖区或者涉外、涉港澳台的第一审民商事案件。

四川省

一、高级人民法院管辖下列第一审民事案件

1. 诉讼标的额在 1 亿元以上的第一审民商事案件，以及诉讼标的额在 5000 万元以上且当事人一方住所地不在本辖区或者涉外、涉港澳台的第一审民事案件；

2. 最高人民法院指定高级人民法院审理或者高级人民法院认为应当由自己审理的属于中级人民法院管辖的其他第一审民事案件。

二、中级人民法院管辖下列第一审民事案件

1. 成都市中级人民法院管辖诉讼标的额在 800 万元以上 1 亿元以下的第一审民事案件，以及诉讼标的额在 300 万元以上 5000 万元以下且当事人一方住所地不在本辖区的第一审民事案件；

2. 甘孜、阿坝、凉山州中级人民法院管辖诉讼标的额在 100 万元以上 1 亿元以下的第一审民事案件，以及诉讼标的额在 50 万元以上 5000 万元以下且当事人一方住所地不在本辖区的第一审民事案件；

3. 其他中级人民法院管辖诉讼标的额在 500 万元以上 1 亿元以下的第一审民商事案件，以及诉讼标的额在 200 万元以上 5000 万元以下且当事人一方住所地不在本辖区的第一审民事案件；

4. 根据最高人民法院的规定和指定，管辖涉外、涉港澳台第一审民事案件；

5. 在本辖区内有重大影响的其他第一审民事案件；

6. 高级人民法院指定中级人民法院审理的第一审民事案件或者中级法院认为应当由自己审理的属于基层法院管辖的第一审民事案件；

7. 法律、司法解释明确规定由中级法院管辖的第一审民事案件。

陕西省

一、高级人民法院管辖诉讼标的额在 1 亿元以上的第一审民商事案件，以及诉讼标的额在 5000 万元以上且当事人一方住所地不在本辖区或者涉外、涉港澳台的第一审民商事案件。

二、中级人民法院管辖下列第一审民商事案件

1. 西安市中级人民法院管辖诉讼标的额在 800 万元以上的第一审民商事案件，以及诉讼标的额在 300 万元以上且当事人一方住所地不在本辖区或者涉外、涉港澳台的第一审民商事案件；

2. 宝鸡、咸阳、铜川、延安、榆林、渭南、汉中市中级人民法院、西安铁路运输中级法院管辖诉讼标的额在 500 万元以上的第一审民商事案件，以及诉讼标的额在 200 万元以上且当事人一方住所地不在本辖区或者涉外、涉港澳台的第一审民商事案件；

3. 安康、商洛中级人民法院管辖诉讼标的额在 300 万元以上的第一审民商事案件，以及诉讼标的额在 100 万元以上且当事人一方住所地不在本辖区或者涉外、涉港澳台的第一审民商事案件。

河北省

一、高级人民法院管辖诉讼标的额在 1 亿元以上的第一审民商事案件，以及诉讼标的额在 5000 万元以上且当事人一方住所地不在本辖区或者涉外、涉港澳台的第一审民商事案件。

二、中级人民法院管辖下列第一审民商事案件

1. 石家庄、唐山市中级人民法院管辖诉讼标的额在 800 万元以上的第一

审民商事案件，以及诉讼标的额在300万元以上且当事人一方住所地不在本辖区或者涉外、涉港澳台的第一审民商事案件；

2.保定、秦皇岛、廊坊、邢台、邯郸、沧州、衡水市中级人民法院管辖诉讼标的额在500万元以上的第一审民商事案件，以及诉讼标的额在200万元以上且当事人一方住所地不在本辖区或者涉外、涉港澳台的第一审民商事案件；

3.张家口、承德市中级人民法院管辖诉讼标的额在300万元以上的第一审民商事案件，以及诉讼标的额在100万元以上且当事人一方住所地不在本辖区或者涉外、涉港澳台的第一审民商事案件。

山西省

一、高级人民法院管辖诉讼标的额在1亿元以上的第一审民商事案件，以及诉讼标的额在5000万元以上且当事人一方住所地不在本辖区或者涉外、涉港澳台的第一审民商事案件。

二、中级人民法院管辖下列第一审民商事案件

太原市中级人民法院管辖诉讼标的额在800万元以上1亿元以下的第一审民商事案件，以及诉讼标的额在300万元以上且当事人一方住所地不在本辖区或者涉外、涉港澳台的第一审民商事案件；其他中级人民法院管辖诉讼标的额在500万元以上1亿元以下的第一审民商事案件，以及诉讼标的额在200万元以上且当事人一方住所地不在本辖区或者涉外、涉港澳台的第一审民商事案件。

海南省

一、高级人民法院管辖下列第一审民商事案件

1.诉讼标的额在1亿元以上的第一审民商事案件；

2.诉讼标的额在5000万元以上且当事人一方住所地不在本辖区或者涉外、涉港澳台的第一审民商事案件。

二、中级人民法院管辖下列第一审民商事案件

1.诉讼标的额在800万元以上1亿元以下的第一审民商事案件；

2.诉讼标的额在500万元以上5000万元以下且当事人一方住所地不在本

辖区或者涉外、涉港澳台的第一审民商事案件。

甘肃省

一、高级人民法院管辖诉讼标的额在5000万元以上的第一审民事案件，以及诉讼标的额在2000万元以上且当事人一方住所地不在本辖区或者涉外、涉港澳台的第一审民事案件。

二、中级人民法院管辖下列第一审民事案件

1. 兰州市中级人民法院管辖诉讼标的额在300万元以上的第一审民事案件，以及诉讼标的额在200万元以上且当事人一方住所地不在本辖区或者涉外、涉港澳台的第一审民事案件；

2. 白银、金昌、庆阳、平凉、天水、酒泉、张掖、武威中级人民法院管辖诉讼标的额在200万元以上的第一审民事案件，以及诉讼标的额在100万元以上且当事人一方住所地不在本辖区或者涉外、涉港澳台的第一审民事案件；

3. 陇南、定西、甘南、临夏中级人民法院管辖诉讼标的额在100万元以上的第一审民事案件，以及诉讼标的额在50万元以上且当事人一方住所地不在本辖区或者涉外、涉港澳台的第一审民事案件；

4. 嘉峪关市人民法院、甘肃矿区人民法院管辖诉讼标的额在5000万元以下的第一审民事案件，以及诉讼标的额在2000万元以下且当事人一方住所地不在本辖区或者涉外、涉港澳台的第一审民事案件；

5. 兰州铁路运输中级法院、陇南市中级人民法院分院管辖诉讼标的额在200万元以上的第一审民事案件，以及诉讼标的额在100万元以上且当事人一方住所地不在本辖区的第一审民事案件。

贵州省

一、高级人民法院管辖标的额在5000万元以上的第一审民事案件，以及诉讼标的额在2000万元以上且当事人一方住所地不在本辖区或者涉外、涉港澳台的第一审民事案件。

二、中级人民法院管辖下列第一审民事案件

1. 贵阳市中级人民法院管辖诉讼标的额在300万元以上的第一审民事案

件，以及诉讼标的额在200万元以上且当事人一方住所地不在本辖区或者涉外、涉港澳台的第一审民事案件；

2. 遵义市、六盘水市中级人民法院管辖诉讼标的额在200万元以上的第一审民事案件，以及诉讼标的额在100万元以上且当事人一方住所地不在本辖区或者涉外、涉港澳台的第一审民事案件；

3. 其他中级人民法院管辖诉讼标的额在100万元以上的第一审民事案件。

新疆维吾尔自治区

一、高级人民法院管辖下列第一审民商事案件

1. 诉讼标的额在5000万元以上的第一审民商事案件；

2. 诉讼标的额在2000万元以上且当事人一方住所地不在本辖区或者涉外、涉港澳台的第一审民商事案件。

二、中级人民法院管辖下列第一审民商事案件

1. 乌鲁木齐市中级人民法院管辖诉讼标的额在300万元以上5000万元以下的第一审民商事案件，以及诉讼标的额在200万元以上2000万元以下且当事人一方住所地不在本辖区的第一审民商事案件；

2. 和田地区、克孜勒苏柯尔克孜自治州、博尔塔拉蒙古自治州中级人民法院管辖诉讼标的额在150万元以上5000万元以下的第一审民商事案件，以及诉讼标的额在100万元以上2000万元以下且当事人一方住所地不在本辖区的第一审民商事案件；

3. 其他中级人民法院和乌鲁木齐铁路运输中级法院管辖诉讼标的额在200万元以上5000万元以下的第一审民商事案件，以及诉讼标的额在100万元以上2000万元以下且当事人一方住所地不在本辖区的第一审民商事案件；

4. 诉讼标的额在200万元以上2000万元以下的涉外、涉港澳台民商事案件；

5. 乌鲁木齐市中级人民法院管辖诉讼标的额在2000万元以下的涉外、涉港澳台实行集中管辖的五类民商事案件。

三、伊犁哈萨克自治州法院管辖下列第一审民商事案件

（一）高级人民法院伊犁哈萨克自治州分院管辖下列第一审民商事案件

1. 高级人民法院伊犁哈萨克自治州分院在其辖区内管辖与高级人民法院

同等标的的民商事案件及当事人一方住所地不在本辖区或者涉外、涉港澳台的第一审民商事案件；

2. 管辖诉讼标的额在2000万元以下的涉外、涉港澳台实行集中管辖的五类民商事案件。

（二）中级人民法院管辖下列第一审民商事案件

1. 塔城、阿勒泰地区中级人民法院管辖诉讼标的额在200万元以上5000万元以下的第一审民商事案件，以及诉讼标的额在100万元以上2000万元以下且当事人一方住所地不在本辖区或者涉外、涉港澳台的民商事案件；

2. 高级人民法院伊犁哈萨克自治州分院管辖发生于奎屯市、伊宁市等二市八县辖区内，依本规定应由中级人民法院管辖的诉讼标的额在200万元以上5000万元以下以及诉讼标的额在100万元以上2000万元以下的当事人一方住所地不在本辖区或者涉外、涉港澳台的第一审民商事案件。

内蒙古自治区

一、高级人民法院管辖下列第一审民商事案件

1. 诉讼标的额在5000万元以上的第一审民商事案件，以及诉讼标的额在2000万元以上且当事人一方住所地不在本辖区或者涉外、涉港澳台的第一审民商事案件；

2. 在全区范围内有重大影响的民商事案件。

二、中级人民法院管辖下列第一审民商事案件

1. 呼和浩特市、包头市中级人民法院管辖诉讼标的额在300万元以上5000万元以下的第一审民商事案件，以及诉讼标的额在200万元以上2000万元以下且当事人一方住所地不在本辖区或者涉外、涉港澳台的第一审民商事案件；

2. 呼伦贝尔市、兴安盟、通辽市、赤峰市、锡林郭勒盟、乌兰察布市、鄂尔多斯市、巴彦淖尔市、乌海市、阿拉善盟中级人民法院和呼和浩特铁路运输中级法院管辖诉讼标的额在200万元以上5000万元以下的第一审民商事案件，以及诉讼标的额在100万元以上2000万元以下且当事人一方住所地不在本辖区或者涉外、涉港澳台的第一审民商事案件。

云南省

一、高级人民法院管辖下列第一审民商事案件

1. 诉讼标的额在 1 亿元以上的第一审民商事案件；

2. 诉讼标的额在 5000 万元以上且涉外、涉港澳台第一审民商事案件；

3. 诉讼标的额在 5000 万元以上的当事人一方住所地不在本辖区的第一审民商事案件；

4. 继续执行管辖在全省范围内有重大影响的民商事案件的规定。

二、中级人民法院管辖下列第一审民商事案件

1. 昆明市中级人民法院管辖诉讼标的额在 400 万元以上的第一审民商事案件，以及诉讼标的额在 200 万元以上且当事人一方住所地不在本辖区的第一审民商事案件；

2. 红河州、文山州、西双版纳州、德宏州、大理州、楚雄州、曲靖市、昭通市、玉溪市、普洱市、临沧市、保山市中级人民法院管辖诉讼标的额在 200 万元以上的第一审民商事案件，以及诉讼标的额在 100 万元以上且当事人一方住所地不在本辖区的第一审民商事案件；

3. 丽江市、迪庆州、怒江州中级人民法院管辖诉讼标的额在 100 万元以上的第一审民商事案件，以及诉讼标的额在 100 万元以上且当事人一方住所地不在本辖区的第一审民商事案件；

4. 昆明市、红河州、文山州、西双版纳州、德宏州、怒江州、普洱市、临沧市、保山市中级人民法院管辖诉讼标的额在 5000 万元以下的涉外、涉港澳台第一审民商事案件；

5. 继续执行各州、市中级人民法院管辖在法律适用上具有普遍意义的新类型民、商事案件和在辖区内有重大影响的民、商事案件的规定。

新疆维吾尔自治区高级人民法院生产建设兵团分院

一、高级人民法院生产建设兵团分院管辖诉讼标的额在 5000 万元以上的第一审民商事案件，以及诉讼标的额在 2000 万元以上且当事人一方住所地不在本辖区或者涉外、涉港澳台的第一审民商事案件。

二、农一师、农二师、农四师、农六师、农七师、农八师中级人民法院管辖诉讼标的额在 200 万元以上的第一审民商事案件，以及诉讼标的额在 100

万元以上且当事人一方住所地不在本辖区或者涉外、涉港澳台的第一审民商事案件。

其他农业师中级人民法院管辖诉讼标的额在150万元以上的第一审民商事案件，以及诉讼标的额在100万元以上且当事人一方住所地不在本辖区或者涉外、涉港澳台的第一审民商事案件。

青海省

一、高级人民法院管辖下列第一审民商事案件

1. 诉讼标的额在2000万元以上的第一审民商事案件，以及诉讼标的额在1000万元以上且当事人一方住所地不在本辖区或者涉外、涉港澳台的第一审民商事案件；

2. 最高人民法院指定由高级人民法院管辖的案件；

3. 在全省范围内有重大影响的案件。

二、中级人民法院管辖下列第一审民商事案件

1. 西宁市中级人民法院管辖全市、海西州中级人民法院管辖格尔木市诉讼标的额在100万元以上2000万元以下的第一审民商事案件，以及诉讼标的额在50万元以上且当事人一方住所地不在本辖区的第一审民商事案件；

2. 海东地区、海南、海北、黄南、海西州中级人民法院管辖（除格尔木市）诉讼标的额在60万元以上2000万元以下的第一审民商事案件，以及诉讼标的额在50万元以上且当事人一方住所地不在本辖区的第一审民商事案件；

3. 果洛、玉树州中级人民法院管辖诉讼标的额在50万元以上2000万元以下的第一审民商事案件，以及诉讼标的额在30万元以上且当事人一方住所地不在本辖区的第一审民商事案件；

4. 上级人民法院指定管辖的案件。

宁夏回族自治区

一、高级人民法院管辖诉讼标的额在2000万元以上的第一审民商事案件，以及诉讼标的额在1000万元以上且当事人一方住所地不在本辖区或者涉外、涉港澳台的第一审民商事案件。

二、中级人民法院管辖下列第一审民商事案件

1. 银川市中级人民法院管辖诉讼标的额在 200 万元以上的第一审民商事案件，以及诉讼标的额在 100 万元以上且当事人一方住所地不在本辖区的第一审民商事案件；

2. 依照法释〔2002〕5 号司法解释第一条、第三条、第五条的规定，银川市中级人民法院集中管辖本省区争议金额在 1000 万元以下的第一审涉外、涉港澳台民商事案件；

3. 石嘴山、吴忠、中卫、固原市中级人民法院管辖诉讼标的额在 100 万元以上的第一审民商事案件，以及诉讼标的额在 80 万元以上且当事人一方住所地不在本辖区的民商事案件。

西藏自治区

一、高级人民法院管辖诉讼标的额在 2000 万元以上的第一审民商事案件，以及诉讼标的额在 500 万元以上且当事人一方住所地不在本辖区或者涉外、涉港澳台的第一审民商事案件。

二、中级人民法院管辖下列第一审民商事案件

1. 拉萨市中级人民法院管辖拉萨城区诉讼标的额在 200 万元以上、所辖各县诉讼标的额在 100 万元以上的第一审民商事案件；

2. 其他各地区中级人民法院管辖地区行署所在地诉讼标的额在 150 万元以上、所辖各县范围内诉讼标的额在 100 万元以上的第一审民商事案件；

3. 诉讼标的额在 500 万元以下的涉外、涉港澳台的第一审民商事案件，均由各地方中级人民法院管辖。

最高人民法院
关于中国证券登记结算有限责任公司履行职能相关的诉讼案件指定管辖问题的通知

2007 年 6 月 20 日　　　　法〔2007〕177 号

各省、自治区、直辖市高级人民法院，解放军军事法院，新疆维吾尔自治区高级人民法院生产建设兵团分院：

为正确、及时地管辖、审理与中国证券登记结算有限责任公司履行职能相关的诉讼案件，特作如下通知：

一、根据《中华人民共和国民事诉讼法》第三十七条①和《中华人民共和国行政诉讼法》第二十二条②的有关规定，指定中国证券登记结算有限责任公司及其分支机构所在地的中级人民法院分别管辖以中国证券登记结算有限责任公司或其分支机构为被告、第三人的下列第一审民事和行政案件：

1. 中国证券登记结算有限责任公司或其分支机构根据法律、法规、规章的规定，进行证券登记、存管、结算业务或对结算参与人及其他相关单位和人员作出处理决定引发的诉讼；

2. 中国证券登记结算有限责任公司或其分支机构根据法律、法规的授权和国务院证券监督管理机构的依法授权，进行证券登记、存管、结算业务或对结算参与人及其他相关单位和人员作出处理决定引发的诉讼；

3. 中国证券登记结算有限责任公司或其分支机构根据其章程、业务规则的规定以及相关业务合同、协议、备忘录的约定，进行证券登记、存管、结算业务或对结算参与人及其他相关单位和人员作出处理决定引发的诉讼；

4. 中国证券登记结算有限责任公司或其分支机构在履行证券登记、存管、结算职能过程中引发的其他诉讼。

二、其他人民法院在本通知下发之日前受理的上述案件，已经开庭审理

---

① 对应《民事诉讼法》(2023 年修正)第三十八条。

② 对应《民事诉讼法》(2023 年修正)第二十三条。

的，继续审理；尚未开庭审理的，移送指定法院审理。

最高人民法院
关于指定上海海事法院管辖与中国海事仲裁委员会上海分会相关的海事仲裁司法审查案件的通知

2005 年 5 月 27 日　　法〔2005〕66 号

辽宁省、山东省、湖北省、浙江省、福建省、广东省、海南省、广西壮族自治区、天津市、上海市高级人民法院，各海事法院：

经上海市司法局批准并登记，中国海事仲裁委员会上海分会于 2003 年 1 月 8 日在上海市正式挂牌成立并开始受理海事仲裁案件。为了明确相关案件的管辖分工，加强海事仲裁司法监督工作，方便当事人诉讼，根据《中华人民共和国民事诉讼法》、《中华人民共和国仲裁法》和《中华人民共和国海事诉讼特别程序法》的有关规定，通知如下：

指定上海海事法院管辖涉及中国海事仲裁委员会上海分会的海事仲裁协议效力的案件和申请撤销其海事仲裁裁决的案件。

特此通知。

最高人民法院
关于加强涉外商事案件诉讼管辖工作的通知

2004 年 12 月 29 日　　法〔2004〕265 号

各省、自治区、直辖市高级人民法院，解放军军事法院，新疆维吾尔自治区高级人民法院生产建设兵团分院：

最高人民法院 2002 年 3 月 1 日法释 [2002]5 号《关于涉外民商事案件诉讼管辖若干问题的规定》施行以来，各地法院认真贯彻落实，建立了涉外商事审判工作的新格局，提高了审判质量和涉外商事法官素质，为应对我国加入世界贸易组织后所面临的挑战作出了较大贡献。为进一步方便当事人诉讼，防止涉外商事案件流失，培育并充分利用司法资源，不断提高涉外商事审判能力，现根据最高人民法院《关于涉外民商事案件诉讼管辖若干问题的规定》第一条第（四）项的规定，通知如下：

一、受理边境贸易纠纷案件法院的上诉审中级人民法院，国务院批准设立的经济技术开发区法院的上诉审中级人民法院，以及其他中级人民法院，需要指定管辖一审涉外商事案件的，由其所在地的高级人民法院报请最高人民法院审批。

各高级人民法院要在调研的基础上，于2005年3月底前将需要指定管辖的上列中级人民法院上报指定。

二、授权广东省和各直辖市的高级人民法院根据实际工作需要指定辖区内的基层人民法院管辖本区的第一审涉外（含涉港澳台）商事案件，明确基层人民法院与中级人民法院的案件管辖分工，并将指定管辖的情况报最高人民法院备案。

三、指定管辖一审涉外商事案件的法院，必须坚持标准。要设立专门的涉外商事审判庭或者合议庭，配备足够的审判力量，确保审判质量。需要管辖第一审涉外商事案件但暂不具备条件的，要加强法官培训，待符合条件后再报请指定。

四、指定管辖一审涉外商事案件的法院，要及时确定其管辖区域，并向社会公布，确保最高人民法院《关于涉外民商事案件诉讼管辖若干问题的规定》的正确贯彻实施。

五、各高级人民法院要切实加强对涉外商事案件诉讼管辖工作的监督指导，坚决纠正不当管辖，认真解决涉外商事案件管辖中存在的问题，正确行使涉外商事案件的管辖权，维护我国的司法权威。

特此通知。

五、送　达

最高人民法院
关于人民法院办理海峡两岸送达文书和调查取证司法互助案件的规定

法释〔2011〕15号

（2010年12月16日最高人民法院审判委员会第1506次会议通过
2011年6月14日最高人民法院公告公布　自2011年6月25日起施行）

为落实《海峡两岸共同打击犯罪及司法互助协议》(以下简称协议)，进一步推动海峡两岸司法互助业务的开展，确保协议中涉及人民法院有关送达文书和调查取证司法互助工作事项的顺利实施，结合各级人民法院开展海峡两岸司法互助工作实践，制定本规定。

一、总则

第一条　人民法院依照协议，办理海峡两岸民事、刑事、行政诉讼案件中的送达文书和调查取证司法互助业务，适用本规定。

第二条　人民法院应当在法定职权范围内办理海峡两岸司法互助业务。

人民法院办理海峡两岸司法互助业务，应当遵循一个中国原则，遵守国家法律的基本原则，不得违反社会公共利益。

二、职责分工

第三条　人民法院和台湾地区业务主管部门通过各自指定的协议联络人，建立办理海峡两岸司法互助业务的直接联络渠道。

第四条　最高人民法院是与台湾地区业务主管部门就海峡两岸司法互助业务进行联络的一级窗口。最高人民法院台湾司法事务办公室主任是最高人民法院指定的协议联络人。

最高人民法院负责：就协议中涉及人民法院的工作事项与台湾地区业务主管部门开展磋商、协调和交流；指导、监督、组织、协调地方各级人民法院办理海峡两岸司法互助业务；就海峡两岸调查取证司法互助业务与台湾地区业务主管部门直接联络，并在必要时具体办理调查取证司法互助案件；及时将本院和台湾地区业务主管部门指定的协议联络人的姓名、联络方式及变动情况等工作信息通报高级人民法院。

第五条　最高人民法院授权高级人民法院就办理海峡两岸送达文书司法互助案件，建立与台湾地区业务主管部门联络的二级窗口。高级人民法院应当指定专人作为经最高人民法院授权的二级联络窗口联络人。

高级人民法院负责：指导、监督、组织、协调本辖区人民法院办理海峡两岸送达文书和调查取证司法互助业务；就办理海峡两岸送达文书司法互助案件与台湾地区业务主管部门直接联络，并在必要时具体办理送达文书和调查取证司法互助案件；登记、统计本辖区人民法院办理的海峡两岸送达文书司法互助案件；定期向最高人民法院报告本辖区人民法院办理海峡两岸送达文书司法互助业务情况；及时将本院联络人的姓名、联络方式及变动情况报告最高人民法院，同时通报台湾地区联络人和下级人民法院。

第六条　中级人民法院和基层人民法院应当指定专人负责海峡两岸司法互助业务。

中级人民法院和基层人民法院负责：具体办理海峡两岸送达文书和调查取证司法互助案件；定期向高级人民法院层报本院办理海峡两岸送达文书司法互助业务情况；及时将本院海峡两岸司法互助业务负责人员的姓名、联络方式及变动情况层报高级人民法院。

三、送达文书司法互助

第七条　人民法院向住所地在台湾地区的当事人送达民事和行政诉讼司法文书，可以采用下列方式：

（一）受送达人居住在内地的，直接送达。受送达人是自然人，本人不在的，可以交其同住成年家属签收；受送达人是法人或者其他组织的，应当由法人的法定代表人、其他组织的主要负责人或者该法人、其他组织负责收件的人签收。

受送达人不在内地居住，但送达时在内地的，可以直接送达。

（二）受送达人在内地有诉讼代理人的，向诉讼代理人送达。但受送达人在授权委托书中明确表明其诉讼代理人无权代为接收的除外。

（三）受送达人有指定代收人的，向代收人送达。

（四）受送达人在内地有代表机构、分支机构、业务代办人的，向其代表机构或者经受送达人明确授权接受送达的分支机构、业务代办人送达。

（五）通过协议确定的海峡两岸司法互助方式，请求台湾地区送达。

（六）受送达人在台湾地区的地址明确的，可以邮寄送达。

（七）有明确的传真号码、电子信箱地址的，可以通过传真、电子邮件方式向受送达人送达。

采用上述方式均不能送达或者台湾地区当事人下落不明的，可以公告送达。

人民法院需要向住所地在台湾地区的当事人送达刑事司法文书，可以通过协议确定的海峡两岸司法互助方式，请求台湾地区送达。

第八条 人民法院协助台湾地区法院送达司法文书，应当采用民事诉讼法、刑事诉讼法、行政诉讼法等法律和相关司法解释规定的送达方式，并应当尽可能采用直接送达方式，但不采用公告送达方式。

第九条 人民法院协助台湾地区送达司法文书，应当充分负责，及时努力送达。

第十条 审理案件的人民法院需要台湾地区协助送达司法文书的，应当填写《〈海峡两岸共同打击犯罪及司法互助协议〉送达文书请求书》附录部分，连同需要送达的司法文书，一式二份，及时送交高级人民法院。

需要台湾地区协助送达的司法文书中有指定开庭日期等类似期限的，一般应当为协助送达程序预留不少于六个月的时间。

第十一条 高级人民法院收到本院或者下级人民法院《〈海峡两岸共同打击犯罪及司法互助协议〉送达文书请求书》附录部分和需要送达的司法文书后，应当在七个工作日内完成审查。经审查认为可以请求台湾地区协助送达的，高级人民法院联络人应当填写《〈海峡两岸共同打击犯罪及司法互助协议〉送达文书请求书》正文部分，连同附录部分和需要送达的司法文书，立即寄送台湾地区联络人；经审查认为欠缺相关材料、内容或者认为不需要请求台湾地区协助送达的，应当立即告知提出请求的人民法院补充相关材料、内容或者在说明理由后将材料退回。

第十二条　台湾地区成功送达并将送达证明材料寄送高级人民法院联络人，或者未能成功送达并将相关材料送还，同时出具理由说明给高级人民法院联络人的，高级人民法院应当在收到之日起七个工作日内，完成审查并转送提出请求的人民法院。经审查认为欠缺相关材料或者内容的，高级人民法院联络人应当立即与台湾地区联络人联络并请求补充相关材料或者内容。

自高级人民法院联络人向台湾地区寄送有关司法文书之日起满四个月，如果未能收到送达证明材料或者说明文件，且根据各种情况不足以认定已经送达的，视为不能按照协议确定的海峡两岸司法互助方式送达。

第十三条　台湾地区请求人民法院协助送达台湾地区法院的司法文书并通过其联络人将请求书和相关司法文书寄送高级人民法院联络人的，高级人民法院应当在七个工作日内完成审查。经审查认为可以协助送达的，应当立即转送有关下级人民法院送达或者由本院送达；经审查认为欠缺相关材料、内容或者认为不宜协助送达的，高级人民法院联络人应当立即向台湾地区联络人说明情况并告知其补充相关材料、内容或者将材料送还。

具体办理送达文书司法互助案件的人民法院应当在收到高级人民法院转送的材料之日起五个工作日内，以“协助台湾地区送达民事（刑事、行政诉讼）司法文书”案由立案，指定专人办理，并应当自立案之日起十五日内完成协助送达，最迟不得超过两个月。

收到台湾地区送达文书请求时，司法文书中指定的开庭日期或者其他期限逾期的，人民法院亦应予以送达，同时高级人民法院联络人应当及时向台湾地区联络人说明情况。

第十四条　具体办理送达文书司法互助案件的人民法院成功送达的，应当由送达人在《〈海峡两岸共同打击犯罪及司法互助协议〉送达回证》上签名或者盖章，并在成功送达之日起七个工作日内将送达回证送交高级人民法院；未能成功送达的，应当由送达人在《〈海峡两岸共同打击犯罪及司法互助协议〉送达回证》上注明未能成功送达的原因并签名或者盖章，在确认不能送达之日起七个工作日内，将该送达回证和未能成功送达的司法文书送交高级人民法院。

高级人民法院应当在收到前款所述送达回证之日起七个工作日内完成审查，由高级人民法院联络人在前述送达回证上签名或者盖章，同时出具《〈海峡两岸共同打击犯罪及司法互助协议〉送达文书回复书》，连同该送达回证和未能成功送达的司法文书，立即寄送台湾地区联络人。

四、调查取证司法互助

第十五条 人民法院办理海峡两岸调查取证司法互助业务，限于与台湾地区法院相互协助调取与诉讼有关的证据，包括取得证言及陈述；提供书证、物证及视听资料；确定关系人所在地或者确认其身份、前科等情况；进行勘验、检查、扣押、鉴定和查询等。

第十六条 人民法院协助台湾地区法院调查取证，应当采用民事诉讼法、刑事诉讼法、行政诉讼法等法律和相关司法解释规定的方式。

在不违反法律和相关规定、不损害社会公共利益、不妨碍正在进行的诉讼程序的前提下，人民法院应当尽力协助调查取证，并尽可能依照台湾地区请求的内容和形式予以协助。

台湾地区调查取证请求书所述的犯罪事实，依照内地法律规定不认为涉嫌犯罪的，人民法院不予协助，但有重大社会危害并经双方业务主管部门同意予以个案协助的除外。台湾地区请求促使内地居民至台湾地区作证，但未作出非经内地主管部门同意不得追诉其进入台湾地区之前任何行为的书面声明的，人民法院可以不予协助。

第十七条 审理案件的人民法院需要台湾地区协助调查取证的，应当填写《〈海峡两岸共同打击犯罪及司法互助协议〉调查取证请求书》附录部分，连同相关材料，一式三份，及时送交高级人民法院。

高级人民法院应当在收到前款所述材料之日起七个工作日内完成初步审查，并将审查意见和《〈海峡两岸共同打击犯罪及司法互助协议〉调查取证请求书》附录部分及相关材料，一式二份，立即转送最高人民法院。

第十八条 最高人民法院收到高级人民法院转送的《〈海峡两岸共同打击犯罪及司法互助协议〉调查取证请求书》附录部分和相关材料以及高级人民法院审查意见后，应当在七个工作日内完成最终审查。经审查认为可以请求台湾地区协助调查取证的，最高人民法院联络人应当填写《〈海峡两岸共同打击犯罪及司法互助协议〉调查取证请求书》正文部分，连同附录部分和相关材料，立即寄送台湾地区联络人；经审查认为欠缺相关材料、内容或者认为不需要请求台湾地区协助调查取证的，应当立即通过高级人民法院告知提出请求的人民法院补充相关材料、内容或者在说明理由后将材料退回。

第十九条 台湾地区成功调查取证并将取得的证据材料寄送最高人民法院联络人，或者未能成功调查取证并将相关材料送还，同时出具理由说明给最高人民法院联络人的，最高人民法院应当在收到之日起七个工作日内完成审查并转送高级人民法院，高级人民法院应当在收到之日起七个工作日内转送提出请求的人民法院。经审查认为欠缺相关材料或者内容的，最高人民法院联络人应当立即与台湾地区联络人联络并请求补充相关材料或者内容。

第二十条 台湾地区请求人民法院协助台湾地区法院调查取证并通过其联络人将请求书和相关材料寄送最高人民法院联络人的，最高人民法院应当在收到之日起七个工作日内完成审查。经审查认为可以协助调查取证的，应当立即转送有关高级人民法院或者由本院办理，高级人民法院应当在收到之日起七个工作日内转送有关下级人民法院办理或者由本院办理；经审查认为欠缺相关材料、内容或者认为不宜协助调查取证的，最高人民法院联络人应当立即向台湾地区联络人说明情况并告知其补充相关材料、内容或者将材料送还。

具体办理调查取证司法互助案件的人民法院应当在收到高级人民法院转送的材料之日起五个工作日内，以“协助台湾地区民事（刑事、行政诉讼）调查取证”案由立案，指定专人办理，并应当自立案之日起一个月内完成协助调查取证，最迟不得超过三个月。因故不能在期限届满前完成的，应当提前函告高级人民法院，并由高级人民法院转报最高人民法院。

第二十一条 具体办理调查取证司法互助案件的人民法院成功调查取证的，应当在完成调查取证之日起七个工作日内将取得的证据材料一式三份，连同台湾地区提供的材料，并在必要时附具情况说明，送交高级人民法院；未能成功调查取证的，应当出具说明函一式三份，连同台湾地区提供的材料，在确认不能成功调查取证之日起七个工作日内送交高级人民法院。

高级人民法院应当在收到前款所述材料之日起七个工作日内完成初步审

查，并将审查意见和前述取得的证据材料或者说明函等，一式二份，连同台湾地区提供的材料，立即转送最高人民法院。

最高人民法院应当在收到之日起七个工作日内完成最终审查，由最高人民法院联络人出具《〈海峡两岸共同打击犯罪及司法互助协议〉调查取证回复书》，必要时连同相关材料，立即寄送台湾地区联络人。

证据材料不适宜复制或者难以取得备份的，可不按本条第一款和第二款的规定提供备份材料。

五、附则

第二十二条 人民法院对于台湾地区请求协助所提供的和执行请求所取得的相关资料应当予以保密。但依据请求目的使用的除外。

第二十三条 人民法院应当依据请求书载明的目的使用台湾地区协助提供的资料。但最高人民法院和台湾地区业务主管部门另有商定的除外。

第二十四条 对于依照协议和本规定从台湾地区获得的证据和司法文书等材料，不需要办理公证、认证等形式证明。

第二十五条 人民法院办理海峡两岸司法互助业务，应当使用统一、规范的文书样式。

第二十六条 对于执行台湾地区的请求所发生的费用，由有关人民法院负担。但下列费用应当由台湾地区业务主管部门负责支付：

（一）鉴定费用；

（二）翻译费用和誊写费用；

（三）为台湾地区提供协助的证人和鉴定人，因前往、停留、离开台湾地区所发生的费用；

（四）其他经最高人民法院和台湾地区业务主管部门商定的费用。

第二十七条 人民法院在办理海峡两岸司法互助案件中收到、取得、制作的各种文件和材料，应当以原件或者复制件形式，作为诉讼档案保存。

第二十八条 最高人民法院审理的案件需要请求台湾地区协助送达司法文书和调查取证的，参照本规定由本院自行办理。

专门人民法院办理海峡两岸送达文书和调查取证司法互助业务，参照本规定执行。

第二十九条　办理海峡两岸司法互助案件和执行本规定的情况，应当纳入对有关人民法院及相关工作人员的工作绩效考核和案件质量评查范围。

第三十条　此前发布的司法解释与本规定不一致的，以本规定为准。

最高人民法院
关于依据原告起诉时提供的被告住址无法送达应如何处理问题的批复

法释〔2004〕17号

（2004年10月9日最高人民法院审判委员会第1328次会议通过
2004年11月25日最高人民法院公告公布　自2004年12月2日起施行）

近来，一些高级人民法院就人民法院依据民事案件的原告起诉时提供的被告住址无法送达应如何处理问题请示我院。为了正确适用法律，保障当事人行使诉讼权利，根据《中华人民共和国民事诉讼法》的有关规定，批复如下：

人民法院依据原告起诉时所提供的被告住址无法直接送达或者留置送达，应当要求原告补充材料。原告因客观原因不能补充或者依据原告补充的材料仍不能确定被告住址的，人民法院应当依法向被告公告送达诉讼文书。人民法院不得仅以原告不能提供真实、准确的被告住址为由裁定驳回起诉或者裁定终结诉讼。

因有关部门不准许当事人自行查询其他当事人的住址信息，原告向人民法院申请查询的，人民法院应当依原告的申请予以查询。